CHRISTIAN LEBLANC
ALBERTO SILIOTTI

NEFERTARI

CHRISTIAN LEBLANC • ALBERTO SILIOTTI

NEFERTARI

AUSGRABUNGEN IM TAL DER KÖNIGINNEN

Fotografien von Alberto Siliotti
Zeichnungen von Luca Rossi, Franck Bouilloc,
Sabri El-Sayed und Denise Revault

BECHTERMÜNZ VERLAG

Titel der Originalausgabe: ***Nefertari e la Valle delle Regine***

Originalaufnahmen: Alberto Siliotti (wo nicht anders angegeben)
Zeichnungen und Bildrekonstruktionen: Luca Rossi, Franck Bouilloc, Sabri El-Sayed und Denise Revault

Deutsche Erstausgabe

Ins Deutsche übertragen von Veronika Maasburg und Elisabeth Stiefenhofer
Redaktionelle Bearbeitung der Texte zu den Wandmalereien und Inschriften im Grab der Nefertari: Hans Goedicke, Imbach
Fachliche Beratung für die deutsche Ausgabe: Ernst Czerny, Wien

Bearbeitung und Satz der deutschen Ausgabe: Maasburg GmbH, München
Gesamtherstellung: Egedsa, Sabadell/Barcelona
Printed in Spain

ISBN 3-8289-0705-9

Dieses Buch ist dem Andenken an
Ernesto Schiaparelli *und* Francesco Ballerini
gewidmet, die beiden italienischen Ägyptologen,
die im Tal der Königinnen Pionierarbeit geleistet haben.

Danksagung

Es ist uns ein Bedürfnis, den Behörden der Arabischen Republik Ägypten – insbesondere dem Kultusminister, S.E. Farouk Hosny, und der Direktion der Ägyptischen Altertümer-Verwaltung (Egyptian Antiquities Organization, EAO) –, ohne deren Unterstützung das vorliegende Buch nicht hätte entstehen können, unseren Dank auszusprechen.
Darüber hinaus möchten wir allen Mitarbeitern im französisch-ägyptischen Forscherteam des Centre d'Étude et de Documentation sur l'Ancienne Égypte (CEDAE) und des Centre National de la Recherche Scientifique (CNRS, URA 1064) für ihre effiziente Mitarbeit danken. Außerdem danken wir dem Museo Egizio, Turin, für die freundliche Unterstützung.
Zu besonderem Dank verpflichtet sind wir auch den folgenden Personen und Institutionen: Jean-Claude Goyon, Professor der Ägyptologie an der Universität Lyon II; Silvio Curto, dem ehemaligen Superintendenten der Ägyptischen Altertümer (Antichità Egizie) in Turin; Paolo und Laura Mora, den Verantwortlichen für die Restaurierung des Nefertari-Grabes, sowie allen ihren Mitarbeitern; Dimitri Meeks, dem Forschungsleiter des CNRS, der die Datenerfassung der Hieroglyphentexte nach einem von ihm entwickelten, bahnbrechenden System verantwortlich betreut hat. In dankbarer Erinnerung behalten wir auch alle ägyptischen Freunde, die uns in unterschiedlicher Weise bei den Arbeiten vor Ort geholfen haben, vor allem Mohammed el-Saghir, den Direktor der Altertümer Oberägyptens; die Inspektoren der EAO, Mohammed el-Bialy und Ibrahim Soliman und all die vielen Helfer, deren namentliche Nennung den verfügbaren Raum bei weitem sprengen würde.
Ihnen allen gilt unser aufrichtiger Dank.

Hinweis zur Grabnumerierung

Wo nicht anders angegeben, gehören alle Gräber, auf die in diesem Buch näher eingegangen wird, zum Tal der Königinnen. Daher wurde aus redaktionellen Gründen in den Angaben zu Grabnummern die üblicherweise vorangestellte Abkürzung QV (Queens' Valley = Tal der Königinnen) weggelassen.
Z. B.: Die Bezeichnung „Grab Nr. 38" bezieht sich auf das „Grab QV Nr. 38".
In den Übersetzungen der Hieroglyphentexte, die in *Kursivschrift* zwischen Anführungszeichen wiedergegeben werden, bedeuten eckige Klammern mit drei Punkten dazwischen [...] eine Lücke im Originaltext; die Wörter in eckigen Klammern weisen auf die Auffüllung solcher Lücken hin. Wörter in runden Klammern sind Einschübe, die den deutschen Satz zu einem sinnvollen Ganzen vervollständigen.

Vorwort

Das heute als Tal der Königinnen, in den alten Schriften als Ta set neferu *bezeichnete archäologische Forschungsgebiet verdankt seine Berühmtheit den ersten Ausgrabungen, die zu Beginn des 20. Jahrhunderts von der Italienischen Archäologischen Mission des Museums von Turin durchgeführt wurden. Eng verknüpft mit den Namen Ernesto Schiaparelli und Francesco Ballerini bleibt die Entdeckung der bemerkenswertesten Gräber in diesem Gebiet. Dazu zählen das in jüngster Zeit restaurierte Grab der Nefertari, der Königlichen Gemahlin, die Ramses II. (der Große) mehr als alle anderen geliebt hat; die Gräber vieler Kinder von Ramses III. und vor allem die der Prinzen Amun-her-chepeschef und Chaemwaset, die heute von tausenden Besuchern bestaunt werden.*

Die Forschungsarbeiten an dieser Grabungsstätte wurden in den siebziger Jahren von einem französisch-ägyptischen Wissenschaftlerteam des Centre National de la Recherche Scientifique und der Egyptian Antiquities Organization wiederaufgenommen und ergaben eine beeindrukkende Fülle archäologischer Erkenntnisse, die die bewegte Geschichte dieser Nekropole systematisch wiederaufrollen.

Dieser prachtvolle Bildband faßt die Ergebnisse dieser Forschungen zusammen und läßt – dank früherer und neuerer Forschungen – einige der Episoden wiedererstehen, die in der Chronik des Tals der Königinnen als unwiederbringlich verloren galten.

Prof. Mohamed Ibrahim Bakr
Erster Unterstaatssekretär im Kultusministerium
der Arabischen Republik Ägypten
Präsident der Egyptian Antiquities Organization

Das Tal gewinnt sein ursprüngliches Aussehen zurück
Ein französisch-ägyptisches Forscherteam des Centre National de la Recherche Scientifique (CNRS) und des Centre d'Étude et de Documentation sur l'Ancienne Égypte (CEDAE) der Egyptian Antiquities Organization hat in den letzten Jahren im Tal der Königinnen großangelegte Studien durchgeführt.
Durch umfangreiche Säuberungs- und Restaurierungsarbeiten konnte das ursprüngliche Aussehen des Ortes wiederhergestellt werden. Das Foto zeigt Aufräumarbeiten vor dem Eingang zum Grab der Nefertari.

Einführung

Mancher Leser, der dieses Buch zur Hand nimmt, mag eine ähnliche Erfahrung gemacht haben wie diese: Beim Gang durch die eigene Stadt hat man hunderte Male einen wegen seiner Größe oder baulichen Schönheit berühmten Palast betrachtet und bewundert, bis eines Tages der Blick an einem benachbarten Bauwerk haften blieb, das man plötzlich durchaus beachtenswert fand, und man wunderte sich, daß man früher achtlos daran vorbeigegangen war. Ein solches Schicksal ist auch dem Tal der Königinnen widerfahren. Das Tal liegt in Ägypten, am Westufer des Nils, dort, wo sich die Totenstädte des alten Theben – der Hauptstadt des Neuen Reiches – ausdehnen, gegenüber von Luxor und Karnak und bei den Überresten von Wohnstätten für die Lebenden. Das Tal der Königinnen, so bemerkenswert es sein mag, wird doch in den Schatten gestellt durch das in derselben Gegend gelegene Tal der Könige und die Totentempel der Königin Hatschepsut und des Pharaos Ramses' III.
Den Ägypteninteressierten, die das Land entweder selbst bereisen oder nach Art Ariosts die bequeme imaginäre Reise durch Bücher bevorzugen, möchten die Autoren dieses Buches ein so bedauerliches Versäumnis ersparen.
Diese Autoren sind: Christian Leblanc, ein Ägyptologe, der sich seit vielen Jahren mit Ta set neferu, *so lautet die antike Bezeichnung des Tales, beschäftigt und über das Tal der Königinnen bereits zwei für ein Fachpublikum bestimmte Bücher geschrieben hat (das zweite Werk befindet sich derzeit in Druck), und Alberto Siliotti, der diese schwierige Materie auf allgemein verständliche Weise für ein breiteres Leserpublikum zugänglich gemacht hat. Manche Leser kennen ihn vielleicht schon von anderen einschlägigen Werken her, die nicht nur für Laien, sondern auch für Fachleute interessant sind, weil sie die Themen präzise und gutstrukturiert aufbereiten.*
Siliotti sind wir außerdem zu besonderem Dank verpflichtet, weil er in diesem Buch die Erinnerung an Ernesto Schiaparelli wiederaufleben läßt, der das Tal der Königinnen als erster vollständig erforschte und eine große Menge kostbarer Funde zutage brachte, die er mit Genehmigung der ägyptischen Regierung dem Ägyptischen Museum in Turin zur Verfügung stellen konnte. Mit diesen und anderen Fundstücken aus verschiedenen Gegenden Ägyptens hat er gezeigt, wie ein archäologisches Museum eine Kultur der Antike in historischer, künstlerischer und anderer Hinsicht nicht nur in einem allgemeinen Überblick nachzeichnen, sondern durch die Einbeziehung lokaler Besonderheiten und der Persönlichkeit einzelner Menschen, die zu jener Zeit in der betreffenden Region gelebt hatten, auf lebendige Weise näherbringen kann.

Silvio Curto
Akademie der Wissenschaften, Turin

Inhalt

Erster Teil

DAS TAL DER KÖNIGINNEN: DER MAGISCHE ORT, AN DEM DIE PHARAONEN IHRE FAMILIENMITGLIEDER BESTATTETEN

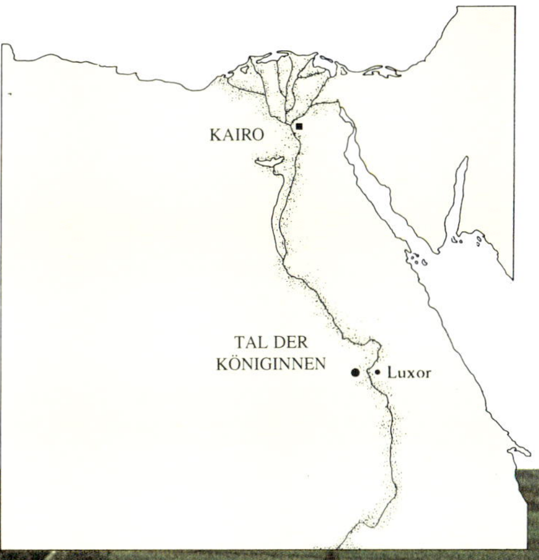

Das Tal der Königinnen, von Westen gesehen
Das Tal der Königinnen liegt am Südrand der Nekropole von Theben. Es erstreckt sich in ost-westlicher Richtung über eine Länge von etwa 450 Metern. In seine Felswände wurden mehr als 100 Gräber geschlagen.

Ta set neferu – Das Problem mit dem Namen

In den Ägyptenführern findet das Tal der Königinnen kaum Erwähnung, und nur wenige Touristen kommen dorthin, weil vielen gar nicht bekannt ist, daß es dieses Tal überhaupt gibt. Das Schicksal dieses Tals ist merkwürdig: Es hat eine sehr viel längere Geschichte als das benachbarte Tal der Könige, war aber im Gegensatz dazu jahrhundertelang in Vergessenheit geraten.
Weder die klassischen Schriftsteller wie Herodot, Diodorus Siculus oder Strabon, die Ägypten[1] bereisten und in ihren Werken über das Land schrieben, noch die ersten griechischen und römischen „Touristen"[2] schenkten dem Tal der Königinnen Beachtung, ebensowenig die Wissenschaftler, die die Napoleonische Expedition von 1798 begleiteten. Erst durch die Berichte von Reisenden des 19. Jahrhunderts wie der beiden Engländer Hay of Linplum und Wilkinson, des Toskaners Ippolito Rosellini und des Franzosen Jean-François Champollion, trat das Tal endlich aus der Vergessenheit heraus.
Und gerade dieses „vergessene", der Göttin Hathor geweihte, in eine grandiose Felsenlandschaft eingeschnittene Tal, wo das „Wasser des Himmels" – so nennen alte ägyptische Texte den Regen – sich in eine Kaskadengrotte ergießt und das überragt wird vom thebanischen „Horn", einer natürlichen Pyramide, die durch ihre Form eine besondere assoziative und symbolische Bedeutung hatte, blickt auf eine lange, bewegte Geschichte zurück, die wir erst heute, dank der Grabungen und Untersuchungen der letzten Jahre, in ihren Grundzügen nachzeichnen können.
Zwischen dem 16. und 12. Jahrhundert v. Chr., also zwischen der 18. und der 20. Dynastie, wurden in dieser Königsnekropole mehr als 100 Gräber angelegt. Zunächst waren es einfache, schmucklose Grabschächte, dann wurden die Grabstätten größer, verzweigter und mit prächtigen Wandmalereien geschmückt, die ihre Formvollendung im Grab der Nefertari, der berühmten Gemahlin Ramses' II., fanden. In den darauffolgenden Jahrhunderten wurden die inzwischen systematisch geplünderten Gräber bis zur Römerzeit wieder intensiv genutzt, um dann erneut durch räuberische Übergriffe und Brände zerstört oder zu Kirchen und Wohnstätten für die ersten thebanischen Mönche und Anachoreten umgebaut zu werden.
„Große königliche Gemahlinnen" und „Königliche Prinzen", „Gärtner des Amuntempels" und einfache Leute fanden ihre letzte Ruhestätte in dem Tal, dem die alten Ägypter den Namen *Ta set neferu* gegeben hatten, jenem magischen Ort, an dem die Pharaonen ihre Angehörigen bestatteten, denn wenn sie in den Schoß der „Weltenmutter" aufgenommen waren, konnten sie – gleich den unvergänglichen Sternen des Firmaments – als leuchtende Gestirne am östlichen Horizont wiedergeboren werden.

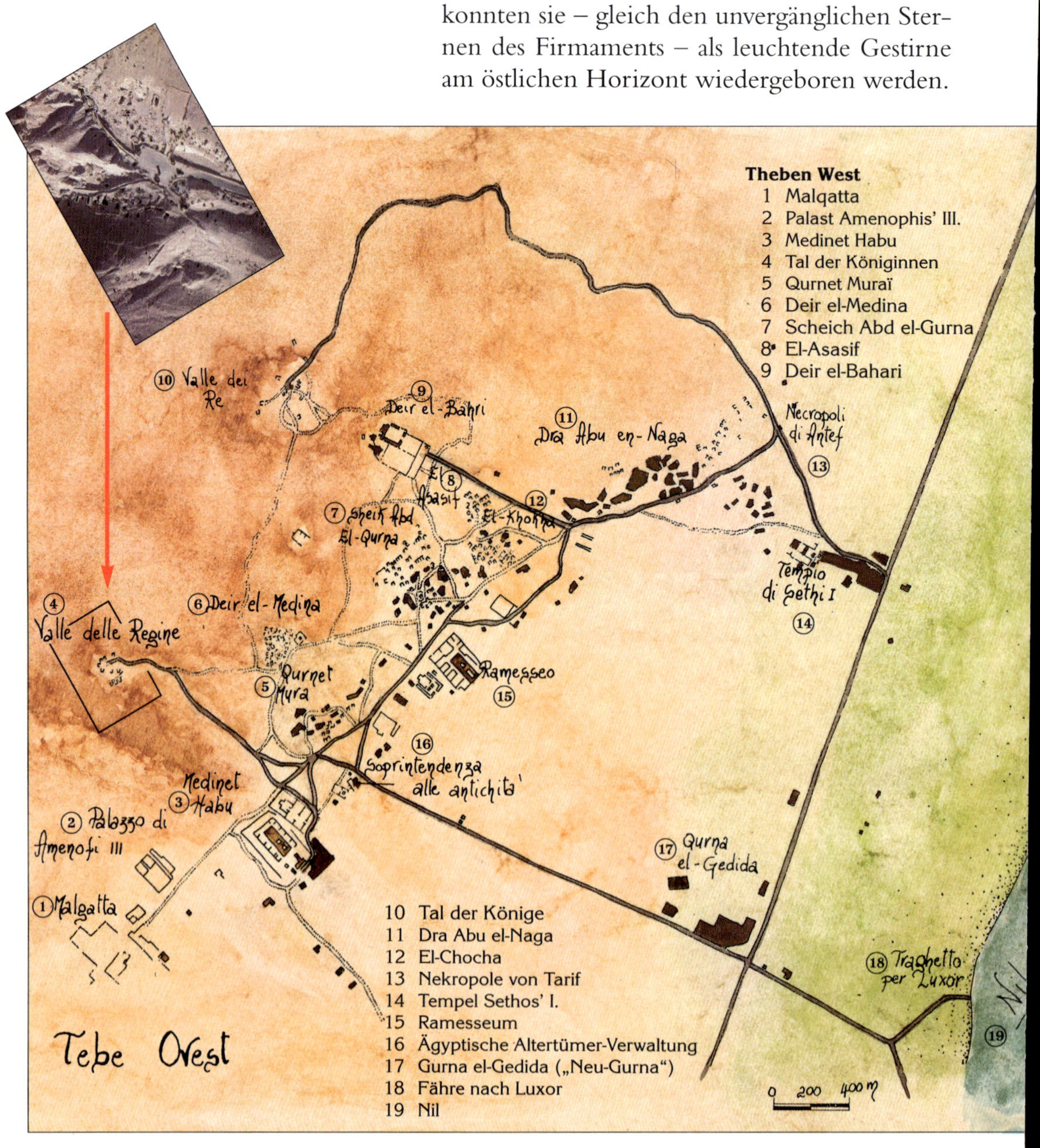

Karte der thebanischen Nekropole
Am Westufer des Nils, gegenüber von Luxor, erstreckt sich die gewaltige Nekropole von Theben mit königlichen und privaten Gräbern: In ihrem südlichsten Abschnitt befindet sich das Tal der Königinnen.

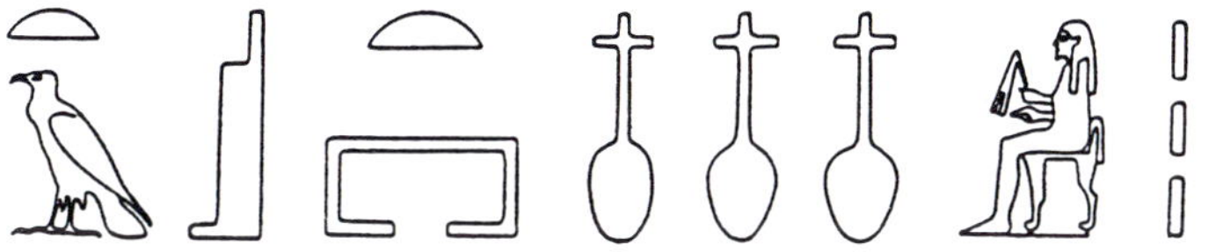

Die Tore des Hadschi Achmed

Das Tal der Königinnen liegt am äußersten Südrand der thebanischen Totenstadt. Es ist ein großes *Wadi* (so nennen die Araber das Tal eines ausgetrockneten Flußlaufs), das im Quartär in das weiche Kalkgestein aus dem Eozän[3] eingeschnitten wurde, welches die libysche Hochebene bildet.

In seinem Mittelteil ist das in Ost-West-Richtung verlaufende Tal etwa 250 m lang und etwa 140 m breit.

Zu Beginn des 19. Jahrhunderts, als die ersten Reisenden in die Ruinen der thebanischen Totenstadt am Westufer des Nils kamen, wurde der Ort von den Einheimischen *Beban el-hadj Ahmed* [4] genannt, das heißt, „die Tore oder Pforten des Pilgers Achmed", eines heiligen Mannes, der damals in den Ruinen des in einem Seitental gelegenen koptischen Klosters Deir Rumi lebte. Es waren Wilkinson [5] im Jahr 1828 und Champollion [6] im Jahr 1829, die zum erstenmal den Namen „Tal der Königinnen" als Bezeichnung für diesen Ort verwendeten. In der Folgezeit wurde der arabische Name von den Einheimischen umbenannt in andere Ortsnamen wie *Beban el-Banat* („Tore der Mädchen"), *Beban el-Soltanat* („Tore der Herrscherinnen"), *Beban el-*

Ta set neferu
Die Hieroglyphen, die die Ortsbezeichnung *Ta set neferu* wiedergeben.

Das Tal der Königinnen, vom Ballon aus gesehen
Die Bestattungen des Tales bestehen sowohl aus undekorierten Gräbern, die bis zur 18. Dynastie zurückreichen, als auch aus Gräbern mit prachtvollen Wandmalereien, die zum Großteil der 19. und 20. Dynastie zuzuweisen sind.

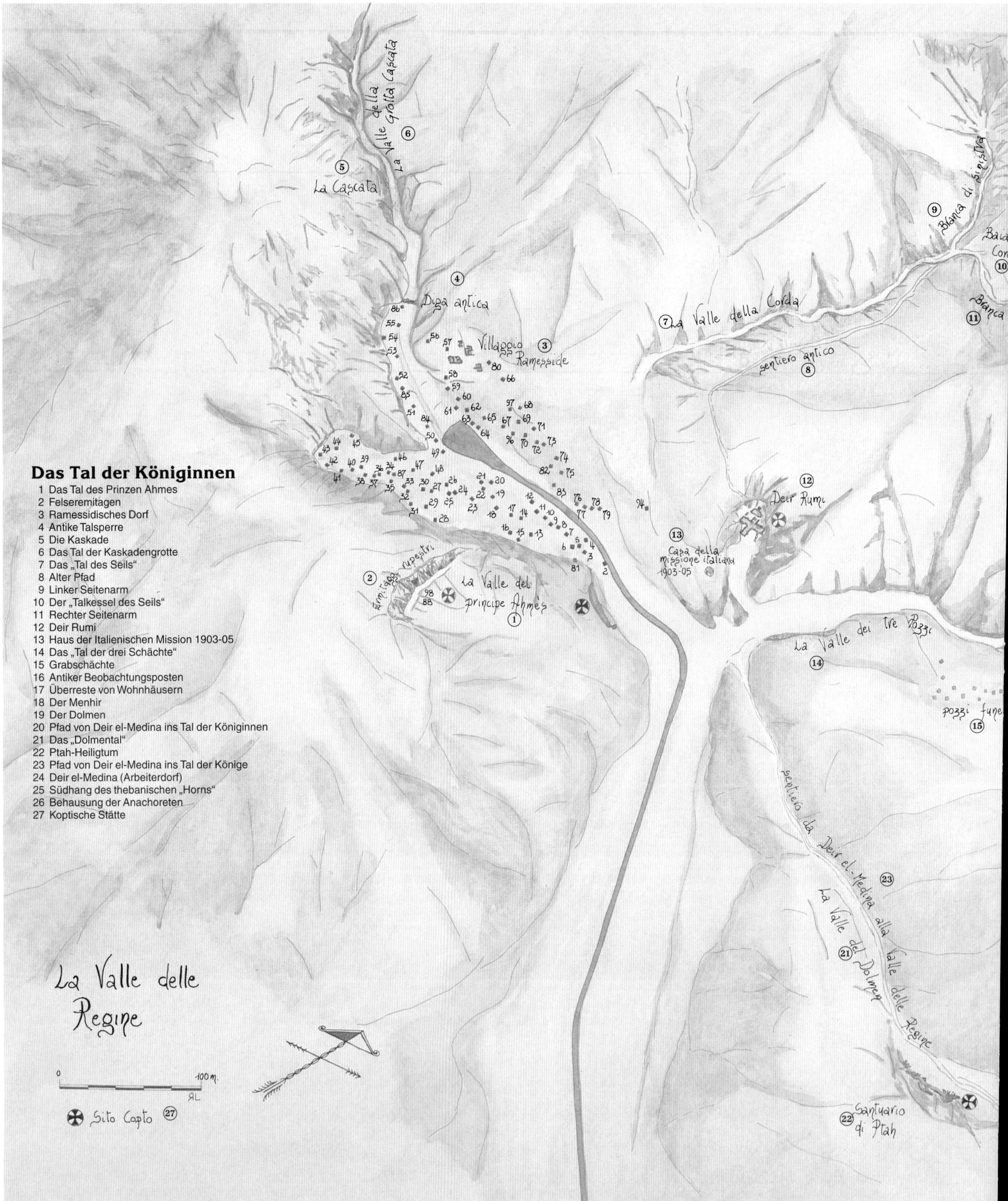
Das Tal der Königinnen
1 Das Tal des Prinzen Ahmes
2 Felseremitagen
3 Ramessidisches Dorf
4 Antike Talsperre
5 Die Kaskade
6 Das Tal der Kaskadengrotte
7 Das „Tal des Seils“
8 Alter Pfad
9 Linker Seitenarm
10 Der „Talkessel des Seils“
11 Rechter Seitenarm
12 Deir Rumi
13 Haus der Italienischen Mission 1903-05
14 Das „Tal der drei Schächte“
15 Grabschächte
16 Antiker Beobachtungsposten
17 Überreste von Wohnhäusern
18 Der Menhir
19 Der Dolmen
20 Pfad von Deir el-Medina ins Tal der Königinnen
21 Das „Dolmental“
22 Ptah-Heiligtum
23 Pfad von Deir el-Medina ins Tal der Könige
24 Deir el-Medina (Arbeiterdorf)
25 Südhang des thebanischen „Horns“
26 Behausung der Anachoreten
27 Koptische Stätte
La Valle della Grotta Cascata
La Cascata
Diga antica
Villaggio Ramesside
La Valle della Corda
sentiero antico
Bianca di sinistra
Deir Rumi
Casa della missione italiana 1903-05
La Valle del principe Ahmes
rupestri
La Valle dei Tre Pozzi
sentiero da Deir el-Medina alla Valle delle Regine
La Valle del Dolmen
Santuario di Ptah
La Valle delle Regine
0
100 m
Sito Copto

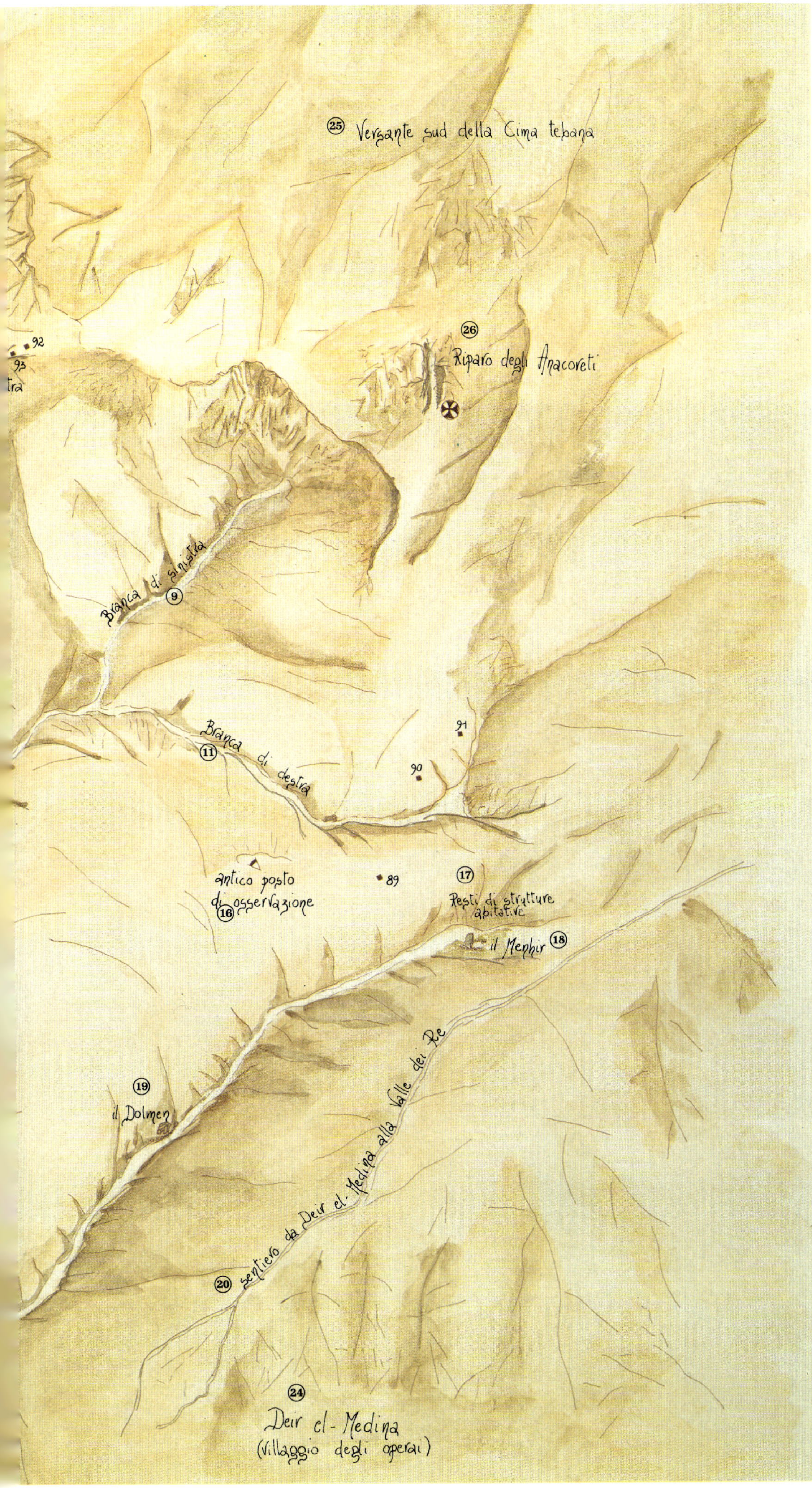

Karte vom Tal der Königinnen
Das Tal der Königinnen mit dem Hauptwadi und den Seitentälern. Die Zahlen beziehen sich auf die amtliche Numerierung der Gräber (siehe Anhang).

Harim („Tore der Frauen"), *Beban el-Malikat* („Tore der Königinnen"). Heute nennen die Einheimischen den Ort *Wadi el-Malikat*, was den Ortsnamen „Tal der Königinnen" auf arabisch am genauesten wiedergibt.

Die Stätte der Königssöhne

Die alten Ägypter bezeichneten das „Tal der Königinnen" auf verschiedene Weise: „das Große Tal", „das Tal des Südens" (als Anspielung auf die Lage am Südrand der thebanischen Nekropole), aber der meistverwendete Name war *Ta set neferu*, eine Bezeichnung, die im Unterschied zu den anderen nicht auf die geographischen Gegebenheiten, sondern auf seine Funktion hinweist und wegen der Mehrfachbedeutung des Substantivs *nefer* (im allgemeinen im Plural gebraucht) und seiner verschiedenen Schreibweisen ganz unterschiedlich übersetzt werden kann.

So wurde der alte Ortsname *Ta set neferu* gedeutet als „der Ort der guten Dinge"[7], „die Wohnstätte der Guten"[8], „der Ort der Vollkommenheiten"[9], „der Sitz der Schönheit"[10]. Die meisten Ägyptologen[11] schlossen sich gemeinhin der letztgenannten Version an, die auf der Interpretation des Wortes *neferu* als einer Kollektivbezeichnung für etwas Abstraktes (also einem falschen Plural) beruht. Das mag auch mit der offensichtlichen Analogie zum alten Namen des benachbarten Arbeiterdorfes Deir el-Medina *Set Maat* zu tun haben, ein Begriff, der mit „Sitz der Wahrheit" oder, besser, „Sitz der Ordnung" wiedergegeben werden könnte.

Gelegentlich taucht ein Deutezeichen auf, das auf einen echten Plural hinweisen könnte[12], oder das Deutezeichen *per*[13], das in stilisierter Form den Grundriß eines Hauses darstellt und die Vorstellung von einer räumlichen Begrenzung vermittelt, oder das Deutezeichen [14], das eine auf einem Stuhl sitzende Person mit dem Flagellum (*Nechech*) zeigt, was die Bedeutung eines Menschen unterstreichen soll, oder aber das Deutezeichen [15], das für „Allgemeinheit" steht. All das hat dazu beigetragen, daß man in jüngster Zeit das Wort *neferu* im Sinne von „junge Menschen“ oder, in diesem Fall genauer, „Königskinder“ interpretiert. Demnach würde der Ortsname *Ta set neferu* bedeuten: „die Stätte der Königssöhne“[16] und so Bezug nehmen auf die Verwendung des Ortes in der Zeit der 18. Dynastie als Grabstätte für die Königlichen Prinzen und ihnen nahestehende Personen[17]. Wenn man andererseits die Schriftzeichen in Betracht zieht, die an drei Stellen des Papyrus' Abbott[18] für das Tal der Königinnen stehen, kann man zu Recht auch die folgende Übersetzung für zutreffend halten: „die großen Stätten der Königlichen Kinder, der Königlichen Gemahlinnen und der Königlichen Mütter“. Zur Zeit der Ramessiden wurde der Begriff *neferu* in der Tat auf den ganzen königlichen Harem angewandt, das heißt, die „Königlichen Kinder“, die „Königlichen Gemahlinnen“ und die „Königlichen Mütter“[19]

Es ist nicht auszuschließen, daß sich die alten Ägypter, die Doppeldeutigkeiten, Anspielungen und Kryptogramme liebten, der Vielschichtigkeit des Wortes *neferu* mit seinen verschiedenen Bedeutungen durchaus bewußt waren.

Das Tal der Königinnen, vom Nordhang aus gesehen
Das Hauptwadi, das in der Kaskadengrotte endet, öffnet sich weit zum Schwemmland des Nils hin. Die Tatsache, daß das Tal leicht zugänglich ist, trug zur Schändung und Plünderung seiner Gräber bei.

In dem vom Wasser gegrabenen Tal

Das Tal der Königinnen öffnet sich weit zum grünen Niltal hin und stellt die Hauptwasserader des Entwässerungssystems für den Südhang der thebanischen Berge dar, während das tiefere und breitere Tal der Könige für den Abfluß des Wassers auf der Ostseite verantwortlich ist.
Die Straße, die heute das Tal durchzieht, verläuft entlang dem alten Wasserlauf, der in Zeiten reichlicher Regenfälle seinen Anfang von der Kaskadengrotte aus nahm, jenem tiefen Erosionseinschnitt, den das Wasser in einen großen Kalkfelsen gegraben hat.
Entlang dem Hauptwadi kann man noch heute die Spuren zweier Talsperren erkennen, die wohl dem Schutz der Gräber dienten[20]: die erste befindet sich in der Nähe der Kaskadengrotte und die zweite, mächtigere, etwa 150 m weiter östlich. Die Kaskadengrotte, die in Zeiten heftiger Regenfälle äußerst gefährlich war, ist zweifellos der Grund dafür, daß sich in ihrer unmittelbaren Nachbarschaft keine Gräber befinden und die Grabstätten in der weiteren Umgebung aufgegeben wurden. Östlich von der zweiten Talsperre sind jüngst Reste von Häusern aus Trockenmauerwerk aus der Ramessidenzeit gefunden worden, die den am Bau der Gräber beteiligten Arbeitern zeitweilig als Wohnungen gedient haben dürften.

Das Tal der Königinnen, von Süden aus betrachtet
Auf der linken Seite des Hauptwadis sieht man das „Tal der drei Schächte“ und das „Tal des Seils“ und unten die Überreste des Dorfes aus der Ramessidenzeit und das Grab der Nefertari.

Lageplan der Gräber im Tal der Königinnen
Im Tal der Königinnen wurden bis heute etwa 110 Grabstätten gefunden. Die meisten stammen aus der Zeit der 18. Dynastie.

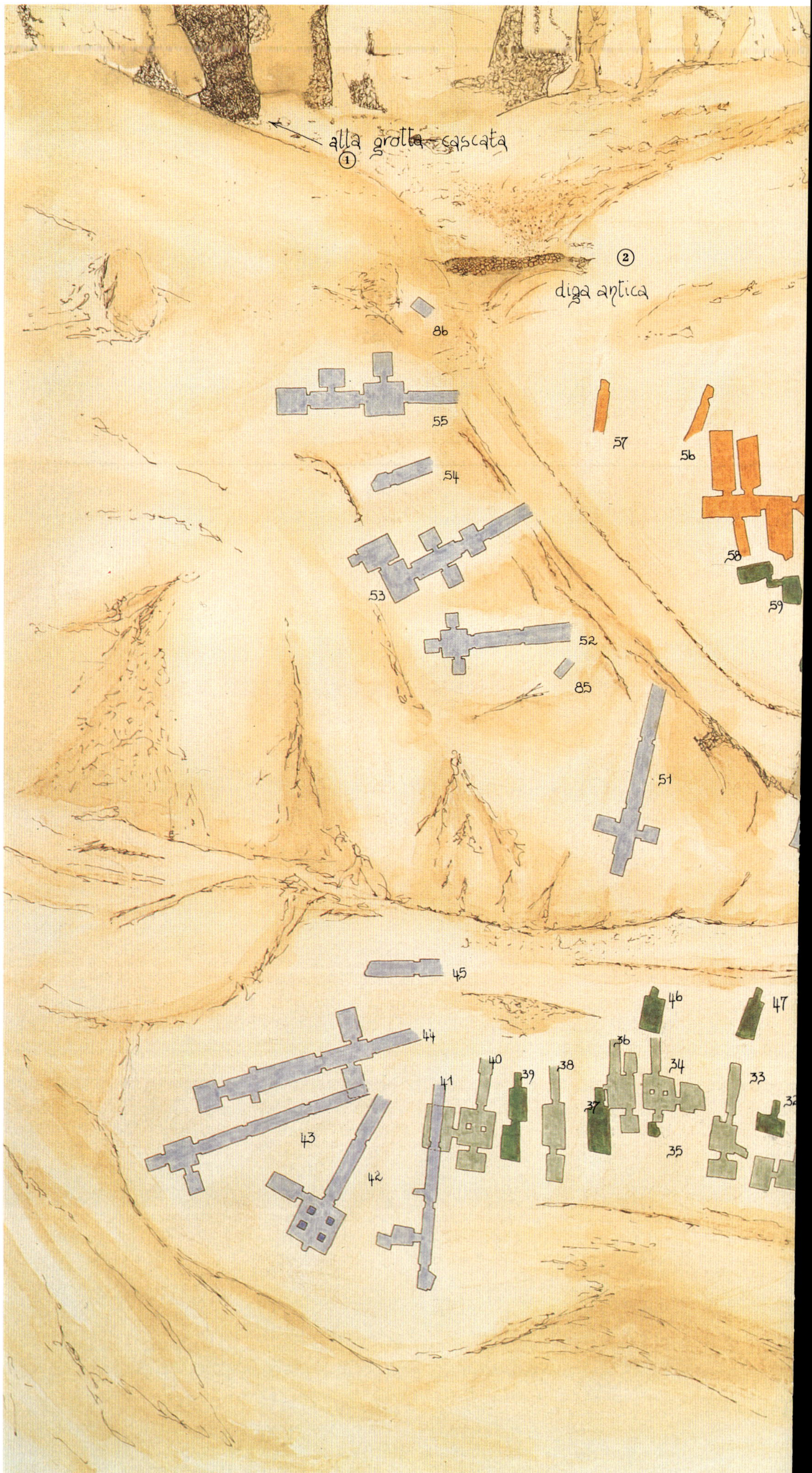

Die wichtigsten Gräber im Tal der Königinnen und ihre Zuordnung

Grab Nr.	*Name*	*Dynastie*
30	Nebiri	18.
33	Tanedjemet	19.
38	Sat-Ra	19.
42	Pa-Ra-her-wenemef	20.
43	Seth-her-chepeschef	20.
44	Chaemwaset	20.
46	Imhotep	18.
47	Prinzessin Ahmes	18.
51	Isis	20.
52	Titi	20.
53	Ramses	20.
55	Amun-her-chepeschef	20.
60	Nebet-taui	19.
66	Nefertari	19.
68	Merit-Amun	19.
71	Bint-Anat	19.
72	Neferhat/Baki	18.
73	Henut-taui	19.
74	Tentopet	20.
75	Henut-mi-Ra	19.
80	(Mut-)Tuja	19.
88	Prinz Ahmes	18.

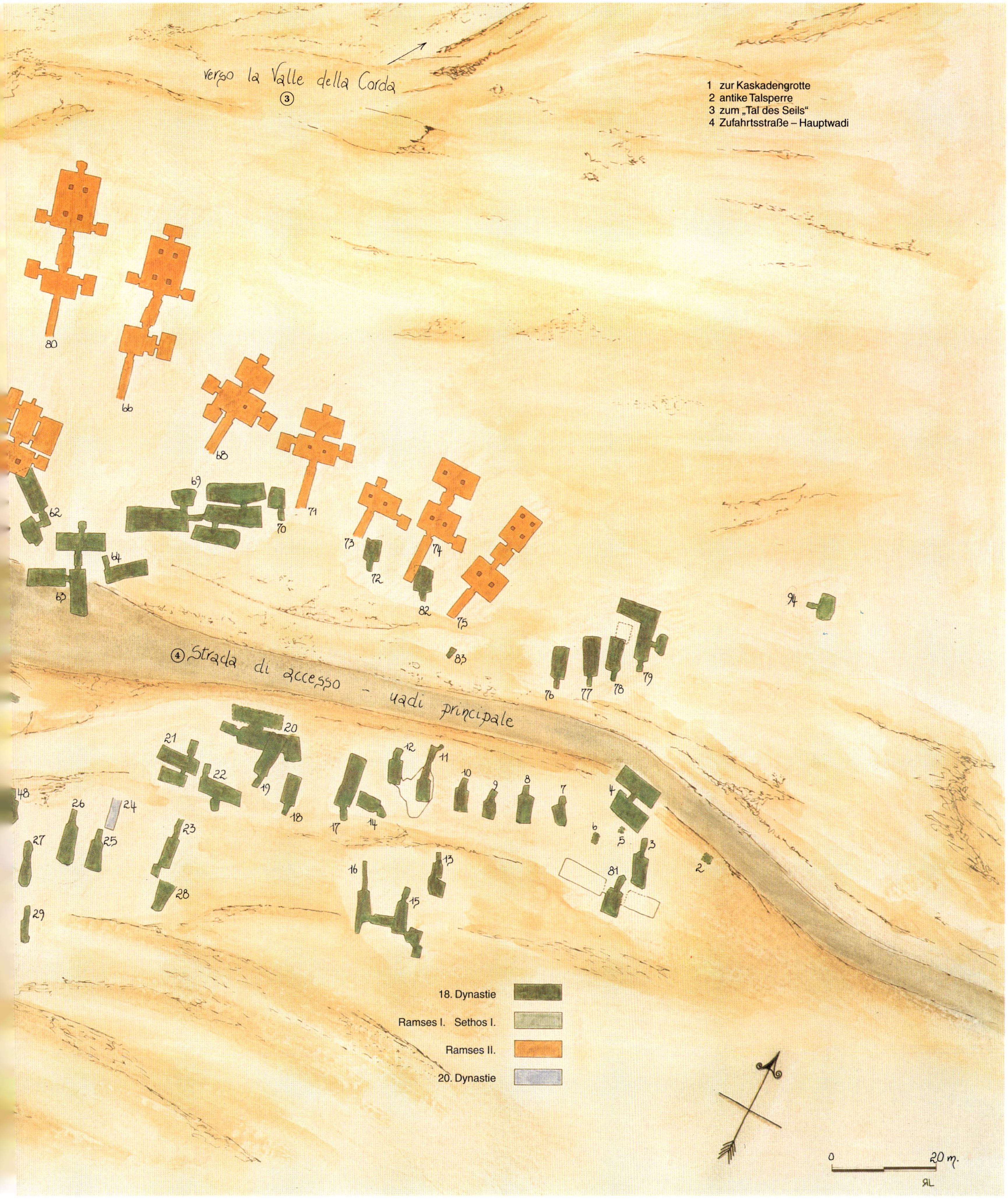
vergo la Valle della Corda ③
1 zur Kaskadengrotte
2 antike Talsperre
3 zum „Tal des Seils"
4 Zufahrtsstraße – Hauptwadi
④ Strada di accesso – uadi principale
18. Dynastie
Ramses I. Sethos I.
Ramses II.
20. Dynastie
0
20 m.

Das „Dolmental"
Es ist das erste Seitental, das sich auf der Nordseite des Hauptwadis öffnet und die östliche Begrenzung des Tals der Königinnen darstellt. Im Hintergrund ein alter (heute noch benützter) Pfad, auf dem die Arbeiter von Deir el-Medina zur Arbeit in den Gräbern von *Ta set neferu* gingen. An diesem Weg errichteten sie dem Gott Ptah und der Göttin Meretseger, der Personifizierung des thebanischen Gebirges, ein Felsenheiligtum.

Die meisten Gräber im Tal der Königinnen wurden entlang dem Hauptwadi gebaut, dort, wo die seitliche Begrenzung des Tals durch die Berghänge beginnt. An der steileren Nordostflanke, die in das thebanische Gebirge übergeht, nimmt man zwei Gräbergruppen wahr: Die eine Gruppe ist näher zum Rand des Flußbettes hin gebaut[21], die zweite liegt näher am Berghang[22].
Eine dritte Gräbergruppe befindet sich dagegen auf der Südwestseite, und zwar sowohl parallel zum Verlauf des ursprünglichen Wadis als auch in einem seiner Seitenarme[23].
Vom Haupttal gehen nämlich vier Seitentäler ab, von denen drei in den steileren Nordhang eingeschnitten sind, während sich das vierte nach Süden hin öffnet.

Der Weg zum Arbeiterdorf

Das erste nördliche Seitental, das auch „Dolmental" genannt wird (wegen einer großen Ansammlung von an Dolmen erinnernden Felsblöcken im oberen Talbereich), öffnet sich am Ende des Hauptwadis nach Norden zum Dorf Deir el-Medina hin. An der Ostflanke dieses Tales, welche die östliche Begrenzung des Tals der Königinnen darstellt, sieht man im *Ta set neferu*[24] ein kleines Felsenheiligtum des Gottes Ptah, das in einen natürlichen Überhang gebaut und von Felsnischen und -stelen umrahmt ist, die auf die Zeit Ramses' III. zurückgehen.
Ein Pfad, der auch heute noch ohne weiteres begehbar ist, zieht sich am Talende entlang. Das ist der Weg, den die Arbeiter aus dem benachbarten Dorf Deir el-Medina jeden Tag zurücklegten, um zu ihrer Arbeitsstätte im Tal der Königinnen zu gelangen.

Ein antiker Wachposten (1)
Auf dem Bergrücken, der das „Dolmental" überragt, haben sich die Überreste einiger Häuser aus der Ramessidenzeit erhalten. Vermutlich handelt es sich um einen Wachposten, der die Zugänge zum Tal der Königinnen und zum Tal der Könige kontrollierte. In einer der Außenmauern dieser bescheidenen Behausungen befindet sich ein großer, aufrechtstehender Felsbrocken, der wegen seines Aussehens „der Menhir" genannt wird.

Ein merkwürdig geformter Steinhaufen (2)
Das „Dolmental" verdankt seinen Namen einer Ansammlung von Felsbrocken, die an die Form eines Dolmens erinnert.

Die Überwachung der Nekropole

Dieser Pfad führte in nordwestlicher Richtung weiter über den Felsrücken, der das „Dolmental" von Deir el-Medina trennt; er ermöglichte es den Arbeitern, auch zu den Baustellen im Tal der Könige zu gelangen. Dort, wo der Pfad seinen höchsten Punkt erreicht, finden sich spärliche Überreste von Häusern[25]. In den Trockenmauerfragmenten eines dieser Gebäude steht aufrecht ein Stein, genannt „der Menhir"[26]. Aller Wahrscheinlichkeit nach handelte es sich um einen Wachposten, von dem aus man leicht die Nekropole und die Zugangsstraßen zum Tal der Könige und zum Tal der Könginnen kontrollieren konnte. Man weiß, daß es eine spezielle „Gräberpolizei" gab, deren Aufgabe die Überwachung der Nekropole war, die aber außerhalb des Arbeiterdorfes stationiert war, um einen zu engen Kontakt zwischen den Wachen und den Dorfbewohnern zu vermeiden.

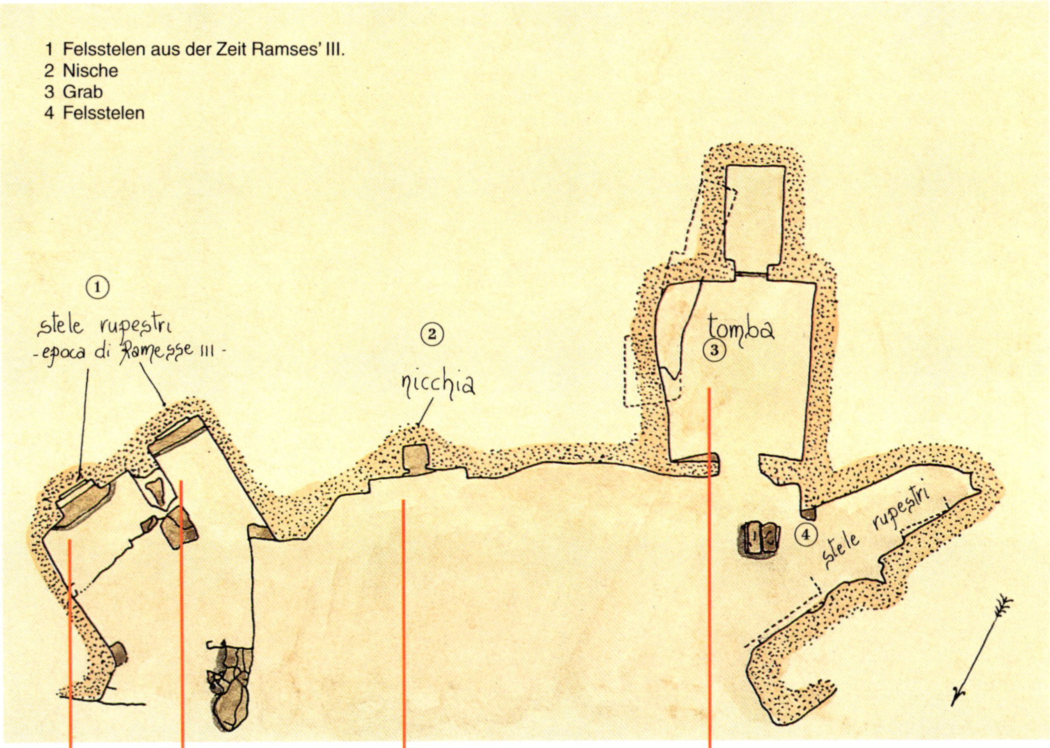

Das Felsenheiligtum des Ptah (3-4)
Dieses volkstümliche Kultzentrum im Tal der Königinnen war vermutlich schon in der Zeit der 18. Dynastie vorhanden, die Felsstelen stammen aber aus der Zeit Ramses' III. Das Heiligtum wurde unter Ausnutzung einer von Natur aus geschützten Stelle in den Osthang des „Dolmentals" gebaut. In christlicher Zeit wurde es von Eremiten wieder benützt. *(Zeichnung aus dem Grabungsbericht von M. Kurz)*

Beschriftung der Planskizze links unten:
Grundriß von Deir Rumi
1 Grab Nr. 95
2 Kirche
3 Apsis
4 Vorhof
5 Außenkammer
6 Gemeinschaftsraum
7 Seitenkammer
8 Zugangskorridor
9 Felsrücken

Grundriß von Deir Rumi (1)
Die Forschungsarbeiten, die Schiaparelli und Ballerini 1904 in Deir Rumi begonnen hatten, wurden 1988 vom französisch-ägyptischen Forscherteam des Centre National de la Recherche Scientifique (CNRS) und des Centre d'Étude et de Documentation sur l'Ancienne Égypte (CEDAE) wiederaufgenommen. *(Zeichnung aus der Bestandsaufnahme von M. Kurz und G. Lecuyot)*

Das Tal des Prinzen Ahmes (2)
In diesem kleinen Talkessel an der Südseite des Hauptwadis des Tals der Königinnen fanden Schiaparelli und Ballerini 1903 einen Grabschacht, der einem Prinzen namens Ahmes gehörte und dem Tal den Namen gab. An diesem Ort wurden viele Grabschächte aus der 18. Dynastie entdeckt. Auf dem nördlichen Bergrücken über dem Tal befinden sich viele kleine Zellen, die in koptischer Zeit als Kult- und Wohnstätten dienten.

Die Ruinen des Klosters Deir Rumi

Das zweite nördliche Seitental, das auch „Tal der drei Schächte" genannt wird, öffnet sich etwas weiter westlich vom erstgenannten Tal. An seiner Einmündung erkennt man die Ruinen eines koptischen Klosters, das unter dem Namen Deir Rumi[27] bekannt ist, was soviel bedeutet wie „Konvent der Byzantiner"[28].
Das Kloster wurde im 6. Jahrhundert nahe dem Eingang zu einem unvollendeten Ramessidengrab, das als Kapelle[29] benützt wurde, und auf den Überresten eines kleinen römischen Heiligtums[30] erbaut. Ernesto Schiaparelli, der Ägyptologe, der als erster systematische Grabungen im Tal der Königinnen durchführte, schlug an diesem Platz das Lager der Italienischen Mission auf und ließ ein kleines Gebäude errichten, in dem die Arbeitsräume untergebracht waren und das heute als Magazin für die Funde dient, die aus den Grabungen vor Ort kommen. Schiaparelli war es auch, der die systematische Erforschung des Ortes unternahm und in einem Seitental die drei Grabschächte entdeckte, die dem Ort vermutlich seinen Namen gegeben haben[31].

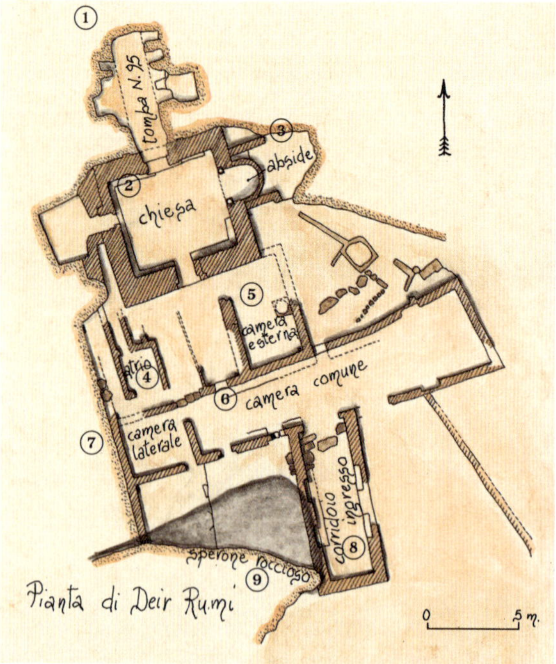

Das „Tal des Seils“ (3)
Das dritte Seitental, das sich auf der Nordseite des Hauptwadis öffnet, verdankt seinen Namen einem Seil, das von einer hohen Felswand herunterhing. Es diente früher der Versorgung der zahlreichen Eremiten, die sich in nahezu unzugänglichen Unterkünften in den umliegenden Felswänden niedergelassen hatten.

Das Seil der christlichen Eremiten

Hinter Deir Rumi öffnet sich vom Hauptwadi aus das dritte nördliche Seitental, das auch „Tal des Seils“ (*Wadi el-Habl*) genannt wird. Am Ende dieses Tals, das über einen alten Pfad mit Deir Rumi verbunden ist, hing ein Seil (das noch vor etwa 20 Jahren zu sehen war). Es diente vermutlich der Versorgung der Eremiten, die sich in christlicher Zeit in der Gegend niedergelassen hatten. Im weiter östlich gelegenen Teil des Talendes, das eine Verbindung zum „Tal der drei Schächte“ hat, wurden zwei Grabschächte aus der Zeit der 18. Dynastie[32] entdeckt.

Das Tal eines Prinzen namens Ahmes

Das südliche Seitental, das auch „Tal des Prinzen Ahmes“ genannt wird, öffnet sich auf der Südseite des Hauptwadis gegenüber der Einmündung des „Dolmentales“.
Die durch Witterungseinflüsse bedingte Erosion hat das Tal zu einem kleinen Amphitheater geformt. Während der Erforschung des Ortes durch Schiaparelli[33] wurden zahlreiche Grabschächte gefunden. Einer von ihnen, das Grab Nr. 88, enthielt Gegenstände, die einem Prinzen mit Namen Ahmes gehört hatten.
In koptischer Zeit war dieses Tal von vielen Eremiten bewohnt, die in den Felsen Gebäude errichteten und zahlreiche Zellen anlegten, die heute noch im westlichen Ausläufer des Gebirges[34] zu sehen sind.

Das koptische Kloster Deir Rumi (4-5)
Dieses koptische Kloster, dessen Name „Konvent der Byzantiner“ bedeutet, wurde etwa im 6. Jahrhundert an der Nordflanke des Hauptwadis am Eingang zum zweiten Seitental (oder „Tal der drei Schächte“) in der Nähe eines alten, unvollendeten Grabes aus pharaonischer Zeit (Nr. 95) erbaut.

Die Felszeichnungen in der Kaskadengrotte
Eine in Ocker auf die Wände der Kaskadengrotte gemalte Zeichnung stellt die Göttin Hathor, die in Theben eng mit dem Totenkult verbunden war, in Gestalt einer Kuh dar.

Die Kaskadengrotte
Die 25 m hohe Kaskadengrotte ist ein Einschnitt in den weichen Kalkstein am Ende des Tals der Königinnen. An ihren Wänden sieht man zahlreiche Felszeichnungen, von denen viele während der 18. Dynastie entstanden sind. Von den alten Ägyptern wurde diese Kaskadengrotte vermutlich mit dem Kult der Göttin Hathor in Verbindung gebracht, obwohl das eigentliche religiöse Zentrum des Tals der Königinnen zweifellos das Ptah-Heiligtum war.

Ein privilegierter Ort unter dem Schutz der Götter

Zwei Gründe scheinen bei der Wahl dieses Ortes für die alten Ägypter ausschlaggebend gewesen zu sein: die Nähe zum Berg El-Qurn (das Horn) und die natürliche Kaskadengrotte am Talende.

Die höchste Erhebung des thebanischen Gebirges, die heute unter dem Namen El-Qurn bekannt ist, galt wegen ihrer Pyramidenform als religiöses Symbol des Totenkults. Die alten Ägypter nannten sie „den Gipfel" oder „den großen Gipfel"[35], Herrschaftsbereich der Göttin Meretseger, „die die Stille liebt", die häufig als Frau mit dem Kopf einer Kobra dargestellt wird. Wie das benachbarte Tal der Könige wird auch das Tal der Königinnen von dieser Felspyramide überragt. Es stand somit symbolisch unter dem Schutz der Göttin.

Auch die Kaskadengrotte, die das Hauptwadi von *Ta set neferu* nach Westen hin abgrenzt, dürfte aufgrund ihrer Form und der damit verbundenen Naturerscheinungen einer religiösen Vorstellung entsprochen haben.

Im Inneren der etwa 25 m hohen Kaskadengrotte[36], die eine Art Naturheiligtum darstellt, wurden im Zuge der Forschungsarbeiten in der Tat zahlreiche in Ocker und Schwarz gehaltene Felszeichnungen entdeckt, die mit der Verehrung der Göttin Hathor in Gestalt der „heiligen Kuh" in Verbindung gebracht werden können. Von diesen Zeichnungen sind viele dem Neuen Reich zuzuordnen.

Die Göttin Hathor, die in einer ihrer Erscheinungsformen mit dem Totenkult und dem Westen als Hathor-*Chenti(t)-Imentet*, („die an der Spitze des Westen steht") assoziiert wird, war vermutlich mit der Vorstellung von der Wiedergeburt der Verstorbenen mit der Sonne verbunden.

Die Wasser der Kaskade, die in Zeiten reichlicher Regenfälle das Hauptwadi speisten, waren symbolisch auch Quelle göttlichen Lebens, und die Grotte selbst galt wohl als Bauch oder Uterus der „Himmelskuh", einer der Erscheinungsformen der Göttin Hathor.

Eine Geschichte, die vor 55 Millionen Jahren begann

Das thebanische Gebirge bei Qurna besteht aus einer etwa 290 m mächtigen Schicht von Kalkstein (bekannt unter der Bezeichnung „Formation von Theben"), die sich zu Beginn des Tertiärs gebildet hat. In dieser Zeit, die etwa 55 Millionen Jahre zurückliegt, bedeckte die ganze Region ein ausgedehntes Meer. Das reiche Vorkommen von planktonischen Einzellern, sog. Foraminiferen (*Globorotalia thebaica, G. imitata* und *G. planoconica*), läßt vermuten, daß es sich um Ablagerungen handelt, die sich im offenen Meer gebildet hatten und auf das Ypres, einen Unterabschnitt des Eozäns, zurückgehen.[37]
Die Formation von Theben besteht hauptsächlich aus Kalkstein mit zahlreichen Kieseleinlagerungen. Von oben nach unten betrachtet, ergibt sich diese Schichtenabfolge:

a) gelber siliciumhaltiger Kalkstein mit vielen Austern, münzenförmigen Foraminiferen, sog. Nummuliten (*N. subramondi)*, und Lamellibranchiata (*Gryphaea pharaonum*), der am Gipfel des Berges El-Qurn gut zu sehen ist und eine Mächtigkeit von ca. 30 m aufweist;

b) Nummulitisches Kalkgestein mit *N. subramondi*, ebenfalls ca. 30 m mächtig;

c) Kalkstein mit Operculinen, *N. praecursor* und Seeigeln, von ca. 35 m Mächtigkeit;

d) eine dickere Bank (etwa 75 m) aus sehr brüchigem Mergel, genannt *taflah*, mit Kieselkonkretionen und Muscheln, sog. Lamellibranchiata (*Lucina thebaica*);

e) eine sehr mächtige Bank (etwa 120 m) aus kompaktem weißem Kalkstein, durchzogen von kleinen, schwach fossilhaltigen Bänken mit Kieselkonkretionen;

f) eine oft gar nicht sichtbare Schieferformation von dunkler Farbe, genannt „Esna-Ton", die eine Mächtigkeit von ca. 50 m erreicht und der Chronologie nach zum Oberen Paleozän gehört.

Das heutige Aussehen des Tales ist das Ergebnis einer karstischen und mechanischen Erosion, die, von den Gipfeln ausgehend, die Berghänge abgetragen und die Bildung von Schotter verursacht hat. Dieser Schotter besteht im unteren Teil aus eozänen Kalkfragmenten und Kieselknollen, die in eisenhaltiges rotes Ganggestein einzementiert sind, während die obere Schicht aus Kalksteinlagen von oft beträchtlicher Dicke gebildet wird, deren der Witterung ausgesetzte Oberfläche häufig eine von Manganoxyd schwärzlich gefärbte Patina aufweist. Über diesen Ablagerungen, die höchstens zehn Meter mächtig sind, liegen junge Schotter, deren Bestandteile hell und ohne Patina sind. Durch den erosionsbedingten Abbau dieser Kalksteinabfolgen, die tektonisch erst später – im Oligozän – aus dem Meer aufgestiegen sind, entstand das thebanische Gebirge. Die heutigen Täler (Wadis) folgen tektonischen Störungsmustern, die teilweise nilparallel, vor allem aber auch nahezu senkrecht dazu verlaufen.
Während des Quartärs wechselten sich dann Regenperioden und Zwischenperioden ab. Das führte zur Bildung von Schotterablagerungen, die nach und nach in begrenztem Umfang abgetragen wurden. So erhielt das Tal der Königinnen sein heutiges Aussehen. Das Fehlen einer Zementierungsphase bei den jüngeren Schotterablagerungen deutet darauf hin, daß in dieser Region schon früh ein Wüstenklima mit immer weniger Niederschlägen eingesetzt hat.

Als das Gebirge vom Meer bedeckt war
Die zahlreichen aus dem Tertiär stammenden Fossilien sind der unmittelbare Beweis für das große Meer, das vor ca. 55 Millionen Jahren die Region bedeckte.

Ein Kalkstein mit vielen Kieselknollen
In dem Kalkgestein, das die sog. „Formation von Theben" (eigentlich: „Theben-Gruppe"; hier: Serai-Formation; Anm. d. Red.) bildet, befinden sich viele sehr harte Kieselknollen.

Stratigraphische Gliederung des thebanischen Gebirges
Die Felsschichten belegen die lange geologische Geschichte des thebanischen Gebirgsmassivs, das bis auf den Beginn des Tertiärs (also etwa 55 Millionen Jahre) zurückreicht und durch dessen Gestein sich das Tal der Königinnen gegraben hat.

FORMATION VON THEBEN

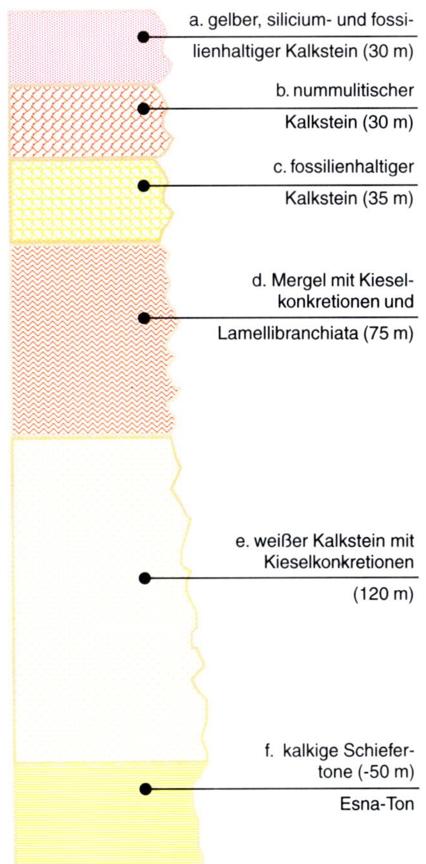

Die ägyptischen Dynastien vom Neuen Reich bis zu Kleopatra

Anmerkung: Überschneidungen von Daten innerhalb einer Dynastie bedeuten eine Mitregentschaft. Überschneidungen von zwei oder mehr Dynastien weisen darauf hin, daß diese gleichzeitig in verschiedenen Teilen Ägyptens anerkannt waren.
In bezug auf die Jahreszahlen für das Neue Reich beträgt die Toleranzspanne etwa 10 Jahre[39].

FRÜHDYNAST. PERIODE	2920-2575
ALTES REICH	2575-2134
ERSTE ZWISCHENZEIT	2134-2040
MITTLERES REICH	2040-1640
ZWEITE ZWISCHENZEIT	1640-1550
NEUES REICH	1550-1069

18. Dynastie 1550-1295

Ahmose	1550-1525
Amenophis I.	1525-1504
Thutmosis I.	1504-1492
Thutmosis II.	1492-1479
Hatschepsut	1479-1457
Thutmosis III.	1479-1425
Amenophis II.	1427-1396
Thutmosis IV.	1396-1386
Amenophis III.	1386-1349
Amenophis IV. – Echnaton	1356-1340
Tut-anch-Amun	1340-1331
Semenchkare	1342-1340
Eje	1331-1327
Haremhab	1327-1295

19. Dynastie 1295-1188

Ramses I.	1295-1294
Sethos I.	1294-1279
Ramses II.	1279-1212
Merenptah	1212-1199
Amenmesse*	1202-1199
Sethos II.	1202-1196
Siptah	1196-1190
Tausret	1196-1188

20. Dynastie 1188-1069

Sethnacht	1188-1186
Ramses III.	1186-1154
Ramses IV.	1154-1148
Ramses V.	1148-1144
Ramses VI.	1144-1136
Ramses VII.	1136-1128
Ramses VIII.	1128-1125
Ramses IX.	1125-1107
Ramses X.	1107-1098
Ramses XI.	1098-1069

Usurpator während der Regierungszeit Sethos' II.

DRITTE ZWISCHENZEIT	1069-656

21. Dynastie 1069-945

König		*Hohepriester des Amun in Theben*	
Smendes	1069-1043	Pinodjem I.	1070-1055
Pinodjem	1054-1032		
Amenemnisu	1043-1039	Masaharta	1054-1046
		Mencheperre	1045-992
Psusennes I.	1040-993	Smendes	992-990
Amenemope	993-984		
Osorkon der Ältere	984-978		
Siamun	978-959	Pinodjem II.	990-969
Psusennes II.	959-945	Psusennes	969-945

22. Dynastie 945-730

Könige		*Hohepriester des Amun in Theben*
Scheschonk I.	945-924	Juput
Osorkon I.	924-889	Scheschonk
Scheschonk II.	ca. 890	Smendes
Takeloth I.	889-874	Juwelot
		Harsiese
Harsiese	870-860	
Osorkon II.	874-850	Nimlot
Takeloth II.	850-825	Osorkon
Scheschonk III.	825-818	
	818-773	
Pemui	773-767	
Scheschonk IV.	767-730	

23. Dynastie ca. 818-730/727

Petubastis	818-793
Osorkon III.	787-757
Takeloth III.	764-757
Rudamun	757-754
Osorkon IV.	ca. 730

24. Dynastie 727-715

Tefnachte	727-720
Bokchoris	720-715

25. Dynastie 747-656

Pije (Pianchi)	747-716
Schabako	716-702
Schebitko	702-690
Taharka	690-664
Tanutamun	664-656

SPÄTZEIT	672-332

26. Dynastie – Saïtische Zeit 672-525

Necho I.	672-664
Psammetich I.	664-610
Necho II. (seit 656 über ganz Ägypten)	610-595
Psammetich II.	595-589
Apries	589-570
Amasis	570-526
Psammetich III.	526-525

27. Dynastie 525-359

Erste Perserzeit

Kambyses II.	525-522
Darius I.	522-486
Xerxes	486-465
Artaxerxes I.	465-424
Darius II.	424-405
Artaxerxes II.	405-359

28. Dynastie 404-399

Amyrtaios	404-399

29. Dynastie 399-380

Nepherites I.	399-393
Psammuthis	393
Hakoris	393-380
Nepherites II.	380

30. Dynastie 380-342

Nektanebos I.	380-362
Teos	362-360
Nektanebos II.	360-342

Zweite Perserzeit 342-332

GRIECH.-RÖM. ZEIT	332 v. Chr. – 395 n. Chr.
Makedonische Dynastie	332-304
Ptolemäische Dynastie	304-30
Römische Kaiser	30 v. Chr. – 395 n. Chr.

Ein von alters her dem Totenkult geweihter Ort

Die bis zum heutigen Tag durchgeführten Forschungen haben es ermöglicht, die Geschichte des Tals der Königinnen nachzuzeichnen, die sehr viel länger und komplexer ist, als die Ägyptologen ursprünglich angenommen hatten. Lange Zeit glaubte man, daß das Tal der Königinnen eine Königsnekropole aus der Ramessidenzeit sei. Heute weiß man, daß seine Geschichte sehr viel früher einsetzt, nämlich zu Beginn des Neuen Reiches, als der Ort noch nicht der Bestattung der toten Königinnen diente, sondern königlicher Prinzen und Prinzessinnen. In Ausnahmefällen konnten hier auch hohe Würdenträger beerdigt werden, die im Umfeld des Hofes lebten und der Herrscherfamilie oder dem Pharao selbst nahestanden. Während der 18. Dynastie wurden in *Ta set neferu* mehr als siebzig Grabschächte ohne Wandmalereien und Totenkammern angelegt. Nur wenn mehrere zu einer Familie gehörige Tote dort bestattet wurden, befanden sich am Ende des Schachts eine oder zwei Kammern.

Die Grabbeigaben bestanden in dieser Zeit neben den üblichen Gegenständen (Kanopengefäßen[40], *Uschebtis*[41], Speisebeigaben, Geschirr) auch aus Holzmöbeln, manchmal auch Waffen, bis hin zu Spielen wie dem *Senet*, das ein entfernter Verwandter unseres Damespiels ist.

Die Mumien des Tals der Königinnen
In römischer Zeit wurde das Tal der Königinnen wieder intensiv als Friedhof genutzt. So wurden im Laufe der jüngsten Grabungen Hunderte von Mumien ans Licht gebracht.

Die Häuser der Arbeiter treten zutage
Die Überreste dieser Häuser, die sich im Herzen des Tals der Königinnen über eine Fläche von 1000 m² erstrecken, wurden während der Grabungen von 1985-86 freigelegt. Es gibt Hinweise dafür, daß es sich bei dem kleinen Dorf aus der Ramessidenzeit um eine Trabantensiedlung der benachbarten Arbeiterstadt Deir el-Medina handelte.

Grundriß des Arbeiterdorfes in *Ta set neferu*
Die Wohnstätten, die aus Trockenmauerwerk erbaut waren, erlitten in römischer und koptischer Zeit schwere Schäden, da die Steine als Baumaterial für neue Wohngebäude verwendet wurden. *(Zeichnung aus dem Grabungsbericht von M. Kurz.)*

Ein Friedhof für den königlichen Harem

„Große Königliche Gemahlinnen" scheinen im Tal erst ab der Zeit Ramses' I. Aufnahme gefunden zu haben, der seine Gattin Sat-Ra dort bestatten ließ.

Von dieser Zeit an erhielt das Tal seine definitive Bestimmung als Begräbnisstätte für den königlichen Harem und wurde als *Ta set neferu* bezeichnet. Auf diese Zeit gehen auch die ersten nachgewiesenen Verbindungen zu den Arbeitern von *Set Maat* zurück. Zur Zeit Ramses' II. lebte eine begrenzte Anzahl von Arbeitern ständig in der kleinen Trabantensiedlung, die im westlichsten Teil des Tales entstanden war. Während der Regierungszeit Ramses' III. muß sich das Dorf wohl im Verhältnis zu Bedeutung und Anzahl der Gräber, die in dieser Zeit gebaut wurden, vergrößert haben, wie dem Eingreifen des Wesirs Ta zur Beendigung eines Streiks der Arbeiter[42] zu entnehmen ist.

Während der Regierungszeit Sethos' I. wurden im Tal weitere Baustellen eröffnet mit dem Zweck, Gräber für mehrere „Königliche Gemahlinnen" vorzubereiten. Die Gräber dieser Zeit lassen sich eindeutig im südlichen Seitental des Hauptwadis[43] lokalisieren.

Eine ähnliche Ortsbestimmung ist auch bei den zahlreichen Gräbern zu beobachten, die während der Regierungszeit Ramses' II. gebaut wurden. Nur sind in diesem Fall die Gräber am Nord- und Nordosthang des Wadis gruppiert wie die Gräber von Nebet-taui (Nr. 60), (Mut-) Tuja (Nr. 80), Nefertari (Nr. 66), Merit-Amun (Nr. 68), Bint-Anat (Nr. 71) sowie drei weitere Gräber (Nr. 73, 74 und 75), die auf Anordnung des Herrschers ohne feste Bestimmung angelegt wurden und in der Folgezeit von der Prinzessin Henut-taui (Nr. 73) und den „Großen königlichen Gemahlinnen" Henut-mi-Ra (Nr. 75)[44] und Tentopet (Nr. 74) belegt wurden. Letztere war die Gattin Ramses' IV. aus der 20. Dynastie[45].

Die unmittelbaren Nachfolger Ramses' II. hinterließen im Tal der Königinnen keine Spuren, aber unter Ramses III., der den Südwesthang

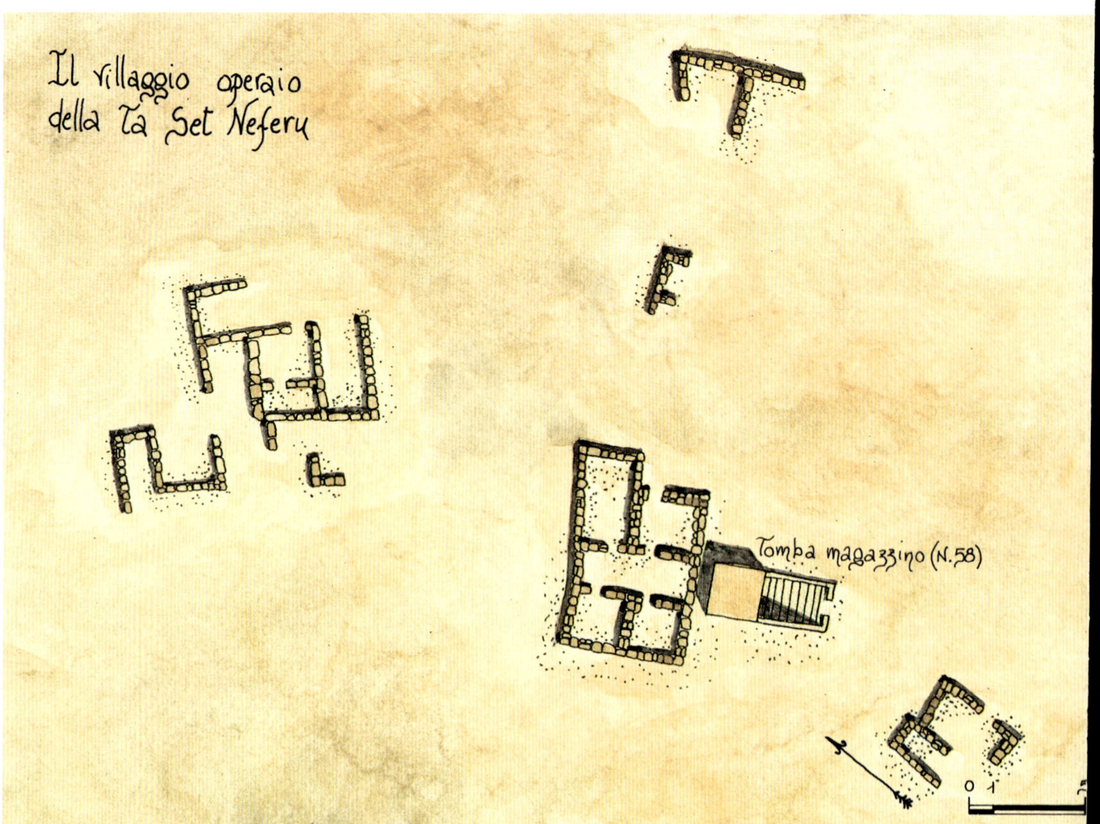

Die lange Geschichte des Tals der Königinnen
Die Grafik faßt die Geschichte des Tals der Königinnen von der 18. Dynastie bis zur koptischen Zeit zusammen und spannt damit einen Bogen über einen Zeitraum von etwa achtzehn Jahrhunderten.

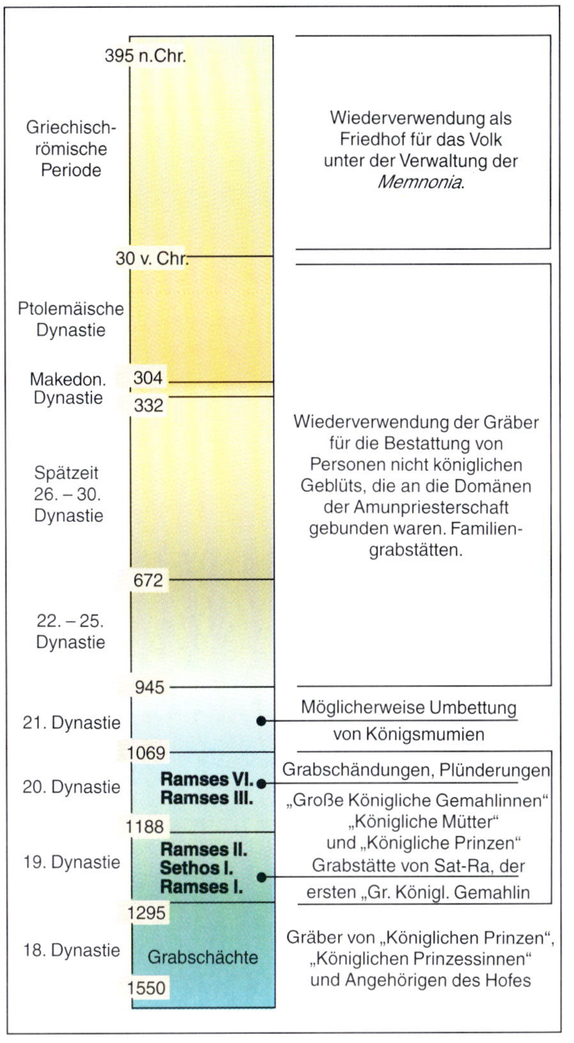

Die Spuren der Grabräuber
Das Grab der Königin Isis (Zeit Ramses' III. - Ramses' VI.), in dem der Sarkophag zu sehen ist, von dem der Deckel abgeschlagen wurde, zeigt noch heute Spuren der räuberischen Übergriffe, von denen in zeitgenössischen Quellen berichtet wird.
(Foto: C. Leblanc)

des Hauptwadis für die Anlage von Gräbern für mindestens fünf seiner Söhne wählte, wurden die Bauarbeiten wiederaufgenommen. Während seiner Regierungszeit wurden auch die Gräber für die Königinnen Titi (Nr. 52) und Isis (Nr. 51) vorbereitet. Letzteres wurde unter Ramses VI. fertiggestellt.

Von da an ging es mit *Ta set neferu* als Nekropole zu Ende. Während der kurzen Regierungszeit Ramses' IV. wurden keine neuen Bauvorhaben mehr in Angriff genommen. Auch in der Zeit eines seiner Nachfolger, Ramses' VI., erlebte der Bau von Grabanlagen keinen nennenswerten Aufschwung, wenngleich im Papyrus von Turin erwähnt wird, daß Ramses VI. den Befehl gegeben hatte, sechs neue Gräber auszuheben. Selbst wenn dieses Projekt zu Ende gebracht worden wäre: Bisher konnten diese Gräber nicht identifiziert werden[46].

Mit dem Tod dieses letztgenannten Pharaos endete jedenfalls jegliche Bautätigkeit im Tal der Königinnen.

Die von Grabräubern geplünderte Nekropole

Sehr bald begann das leicht zugängliche und nicht mehr häufig besuchte Tal zum Objekt der Begierde von Dieben und Plünderern zu werden. Zwar werden schon zwischen dem Ende der 19. und dem Beginn der 20. Dynastie vereinzelt Fälle von Grabschändungen berichtet, wie etwa die im Papyrus Salt 124 erwähnte Schändung des Grabs der Königin Henut-mi-Ra[47], aber während der Regierungszeit Ramses' III. wurde das Phänomen angesichts einer prekären wirtschaftlichen Lage dann zur Gewohnheit und nahm in der Folgezeit immer größere Ausmaße an.

Gegen Ende der 20. Dynastie rotteten sich Banden von Grabräubern zusammen, um die thebanischen Nekropolen zu plündern. Dabei wurden die geschändeten Gräber oft angezündet, um eventuelle Spuren zu vernichten. So berichtet der Papyrus Abbott vom Fall eines gewissen Pacheru, der in der Zeit Ramses' IX. angeklagt war, das Grab der Isis geschändet und angezündet zu haben[48], und auch im Papyrus Mayer A werden Grabschändungen erwähnt; im letzteren Fall waren die Gräber von Baketwerenro, wahrscheinlich einer der Gemahlinnen Sethos' I., und der Königin Nesmut[49] betroffen.

Wir wissen jedoch nicht, ob als Folge dieser schwerwiegenden Vorkommnisse, die sich ziemlich häufig ereignet haben müssen, auch im Tal der Königinnen eine Verlegung der wichtigsten Mumien an geheime Orte stattgefunden hat, wie das bei vielen Pharaonen der Fall war, deren sterbliche Überreste in der berühmten *Cachette* von Deir el-Bahari[50] in Sicherheit gebracht wurden.

Zur Zeit der 21. Dynastie war das alte Arbeiterdorf Deir el-Medina bereits verlassen, und in *Ta set neferu* wurde kein Grab mehr gebaut. Nach den Wirren der späten Ramessidenzeit wird dieser Ort aber nicht aufgegeben, wie das Tal der Könige, sondern erneut Zentrum von Grabaktivitäten, wenngleich anderer Natur als früher. Die besondere geomorphologische Beschaffenheit des Tals der Königinnen, das sich mit sanftem Gefälle zum Niltal hin öffnet, begünstigte seinen neuen Verwendungszweck als Aufbewahrungsort für Grabutensilien, die später an anderer Stelle gebraucht wurden.

Auch die Gräber selbst wurden bis zur saïtischen und persischen Zeit immer wieder neu belegt und in diesem Zusammenhang gelegentlich auch erweitert.

Familiengräber

In der langen Zeitspanne von der 21. Dynastie bis zum Ende der Dritten Zwischenzeit wurden die Gräber des Tales systematisch als Grablege für Personen nicht königlichen Blutes benützt, insbesondere für Landarbeiter in den ausgedehnten Besitztümern der Amunpriesterschaft. Es sind Gräber, die nur dürftig mit Grabbeigaben ausgestattet sind. Ab der 21. Dynastie werden die Grabausstattungen vorwiegend mit Keramikgegenständen bestückt. Schmuck, Waffen und das prächtige Mobiliar für die Toten sind von nun an nur noch Erinnerungen an eine ferne Vergangenheit.
Nur den streng persönlichen Beigaben für den Verstorbenen wird Aufmerksamkeit geschenkt, wie die enorme Zunahme der Zahl von *Uschebtis* – zuweilen eines für jeden Tag des Jahres –, von Sarkophagen und von Mumienausstattungen zeigt. Selbst die Kanopengefäße (die manchmal durch Miniatursarkophage ersetzt wurden) haben nun ihre ursprüngliche Bedeutung verloren und spielen nur noch eine symbolische Rolle.
Wegen des Fehlens schriftlicher Quellen aus dieser Zeit haben wir zwar keine gesicherten Informationen über die Organisation der Nekropole, es scheint aber jedenfalls so zu sein, daß die Grabstätten nach Kriterien der Familienzugehörigkeit vergeben wurden, wie die Gräber von Chaemwaset und Seth-her-chepeschef zeigen, in denen mindestens hundert Menschen beigesetzt wurden, zwischen denen familiäre Bande bestanden hatten.
Das Studium der Namen, die auf den Sarkophagen geschrieben standen, ergab, daß sich diese verwandtschaftlichen Beziehungen in manchen Fällen über einen sehr langen Zeitraum erstreckten, nämlich von der Dritten Zwischenzeit bis zur 26. Dynastie. Die Gräber scheinen demnach in „Familienbesitz" übergegangen zu

Ein Grab, das zur Kapelle wurde
Das Grab Nr. 60 von Nebet-taui ist ein klassisches Beispiel für die spätere Wiederverwendung der Grabstätten durch die koptischen Eremiten: Sie funktionierten es zu einer Kapelle um und überdeckten die ursprünglichen Malereien an vielen Stellen mit einer Putzschicht, auf die sie manchmal die Symbole des neuen Glaubens malten, wie das Kreuz oben auf der Wand im Hintergrund zeigt.

sein, und man kann davon ausgehen, daß ein ganzer Verwaltungsapparat für das Funktionieren der Nekropole sorgte. In den Gräbern wurden nun Gärtner, Landwirte, Pächter und „Hausfrauen" bestattet und nahmen die Plätze ein, welche ehemals Würdenträgern und Wesiren, Prinzen und „Königlichen Gemahlinnen" vorbehalten gewesen waren.
Zu Beginn der Römerherrschaft war das Tal der Königinnen schließlich zum Friedhof für das Volk geworden und unterstand der sogenannten *Memnonia*, d. h., einer Organisation für „gewerbliche" Bestattungsdienste, die auf breiter Basis arbeitete, um einer immer zahlreicher gewordenen Bevölkerung gerecht zu werden.
Es fand also in dieser Zeit zum zweiten Mal eine Wiederverwendung der Gräber, die von den Pharaonen für ihre Angehörigen erbaut worden waren, sowie der Grabschächte statt, deren Grabkammern oft erweitert wurden. Das führte dazu, daß verschiedene Gräber durch ein System unterirdischer Gänge so miteinander verbunden wurden, daß eine Art von Katakomben entstand.

Wohnstätten für Mönche und Eremiten

Nach der Auflassung des Familiengrabsystems bestattete man in den Gräbern Menschen einfacher Herkunft, die nur mehr den Wohnort oder den Ort, an dem sie gestorben waren, gemeinsam hatten.
Auch der Totenkult wurde sehr stark vereinfacht: Zwar bestand der Brauch der Einbalsamierung weiter, die dabei angewandte Technik war jedoch bei weitem nicht mehr so aufwendig wie in der Pharaonenzeit, sondern ein ziemliches Schnellverfahren. Für die Ausstattung der Gräber wurden Holzsärge ebenso selten verwendet wie *Uschebtis* und Kanopengefäße; das Mobiliar wurde durch einige wenige Keramikgegenstände ersetzt.
Ab der zweiten Hälfte des 4. Jahrhunderts n. Chr. ließen sich Eremiten und Anachoreten in den thebanischen Bergen nieder. Das alte *Ta set neferu*, das schon seit langem seine Funktion als Totenstadt verloren hatte, wurde von diesen neuen Bewohnern in Besitz genommen und beherbergte im 6. und 7. Jahrhundert einen Teil der thebanischen Koptengemeinde, die das Tal im Bedarfsfall als Zufluchtsort benutzte.
In diese Zeit fiel der Bau des Klosters Deir Rumi, um das herum sich Mönche und Eremiten im „Tal des Seils", im „Dolmental" in der Nähe des alten Ptah-Heiligtums und an den Hängen des „Tals des Prinzen Ahmes" ansiedelten. Verschiedene Gräber wurden wiederverwendet und kurzerhand in Wohnungen oder Kultstätten[51] umgewandelt. Die Überreste der darin bestatteten Toten wurden – ebenso wie die Grabausstattung – manchmal in der Umgebung verstreut. Nicht einmal die Wandmalereien, die für Teufelswerk gehalten wurden, blieben verschont. Sie wurden systematisch abgeschlagen und zerstört.
Dann zogen auch die Gottesmänner wieder fort und überließen das Tal der Königinnen seinen ersten und ältesten Bewohnern, den Tieren der Wüste, den Schakalen und Füchsen, der Stille, die es wieder einhüllte, und den alten Göttern, die man vertrieben hatte.

Das Alltagsleben der Arbeiter und Kunsthandwerker

Die Entdeckung einer Wohnsiedlung aus der Ramessidenzeit mitten im Tal der Königinnen, die von Arbeitern an den Gräbern bewohnt war, warf ein völlig neues Licht auf das Alltagsleben im Tal.

Die Freilegung dieser Überreste, die in den Jahren 1985-86[52] begann, und der Fund einer großen Zahl von *Ostraka* (griechischer Ausdruck, mit dem die Archäologen Steinsplitter bezeichnen, die als Schreibfläche oder für Skizzenzeichnungen verwendet wurden) mit Zeichnungen oder Notizen, die von den alten Kunsthandwerkern zurückgelassen wurden, haben es – zusammen mit den Funden von Schiaparelli[53] – ermöglicht, die Kenntnisse bezüglich Herkunft und Leben der Grabbaumeister in *Ta set neferu* zu vertiefen. Die kleine Wohnsiedlung aus der Ramessidenzeit erwies sich als Nebenstelle des Arbeiterdorfes Deir el-Medina, das die alten Ägypter *Set Maat* („Sitz der Ordnung") oder auch *pa cher* („das Grab"[54]) nannten. Sie wurde von Arbeitern benützt, die es vorzogen, vor Ort zu bleiben, anstatt jeden Tag in ihre normalen Wohnstätten zurückzukehren.

Das Vorhandensein einer Wohnsiedlung[55] in der Nekropole wird noch von anderer Seite bestätigt: Im Papyrus Abbott findet sich unter Bezug auf *Ta set neferu* ein Hinweis auf „das Haus des Grabarbeiters Imeneminet, Sohn des Huy"[56], und ein *Ostrakon* bescheinigt, daß der Arbeiter Nechemmut jeder seiner beiden Töchter Tasaket und Tamake ein Haus in *Ta set neferu* hinterlassen hat.[57]

Acht Stunden Arbeit pro Tag

Die Handwerker, die in Deir el-Medina lebten, arbeiteten also – zumindest ab der 19. Dynastie – sowohl im Tal der Könige als auch im Tal der Königinnen.

Obwohl häufig die gegenteilige Ansicht vertreten wird, war das Arbeitstempo nicht besonders aufreibend: Der Arbeitstag begann früh am Morgen und war normalerweise in zwei Blöcke von je vier Stunden eingeteilt, zwischen denen eine längere Mittagspause lag. Manchmal wurde am Nachmittag aber gar nicht gearbeitet. Theoretisch folgten auf jeweils acht Arbeitstage zwei freie Tage, so daß der in drei Dekaden eingeteilte Monat insgesamt 24 Arbeitstage zählte. In der Praxis ergaben sich aber sehr viel mehr arbeitsfreie Tage, weil die religiösen Feiertage zahlreich waren und Fehlzeiten aus persönlichen und familiären Gründen ziemlich häufig vorgekommen sein müssen.

Ein *Ostrakon* aus dem 16. Jahr der Regierungszeit Ramses' III. läßt außerdem die Annahme zu, daß auf den Baustellen nicht kontinuierlich gearbeitet wurde. Hier der Text:

Zeile 1:
«*Das Jahr 16, der dritte Monat der* Peret-*Jahreszeit*[58], *am Tag 23*
Zeile 2:
Abwesenheit des Vorarbeiters Kasa
Zeile 3:
Abwesenheit des Vorarbeiters Chaemwaset
Zeile 4:
Abwesenheit des Vorarbeiters Ji-(r)-niutef
Zeile 5:
Diese kehrten auf die Baustelle zurück
Zeile 6:
im Jahr 16, im ersten Monat der Schemu-*Jahreszeit, am Tag 5*»[59].

Ein Arbeiter des Pharaos bei der Arbeit
Diese Skizze auf einem kleinen *Ostrakon* (vorhergehende Seite) zeigt einen Arbeiter bei der Handhabung der Werkzeuge, die damals zum Herausschlagen der Gräber aus dem Fels verwendet wurden: ein hölzerner Schlägel und ein Meißel aus Metall.
(Fitzwilliam Museum, Cambridge)

Die Grabwerkzeuge
Ein Schlägel und ein Meißel, ähnlich den auf dem *Ostrakon* von Deir el-Medina dargestellten Werkzeugen, werden im Ägyptischen Museum in Turin aufbewahrt.

Das Arbeiterdorf Deir el-Medina
Früher trug diese Siedlung den Namen *Set Maat*, „der Sitz der Ordnung“. Hier wohnten die Künstler und Handwerker, die am Bau der Gräber im Tal der Könige und im Tal der Königinnen arbeiteten.

In Teams organisierte Arbeiter

Die Arbeiter (*sedjemu-asch)*[60] hatten hochspezialisierte Aufgaben, und die Untersuchung vieler unvollendeter Gräber hat zu der Erkenntnis geführt, daß sie unter der Leitung eines Bauleiters parallel in Gruppen, den sog. „Grab-Mannschaften“[61], arbeiteten. Nach dem Vorbild der Ruderer auf den Schiffen war das Team in zwei Kolonnen eingeteilt, eine linke und eine rechte, die an den beiden einander gegenüberliegenden Seiten des Grabes arbeiteten. Jede Gruppe stand unter der Leitung eines Vorarbeiters, der den Titel „Größter der Mannschaft“[62] hatte, ein Amt, das ursprünglich auf Vorschlag des Wesirs[63] vom Pharao oder vom Wesir selbst vergeben wurde, das aber bald immer häufiger vom Vater auf den Sohn übertragen wurde, ohne wirklich erblich zu sein. Zwischen der 19. und der 21. Dynastie hatten von achtundzwanzig bekannten Vorarbeitern zwölf das Amt von ihrem Vater übernommen.[64]

Der Teamchef überwachte die Arbeit, für die er unmittelbar verantwortlich war, ging den Gründen für eventuelle Abwesenheit der Arbeiter nach und hielt außerdem (mittels des Schreibers) die Verbindung zum Wesir aufrecht; dieser wiederum leitete den offiziellen Schriftverkehr[65] an ihn weiter. Jedem Teamleiter stand ein „Vertreter der Mannschaft“[66] zur Seite, der auch aus dem Kreis seiner eigenen Familie[67] kommen konnte. Er übernahm einige der Aufgaben des Vorarbeiters, wie die Kontrolle über die Verteilung des in den Magazinen gelagerten Materials und die Erstellung der An- und Abwesenheitslisten. Außerdem war er für die Ordnung innerhalb der Arbeitergruppe verantwortlich, deren offizieller Vertreter er auch war.

Die zahlenmäßige Zusammensetzung der Gruppe war unterschiedlich, aber normalerweise umfaßte sie zwischen dreißig und sechzig Personen. Es sind jedoch Sonderfälle bekannt, in denen etwa einhundertzwanzig Männer [68] in einem Team arbeiteten.

Die Aufgaben der Arbeiter waren genau definiert. So bestand ein Team in der Regel aus Steinmetzen, Arbeitern, die den Putz auftrugen, Bildhauern, Malern und Zeichnern. Letztere unterstanden einem Chefzeichner, der die Aufgabe hatte, im Bedarfsfall kleine Ausbesserungen auszuführen.

Kinder und Knechte für die niedrigeren Arbeiten

All diese Arbeiter, die ihren Posten vom Vater auf den Sohn weitergaben, bildeten eine geschlossene Gesellschaft, die im Dorf Deir el-Medina lebte, einem Gemeinwesen, das auch mit dem Namen *Pa-demi* („die Stadt“) bezeichnet wurde. Diese Stadt erstreckte sich über eine Fläche von etwa zwei Hektar und zählte in der Ramessidenzeit etwa 400 Einwohner, die sich auf etwa siebzig Wohnungen innerhalb der Umfassungsmauern und auf etwa fünfzig außerhalb gelegene Häuser verteilten. Die männlichen Kinder der Arbeiter waren auch in den Arbeitsprozeß eingebunden. Man nannte sie „Grabjungen“[69] und übertrug ihnen im allgemeinen weniger schwere Arbeiten[70]. Die Grabjungen konnten später selbst Arbeiter werden, während diejenigen, die mangels freier Stellen nicht in die Gruppe aufgenommen werden konnten, anderswo Arbeit suchen mußten.

Die niedrigsten Arbeiten wurden von den „Grabknechten“[71] verrichtet, einfachen Hilfsarbeitern, die dem Dorf von der staatlichen Verwaltung zugeteilt wurden und der Autorität der Schreiber oder Grabwächter unterstellt waren. Die Hilfsarbeiter lebten nicht in der Gemeinschaft und hatten dafür zu sorgen, daß die Gruppe reibungslos arbeiten konnte. So oblag ihnen die Versorgung mit Wasser und Lebensmitteln (Gemüse, Fisch etc.), das Anmischen der *muna* – das ist der spezielle Verputz, der sich aus einer Mischung aus Lehm, Quarzsand, Stroh und Kalk (Kalziumkarbonat) zusammensetzt –, der Abtransport des Aushubmaterials und schließlich die Herstellung der Lampen, die für die Beleuchtung der Gräber gebraucht wurden. Manchmal konnte es sich ergeben, daß ein einfacher Hilfsarbeiter seine soziale Lage verbessern und zum Arbeiter aufsteigen konnte, denn

Der Bau eines königlichen Grabes
Wenn die Arbeiterteams mit dem Bau eines königlichen Grabes beauftragt waren (in diesem Fall Grab Nr. 66 der Königin Nefertari), arbeiteten die verschiedenen Fachleute gleichzeitig: Während man in den tiefer gelegenen Teilen des Grabes noch mit den Ausschachtungsarbeiten beschäftigt war, vollendeten die Maler und Dekorateure in den vorderen Bereichen bereits ihr Werk.

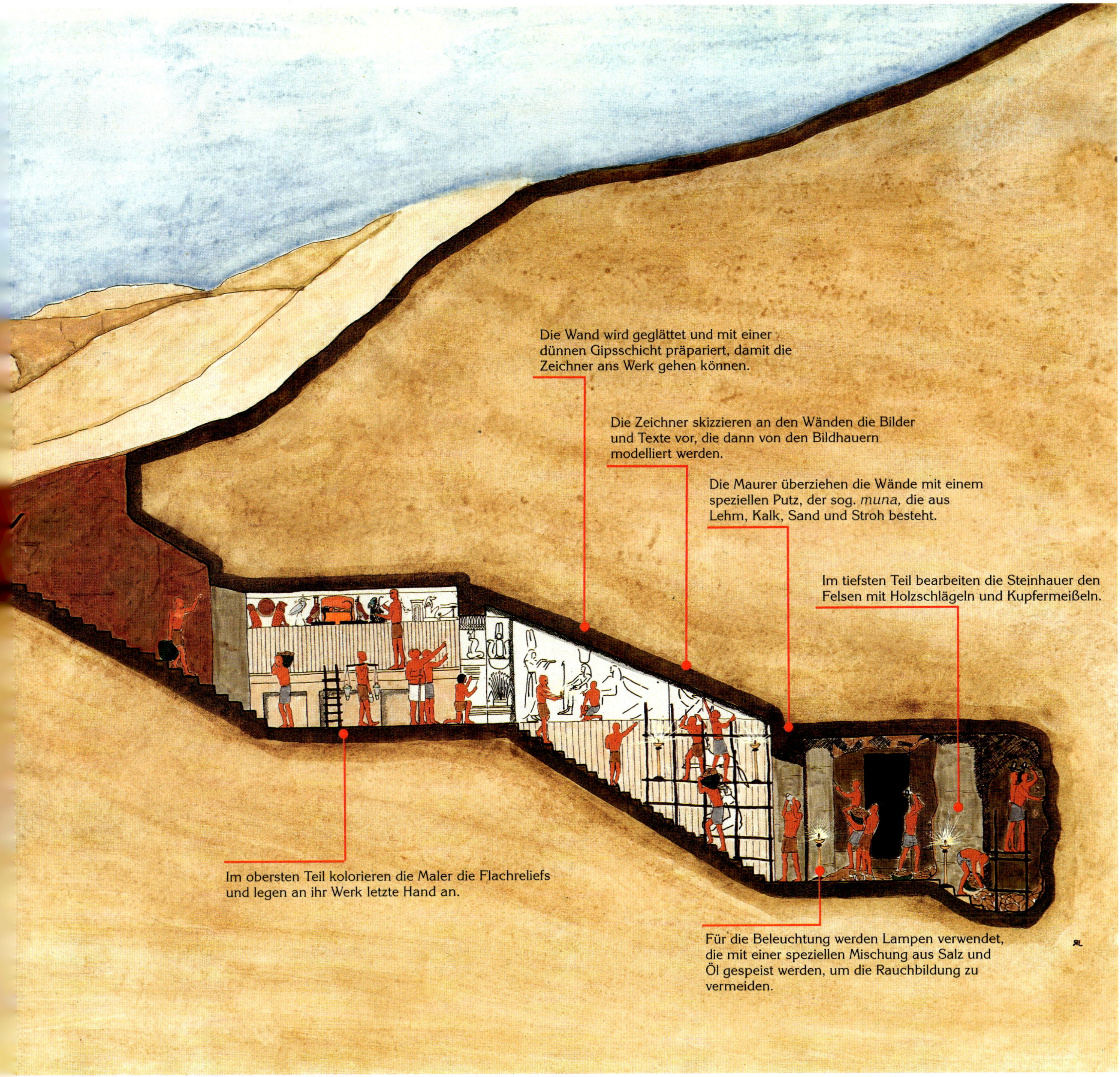

Die Maßeinheit der alten Ägypter
In pharaonischer Zeit wurde als Maßeinheit die 52,5 cm lange „königliche Elle" verwendet.
(Museo Egizio, Turin)

die Gesellschaft im alten Ägypten war in dieser Hinsicht erstaunlich offen.

Gerätschaften und Baumaterial wurden in den Magazinen aufbewahrt, denen zwei „Aufseher"[72] vorstanden, einer für jede Mannschaft. Diese wiederum standen unter der Kontrolle der Schreiber oder der Mannschaftsführer, gehörten aber nicht zum Team. Die Aufseher hatten eine wichtige Stellung: Sie erfüllten zahlreiche Aufgaben wie die Kontrolle über besonders kostbare Materialien (Farbpigmente, Ledersäkke, Kleidungsstücke usw.), und sie nahmen an den Grabinspektionen[73] teil.

Die Arbeitsgeräte waren im allgemeinen Eigentum des Staates. Sie bestanden aus einem Metallmeißel, einem Hammer (Schlägel) und einer Art Spitzhacke mit Holzgriff. Die Bildhauer benützten verschiedene Arten von Meißeln mit Holzgriffen.

Für die Beleuchtung sorgten Lampen, die aus kleinen Terrakottagefäßen und einem Docht aus gedrehter Leinwand bestanden, der in Sesamöl oder tierisches Fett getaucht war. Herodot hat uns davon folgende Beschreibung hinterlassen: „Es sind kleine, mit Salz und Öl gefüllte Gefäße, die einen Docht enthalten, der die ganze Nacht flackert und brennt"[74]. Das Salz diente dazu, die Entwicklung von Rauch zu verhindern, der die Malereien unweigerlich zerstört hätte.

Der Schreiber - ein angesehener Beruf

Die Schreiber führten den Titel „Schreiber des Grabes" oder „Schreiber am Sitz der Ordnung"[75] und spielten eine wichtige Rolle. Sie waren damit beauftragt, die An- und Abwesenheitslisten auf dem neuesten Stand zu halten und die Lohnlisten zu führen; außerdem waren sie verantwortlich für das Materiallager, über dessen Zu- und Abgänge sie genauestens Rechenschaft abzugeben hatten – kurz, sie führten ein echtes „Bautagebuch", eine Art Chronik aller Arbeiten. Darüber hinaus sorgten sie dafür, daß aus den königlichen Kornkammern das Getreide entnommen wurde, mit dem die Arbeiter bezahlt wurden und das manchmal auch direkt von den Bauern einbehalten wurde[76]. Die Schreiber – für jede Seite des Grabes[77] gab es zwei – hatten, zusammen mit den Mannschaftsführern, eine bedeutende Stellung innerhalb der Gemeinschaft der Arbeiter. Häufig übertrugen sie ihr Amt vom Vater auf den Sohn, so daß es über viele Generationen hinweg der Familie erhalten blieb. Da ihnen auch die Verwaltung der Gerichtsbarkeit im Dorf oblag, bedienten sich die Schreiber bei der Ausübung ihres Amtes der Hilfe der „Wächter der Tore (des Grabes)"[78]. Von letzteren gab es zwei für jedes Team (einen pro Mannschaft). Sie waren nicht nur echte „Leibwachen" der Schreiber, sondern sie erfüllten auch die Aufgabe von „Vollstreckungsbeamten"[79]: Sie beschlagnahmten Güter von säumigen Schuldnern, nahmen Lebensmittel und Material, die für die Arbeiter bestimmt waren[80], in Verwahrung und verteilten sie; bei Bedarf betätigten sie sich auch als Überbringer von Nachrichten und hielten so die Verbindung zwischen dem Wesir und dem Team aufrecht[81]. Das Amt

Die Verteilung der Rohstoffe
Eine Inschrift in hieratischer Schrift, die im Grab der Nefertari gefunden wurde, belegt die Verteilung von Gips an die beiden Mannschaften, die zu beiden Seiten des Grabes arbeiteten.
(Foto von C. Chapoton)

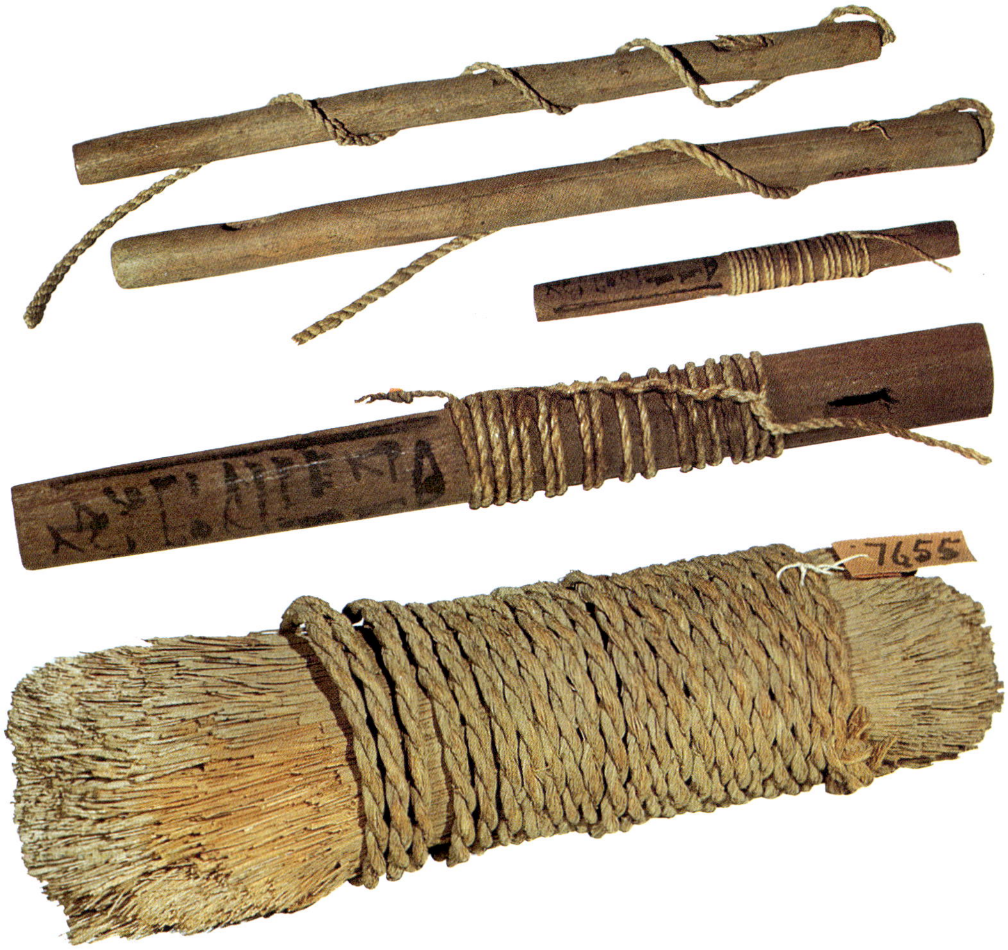

Die Werkzeuge der alten Künstler
Pinsel, Bürsten zum Auftragen des Gipses und Instrumente zum Ziehen gerader Linien gehörten zum unverzichtbaren Arbeitsgerät der Künstler, die an der Dekoration der Gräber arbeiteten.

der Überwachung war einer Sondereinheit, den sog. „*Medjaju des Grabes*" [82], anvertraut, die sowohl die Nekropole zu bewachen als auch die Ordnung im Arbeiterdorf aufrechtzuerhalten hatten. Dieses Aufseherkorps, das in Wohnungen außerhalb des Dorfes lebte[83], hatte auch die Aufgabe, regelmäßig zu überprüfen, ob die Schließvorrichtungen der Gräber und die an den Türen angebrachten Siegel unversehrt waren. Darüber hatten sie Berichte zu schreiben, die an die vorgesetzten Stellen weitergeleitet wurden.

Bezahlung in Naturalien mit Gerste und Mehl

Da es im alten Ägypten kein Geld gab, wurden die Arbeiter in Naturalien mit monatlichen Lieferungen von Mehl und Gerste (die für die Herstellung von Bier, dem Hauptgetränk, gebraucht wurde) bezahlt. Die Liefermengen überstiegen den normalen Eigenbedarf der Familien, und der Überschuß wurde als Tauschware verwendet. Darüber hinaus lieferte die Verwaltung Kleidungsstücke, Stoffe, Brennholz, Keramikgeschirr, Fisch und Gemüse, von denen bei besonderen festlichen Anlässen größere Mengen als normal verteilt wurden und zu denen noch „Extras" hinzukamen wie Fleisch, Salz, Sesamöl usw.
Außer diesen Naturalien, die unter den Mitgliedern der Arbeitergemeinschaft und den Schreibern verteilt wurden, stellte die Verwaltung auch eine bestimmte Zahl von „Hausmägden"[84] für die Verrichtung der Hausarbeiten zur Verfügung. Diese Sklavinnen, die theoretisch an ein bestimmtes Arbeitsteam gebunden waren, in der Praxis aber eine gewisse Freizügigkeit genossen, beschäftigten sich vorwiegend mit dem Mahlen von Getreide und der Herstellung von Mehl, wofür sie eine deutlich niedrigere Entlohnung bekamen als die Arbeiter [85].

Streik wegen Zahlungsverzögerungen

Nicht immer ging jedoch der Lohn pünktlich ein. Manchmal kam es bei der Lieferung der Lebensmittel zu erheblichen Verzögerungen, die Proteste der Arbeiterschaft hervorriefen, von denen die Schreiber den vorgesetzten Stellen regelmäßig berichteten. Wenn der Mißstand nicht unverzüglich behoben wurde, legten die Handwerker die Arbeit nieder und traten in einen regelrechten Streik.
Im Jahr 28 der Regierungszeit Ramses' III. schrieb der Schreiber Neferhotep mit folgenden Worten an den Wesir Ta:

„Weitere Mitteilung an meinen Herrn: Es fehlt uns an allem. Alle Vorräte, die in der Schatzkammer, im Kornspeicher und in den Magazinen waren, sind aufgebraucht. Und es ist keine leichte Sache, den Den-*Stein zu heben. Sechs Maß Korn wurden entnommen, und sie haben sechs Maß Mehl für uns ergeben. Unser Herr möge uns die Mittel zum Überleben geben, denn wir sind am Sterben und eigentlich leben wir schon nicht mehr.*
Es möge uns die Möglichkeit gegeben werden, unser Weiterleben zu sichern, womit auch immer."[86].

Es scheint, daß das Eingreifen des Wesirs in diesem Fall dem Protest ein Ende setzte. Ab dem Jahr 29 begannen jedoch – vermutlich ausgelöst durch eine allgemeine Verschlechterung der wirtschaftlichen Lage im Lande – neue Streiks, die bis zum Ende der Regierungszeit Ramses' III. andauerten.

Die Vorbereitung eines Grabes

Die Wahl des Ortes, an dem ein Grab angelegt werden sollte, erfolgte durch eine Kommission unter Vorsitz des Wesirs. Wenn die Wahl getroffen war, zeichneten die Architekten den Grundriß des Grabes, der je nach Epoche und Rang des Grabinhabers im allgemeinen bestimmten Modellvorgaben folgte.

Die Maße wurden auf der Grundlage der „königlichen Elle“ errechnet, einer Bezugseinheit mit einer Länge von 0,525 m, die in verschiedene Untereinheiten gegliedert war (Handbreite, Finger, Faust, Spanne, Arm)[87].

Gelegentlich kam es auch vor, daß ein und dieselbe Mannschaft an zwei Gräbern gleichzeitig arbeitete, wie beispielsweise aus einem Brief des Schreibers Neferhotep an den Wesir Ta hervorgeht, in dem dieser über die Arbeiten an den Gräbern für die Söhne Ramses' III. im Tal der Königinnen Bericht erstattet:

„Weitere Mitteilung an meinen Herrn. Ich arbeite an den Gräbern der königlichen Prinzen, die mein Herr mir aufgetragen hat zu bauen. Ich arbeite gewiß gut und ordentlich. Es ist ein schönes, nützliches Werk. Möge mein Herr nicht zulassen, daß sein Herz ängstlich werde: Ich arbeite wirklich ausgezeichnet und bin in nichts nachlässig.“[88]

Das Aushubmaterial wurde in Flechtkörben gesammelt, ins Freie geschafft und in der Umgebung verstreut. Oft wurden diese Kalksteinsplitter von den Arbeitern auch als Unterlage für Notizen in hieratischer Schrift[89] oder für Zeichnungen verwendet.

Steinsplitter zum Schreiben

Diese Steinsplitter *(Ostraka)*, die in großer Zahl gefunden wurden, haben sehr viele Informationen über das Alltagsleben der Arbeiter während ihrer Beschäftigung in den Gräbern geliefert. Zu diesen kommen noch die – ebenso wichtigen – Informationen hinzu, die uns durch die Inschriften an den Felswänden überliefert sind.

Der tägliche Materialverbrauch (Gips, Lampendochte, Fett usw.) wurde ebenso festgehalten wie die An- und Abwesenheit der Arbeitskräfte oder auch die offiziellen Besuche irgendwelcher Vorgesetzter, wie aus einem *Ostrakon* hervorgeht, das im Museum von Turin aufbewahrt wird[90].

Aus diesem Dokument geht hervor, daß es – zumindest zur Zeit, als es geschrieben wurde – mehr als doppelt so viele Feiertage wie Arbeitstage gab. Im übrigen muß sich unter den Handwerkern damals schon eine gewisse Unzufriedenheit ausgebreitet haben, denn sie nahmen die Arbeit erst wieder auf, als ihnen der Wesir persönlich einen Besuch abstattete – ein Vorfall, der die späteren, ausgedehnteren Streiks der Jahre 28 und 29 bereits vorwegnahm.

Ein *Ostrakon* berichtet vom ersten Streik in der Geschichte

Vorderseite:

Zeile 1:	*«Das Jahr 22, im dritten Monat der* Achet-*Jahreszeit, am Tag 25,*
Zeile 2:	*Ankunft des Wesirs Ta im Dorf* (whjt) *des Grabes* [91]
Zeile 3:	*Wiederaufnahme der Arbeit der Südgruppe*
Zeile 4:	*am Tag 26: 20 Lampen*
Zeile 5:	*am Tag 27: 20 Lampendochte*
Zeile 6:	*am Tag 28: frei (oder Ruhetag).*
	Der Tag 29 und der letzte Tag des Monats: (ebenfalls) frei
Zeile 7:	*der vierte Monat der* Achet-*Jahreszeit .*
	Tag 1, Tag 2, Tag 3, Tag 4, Tag 5, Tag 6: frei
Zeile 8:	*am Tag 7: 20 Lampendochte*
Zeile 9:	*am Tag 8: 20 (Lampendochte)*
Zeile 10:	*am Tag 9 (und) am Tag 10: frei.*
	Am Tag 11: (ebenfalls) frei
Zeile 11:	*am Tag 12: 20 Lampen*
Zeile 12:	*am Tag 13: 20 Lampen (und) 20* Sed-*Dochte*
Zeile 13:	*am Tag 14: 20 Lampen».*

Rückseite:

Zeile 1:	*«Vom Tag 20 des dritten Monats der* Achet-*Jahreszeit bis zum Tag*
	12 des vierten Monats der Achet-*Jahreszeit, das macht 23 Tage*
Zeile 2:	*(während dieser Zeit) wurde 7 Tage lang gearbeitet*
Zeile 3:	*(und) man ruhte 16 Tage*
Zeile 4:	*im vierten Monat der* Achet-*Jahreszeit,*
·	*am Tag 15: 20 Lampendochte*
Zeile 5:	*am Tag 16: 20 (Lampendochte)*
Zeile 6:	*am Tag 17: 20 (Lampendochte)*
Zeile 7:	*am Tag 18: 20 (Lampendochte)».*

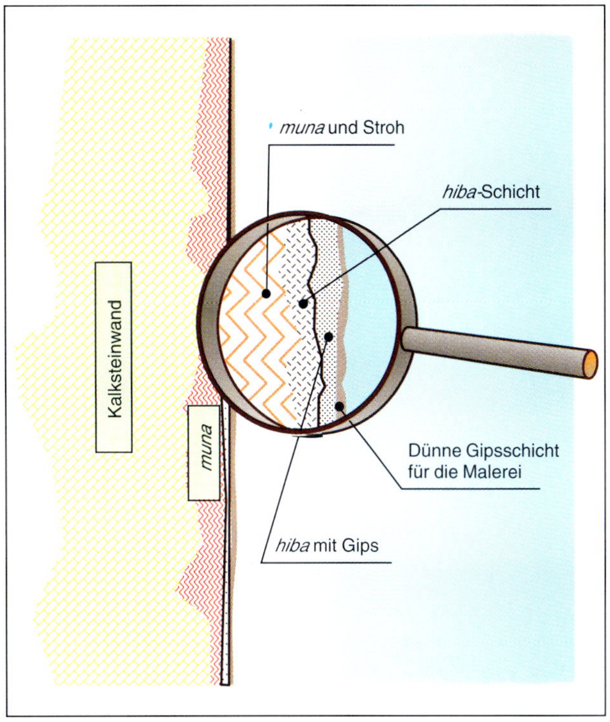

Die Vorbereitung der Grabwände
Ab der 19. Dynastie wurden die Grabwände mit einem Gemisch aus Lehm, Sand, Kalk und Stroh, der sog. *muna,* geglättet. Darauf wurde eine feinere Putzschicht, genannt *hiba,* aufgetragen. Ein dünner Gipsfilm vervollständigte die Vorbereitung der Malfläche, die nun zum Dekorieren bereit war.

Die Technik der Zeichner
Die Zeichner begannen ihr Werk auf der verputzten und mit einer dünnen Gipsschicht überzogenen Oberfläche. Die erste Zeichnung wurde im allgemeinen in rotem Ocker ausgeführt; der Chefzeichner brachte dann die nötigen Korrekturen und Änderungen in schwarzer Farbe an. Dieses Verfahren sieht man besonders gut im Grab Nr. 38 von Sat-Ra.

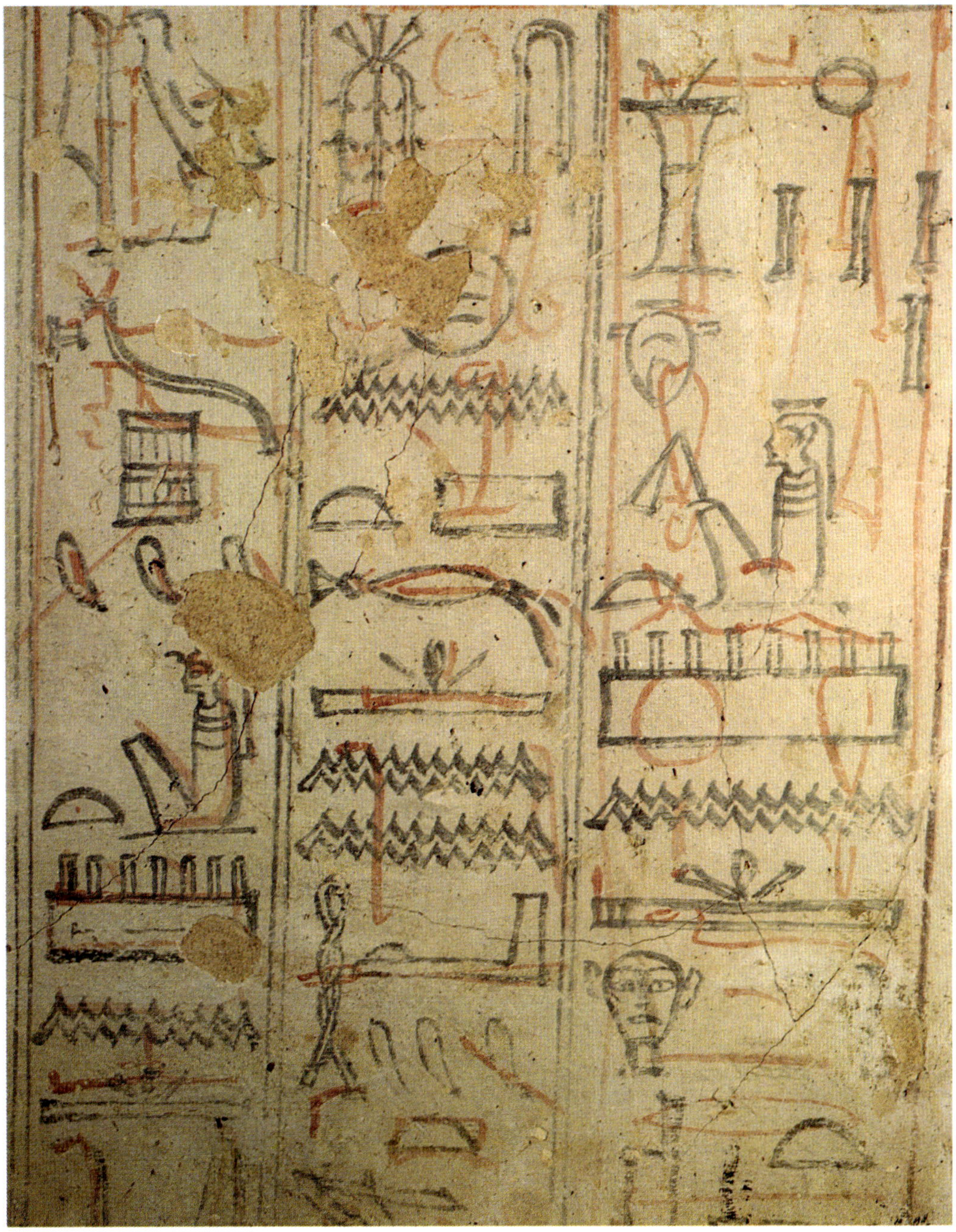

Die reinste Akkordarbeit

Innerhalb der Bauzeit wurde das Grab mit der Bezeichnung „die Arbeit, die voranschreitet" betitelt.
Während die Steinmetze unter der Leitung des Architekten, der schon den Grabentwurf ausgearbeitet hatte, noch die Grabungsarbeiten vorantrieben, begannen die anderen Arbeiter bereits mit ihrer Tätigkeit.
Die Stukkateure trugen auf die Felswände zuerst eine Schicht *muna* auf, um Unebenheiten zu beseitigen, und dann einen feineren Putz aus Ton und Kalk, genannt *hiba,* um den Untergrund noch glatter zu machen. Den Abschluß bildete eine dünne Schicht aus Gips und Wasser. Sobald die Stukkateure ihre Arbeit beendet hatten, machten sich die Zeichner und Maler an den so vorbereiteten Wänden ans Werk. Mit rotem Ocker zeichneten sie nach der Vorlage von Entwürfen und Texten, die zuvor mit den Priestern abgestimmt worden waren, die bildlichen Darstellungen und Hieroglyphen vor.
Nach den erforderlichen Korrekturen, die vom Chefzeichner mit einem schwarzen Kohlestift vorgenommen wurden, modellierten die Bildhauer die Szenen in die *muna,* damit die Malereien einen leichten Reliefcharakter bekamen: Die in den Gräbern angewandte Technik ist die des Flachreliefs, bei der die Flächen um die Figuren herum so abgearbeitet werden, daß diese plastisch hervortreten.
Die Verwendung des Hochreliefs fand vor allem in der 19. Dynastie Verbreitung, während die Maler in den Gräbern zu Beginn der 18. Dynastie im allgemeinen direkt nach Skizzen arbeiteten, die auf die mit *muna* geglätteten Flächen gezeichnet worden waren.
Nach der Arbeit der Bildhauer ging man schließlich zur Kolorierung der Figuren und Hieroglyphen über, wobei sechs Grundfarben verwendet wurden, die eine genau festgelegte symbolische und religiöse Bedeutung hatten. Wenn das Grab so gut wie fertiggestellt war, wurde der schwere steinerne Außensarkophag, der bereits im vorhinein in den königlichen Werkstätten gefertigt worden war, in die Grabkammer gebracht.

Das Rohmaterial der Maler des Pharaos
Ein eisenoxydhaltiger Knollen. Diese Klumpen, die in den Felsen der thebanischen Berge (in der „Esna-Ton" genannten Formation) sehr häufig anzutreffen sind, dienten den Künstlern des Pharaos als Rohmaterial, aus dem sie die rote Farbe gewannen.

Die Farben, mit denen die Gräber ausgeschmückt wurden

Die Farbe Blau, auch „Ägyptischblau" genannt, wurde verwendet, um symbolisch den Himmel und den Körper der mit ihm verbundenen Gottheiten darzustellen. Manchmal wurde auch das Antlitz Amuns, des Gottes der Luft, in Blau gemalt. Hellblau dagegen wurde für das Wasser verwendet. Ägyptischblau war, zusammen mit Grün, die erste synthetische Farbe, die in der Antike erzeugt wurde. Chemisch gesehen entspricht sie einem Mineral auf Kupferbasis, dem Kalzium-Kupfer-Silikat ($Ca\ Cu\ Si_4\ O_{10}$)[92], dem oft noch andere Mineralien beigegeben werden, wie Kupfer-Wollastonit (Tafelspat)[93], das ist der Quarz, der im Sand enthalten ist, und Kalzit (Kalkspat)[94]. Das Ägyptischblau wurde durch Synthese in einem Verfahren gewonnen, das bereits ab der 5. Dynastie angewandt wurde: Unter chemischen Reduktionsbedingungen (d. h., ohne Zufuhr von Sauerstoff) wurde ein Gemisch aus Kupfersalzen, Wüstensand und Kalkspat auf etwa 740° C erhitzt. Dieses Verfahren wurde im Laufe der Zeit so verfeinert, daß uns die Untersuchung eines einzelnen Farbfragments auch das ungefähre Alter verraten kann.
Grün, die Farbe des Papyrus, wurde verwendet, um den Begriff der Wiedergeburt auszudrükken: In Grün wurde manchmal das Antlitz des Ptah und das des Osiris gemalt, jenes Gottes, der den Tod durch die Wiederbelebung seiner Glieder überwand. Grün wurde auf zwei verschiedene Arten gewonnen: entweder aus Mineralien auf Kupferbasis (wie dem Malachit aus dem Sinai oder Chrysokoll[95]) oder durch Synthese mit der gleichen Technik wie bei der Gewinnung von Blau, aber mit einem anderen Gemisch, d. h. aus Kupfersalzen und Silikaten.
Schwarz wurde verwendet, um menschliches Haar (Haupthaar und Barthaar) und Perücken darzustellen, aber als Farbe des Teers, der bei der Einbalsamierung verwendet wurde, war sie symbolisch auch mit der Vorstellung von Tod und auch von ewiger Erhaltung verbunden. In Schwarz wurde daher sowohl der Gott Anubis gemalt, der mit der Vorstellung vom Jenseits und der Einbalsamierung verbunden ist, als auch der heilige Skarabäus Chepri, Symbol des Gottes Ra in seiner frühmorgendlichen Erscheinung. Schwarz war aus normaler, mit Fett gemischter Holzkohle leicht zu gewinnen.
Gelb, das die Farbe des Goldes und des Fleisches der Götter symbolisierte, stand für die Vorstellung von Kostbarem. In der thebanischen Malerei der 19. Dynastie wurde es sowohl als Hintergrund verwendet als auch für die Hautfarbe weiblicher Gottheiten. Die Farbe Gelb wurde gewonnen, indem man gelben Ocker, der aus Eisenhydroxyden besteht, zerrieb oder diesem Ocker Rauschgelb (Arsentrisulfid)[96] beimischte, ein sehr seltenes Mineral, das eingeführt werden mußte. Ab der Regierungszeit von Thutmosis III. wurde manchmal auch reines Rauschgelb verwendet, wenn man in den Gräbern von Königen oder anderen hohen Würdenträgern ein besonders leuchtendes Gelb erzielen wollte.
Weiß war die Farbe Oberägyptens, die das Silber symbolisierte. In Weiß, der Farbe der Freude und des Triumphes, wurden die Gewänder der Götter, die Totenlaken, die Augen, die feinsten Kleidungsstücke gemalt. Ab der 19. Dynastie wurde es auch als Hintergrundfarbe verwendet. Weiß wurde durch Zermahlen von Kalziumkarbonat (Calcit) und Kalziumsulfat (Gips und Anhydrit)[97] gewonnen oder, vor allem in der 19. und 20. Dynastie, durch Verwendung eines kostbareren Minerals, des Huntits[98], eines Magnesiumkarbonats, mit dem sich reinere und intensivere Weißtöne erzielen ließen.
Rot war die Farbe Unterägyptens, das Symbol für Feuer und Blut. In Rot wurde die Sonnenscheibe gemalt und in Dunkelrot der menschliche Körper. Diese Farbe wurde durch Zermahlen von rotem Ocker[99] oder durch Verwendung von Realgar gewonnen, einem Mineral, das aus Arsensulfid[100] besteht.
Die Analysen der bei der Grabausschmückung verwendeten Farben führten zu neuen Erkenntnissen über den Stand der Technologie im Ägypten der Pharaonen.

Die Farben für die Ausgestaltung der Gräber
Ein Tongefäß aus Deir el-Medina enthält ein fein gemahlenes Rotpigment, das beim Ausmalen der Gräber verwendet wurde.
(Museo Egizio, Turin)

Die Kristalle des Ägyptischblaus
Auf dem mit *muna* (einem Gemisch aus Ton, Quarz, Kalk und Stroh) verputzten gelblichen Untergrund erkennt man die leuchtenden Kristalle des Ägyptischblaus. Zwischen der *muna* und dem Blau kann man eine kleine schwärzliche Schicht aus Pflanzenkohle sehen, die möglicherweise dazu diente, die Farbe intensiver erscheinen zu lassen.

Die erste synthetische Farbe der Antike
Fragment eines Gefäßes, das Ägyptischblau enthielt. Schon seit dem Alten Reich wurde diese Farbe durch Synthese gewonnen, indem man siliziumhaltigen Sand, Kupfermineralien und Alkali auf 740°C erhitzte.

Der Entwurf eines Königsgrabes
Die Architekten zeichneten einen Entwurf des Grabes, den sie dann an die mit der Ausführung beauftragten Arbeiter weitergaben, wie dieser (unvollständige) auf Papyrus gezeichnete Plan des Grabes von Ramses IV. beweist: Es handelt sich um eines der beiden einzigen bis heute bekannten Exemplare von Grabentwürfen. *(Museo Egizio, Turin)*

Wenige Monate Zeit für die Vorbereitung eines Grabes

Vergleicht man die Dauer der Regierungszeit einiger Pharaonen mit der Länge ihres Grabes, dessen Bau im allgemeinen mit dem Zeitpunkt der Inthronisation begann, kann man feststellen, daß zwischen beiden ein Zusammenhang besteht, der in einer Art „Index des Baufortschritts" ausgedrückt werden kann.

Bezogen auf kurze Regierungszeiten wie die Ramses' I., der nur 16 Monate an der Macht war und ein 29 m langes Grab besitzt, ist dieses Verhältnis Ausdruck eines größtmöglichen Arbeitsfortschritts, nämlich von 1,80 m im Monat.

Die Inthronisation eines Herrschers wurde von den Arbeitern in Deir el-Medina normalerweise mit einem Fest begangen, denn sie bedeutete den Beginn umfangreicher Arbeiten, die eine komplette Mannschaft erforderten. So schritten die Arbeiten zu Beginn der Regierungszeit mit größter Geschwindigkeit voran und verlangsamten sich dann mit zunehmender Regierungsdauer. Man hat errechnet, daß die Errichtung eines großen, in der Struktur anspruchsvollen Königsgrabes von etwa 100 m Länge eine Bauzeit von acht bis zehn Jahren erforderte, während für ein kleineres, einfaches Grab schon einige wenige Monate reichen konnten.

Manchmal begann der Bau des Grabes auch nicht gleich nach der Inthronisation, sondern erst nach einer gewissen Zeitspanne. Im Falle sehr langer Regierungszeiten, wie der Ramses' II. (67 Jahre), wurden die Arbeiten vermutlich lange vor dem Tod des Pharaos beendet.

Im Hinblick auf das Tal der Königinnen können wir darauf schließen, daß die Bauzeit für etwa 30 m lange Gräber, wie die der Söhne Ramses' III., zwischen 12 und 18 Monaten lag.

Die Grabanlage war um so komplexer und die Qualität der Ausgestaltung um so besser, je höher die hierarchische Stellung des Grabinhabers war; sie hing also davon ab, ob es sich um eine einfache Prinzessin mit dem Titel *sat nesut* („Tochter des Königs") oder um eine *hemet nesut weret* („Große Königliche Gemahlin") oder um einen *sa nesut* („Sohn des Königs") handelte.

Natürlich war die Bauzeit sehr viel länger, wenn der Grabtyp architektonisch anspruchsvoller war, mit einer größeren Anzahl von Räumen und mehr Wandflächen, die zu dekorieren waren.

Mehr Zeit mußte auch veranschlagt werden, wenn die Arbeiter in schwierigem Gelände mit strukturell wenig zuverlässigen Mergelschichten (*Taflah*) arbeiten mußten, wie es bei den Baustellen im Tal der Königinnen oft der Fall war.

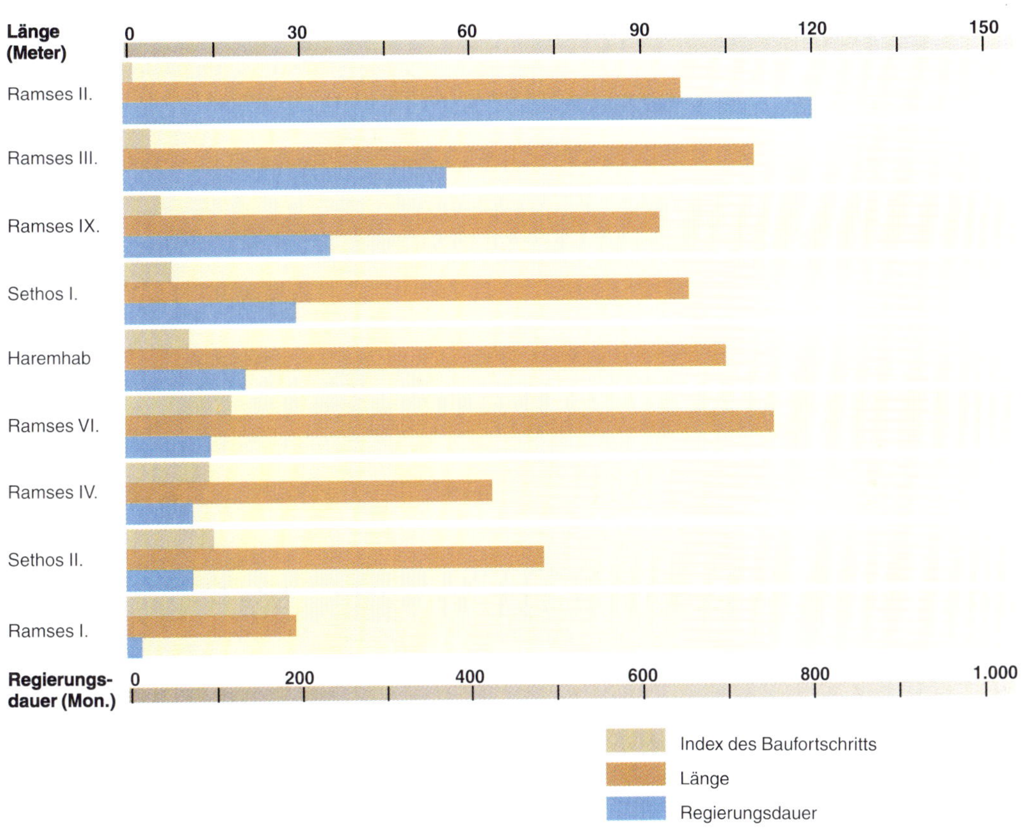

Die für die Vorbereitung eines Königsgrabes erforderliche Zeit
Die Grafik zeigt das Verhältnis zwischen der Länge des Grabes eines Pharaos und der Dauer seiner Regierungszeit (in Monaten gerechnet). Man sieht, daß der Fortschrittsindex bei kurzen Regierungszeiten sehr hoch ist: Er konnte bis zu 1,80 m im Monat betragen.
Um ein kleines Grab zu bauen und zu dekorieren, genügten demnach nur wenige Monate.

Eine leere Kartusche in Erwartung eines Namens
Eine leere Kartusche scheint auf den Namen des Grabinhabers zu warten. Zwischen dem Tod eines Herrschers, einer Königin oder einer Prinzessin und der Bestattung verstrichen etwa drei Monate (die notwendig waren, um den rituellen Einbalsamierungsvorgang auszuführen). So konnten die Arbeiter nicht nur der Person des Verstorbenen Rechnung tragen, sondern gegebenenfalls auch noch die Dekoration vervollständigen.

Es gab auch „Gräber auf Vorrat"

Manchmal zwang das Vorhandensein ausgedehnter *Taflah*-Bänke die Arbeiter dazu, die Bautätigkeit an dieser Stelle ganz einzustellen (und das erklärt den hohen Prozentsatz an unvollendeten Gräbern im *Ta set neferu*), während es in anderen Fällen die Errichtung echter Stützpfeiler erforderlich machte (wie z. B. in den Gräbern Nr. 42, 73 und 74) oder die Wände mit Stützmauern aus Felsblöcken verstärkt werden mußten (beispielsweise im Grab Nr. 31).
Die schlechte Qualität des Felsens zwang außerdem zum Auftragen einer dicken *muna*-Schicht, die nicht nur sehr empfindlich war, sondern die Arbeit der Bildhauer zugunsten der Tätigkeit der Maler beträchtlich einschränkte.
Wenn der Grabinhaber während der Vorbereitungsarbeiten am Grab unvermittelt starb, hatten die Arbeiter ungefähr noch drei Monate Zeit, um das Werk in aller Eile zu vollenden oder die „Wohnung für die Ewigkeit" wenigstens in einen vorzeigbaren Zustand zu versetzen, denn die Einbalsamierung eines Pharaos oder eines Mitglieds der königlichen Familie nahm einen Zeitraum von mindestens siebzig Tagen in Anspruch.
In jedem Fall arbeiteten die Handwerker im Tal der Königinnen nicht ununterbrochen an ein und demselben Ort, sondern nur während mehr oder weniger langer Zeitabschnitte, wie sie eben für die Ausführung der königlichen Befehle erforderlich waren. Der Bau der Gräber im *Ta set neferu* verlangte zweifellos nicht den gleichen Arbeitseinsatz wie ein großes Pharaonengrab im Tal der Könige, und so konnte eine Mannschaft nach Beendigung der Arbeit, sofern nicht inzwischen eiligere Aufträge erteilt worden waren, mit dem Ausschachten eines neuen Grabes – sozusagen „auf Vorrat" – beginnen, das dann später mit den privaten Attributen des Inhabers ausgestattet wurde.
In solchen Gräbern, die ebenfalls mit großer Sorgfalt ausgestaltet wurden, blieb der Raum für den Namen bis zum letzten Augenblick leer, und erst dann trug man den Namen des Verstorbenen ein. Das stellte sich bei der Untersuchung einiger Gräber heraus, bei denen der Name in roter oder schwarzer Farbe[101] in die Kartuschen eingetragen worden war.
Auch das Vorhandensein einiger anonymer Gräber, die nicht für die unmittelbare Benutzung, sondern für einen späteren Gebrauch vorgesehen waren, zeugt von einem rationellen Einsatz der Arbeitskraft in Zeiten geringer Beschäftigung und der Effizienz dieses Arbeitsmodells.

Der Abstieg in den Grabschacht
Auf diesem *Ostrakon* ist die Technik des Abstiegs in den Grabschacht abgebildet. Ermöglicht wurden Abstieg in den und Wiederaufstieg aus dem Grabschacht durch eine Reihe von Tritten, die in die Felswände gehauen wurden und die oft auch heute noch sichtbar sind.
(Manchester Museum)

Typologie und Ausgestaltung der Gräber

Studien zur Architektur und Anlage der Gräber im Tal der Königinnen haben eine vielfältige Typologie ans Licht gebracht. Die Gräber können in zwei große Gruppen eingeteilt werden: Die erste umfaßt die Grabschächte (etwa 70), die auf den Beginn des Neuen Reiches (18. Dynastie) zurückgehen, die zweite die großen Gräber aus der Ramessidenzeit (19. und 20. Dynastie), von denen bis heute 35 bekannt sind.

Die Grabschächte haben eine quadratische oder rechteckige Zugangsöffnung und bestehen aus einem senkrecht oder leicht schräg absteigenden Stollen, der in einer oder mehreren unterirdischen Grabkammern endet, die nie Spuren von Verputz oder Dekoration aufweisen. Die architektonische Analyse hat es ermöglicht, deutliche formale Unterschiede aufzuzeigen, die in drei Typen von Grabschächten zusammengefaßt werden können: solche mit Grabkammern, die auf einer Längsachse angelegt sind (Typ A), solche mit Grabkammern entlang einer Querachse (Typ B) und gemischte Typen (Typ AB).

Ein ähnlicher Typenunterschied ergibt sich aus der Untersuchung der Ramessidengräber der 19. und 20. Dynastie, die zwar weniger zahlreich sind als die Grabschächte, dafür aber eine wesentlich komplexere Struktur aufweisen und wahre Totenwohnungen darstellen: In Nachahmung des Grabtyps im benachbarten Tal der Könige, als dessen „vereinfachte Version" sie betrachtet werden können, sind ihre Wände reich mit bildlichen Darstellungen aus der Mythologie verziert, die im allgemeinen Bezug auf das Totenbuch nehmen.

Man kann nicht mit Sicherheit sagen, ob die Grabschächte von den Arbeitern aus Deir el-Medina gegraben wurden. Mit Beginn der 19. Dynastie steht aber fest, daß diesen auch der Bau der Gräber im Tal der Königinnen anvertraut wurde.

Die Schächte wurden unter Anwendung zweier verschiedener Techniken gebaut: Die erste bestand im Ausheben eines senkrechten Stollens, in dessen Wände man Tritte zum Auf- und Absteigen gehauen hatte; bei der zweiten wurde dagegen eine steile Treppe angelegt, an deren Ende sich die Grabkammer öffnete.

Die verschiedenen Typen von Grabschächten der 18. Dynastie
Die Grafik zeigt klar, daß die Mehrzahl der Schächte dem Typ A angehört (der seinerseits in zahlreiche Varianten untergliedert ist). Sein charakteristisches Merkmal ist die auf einer Längsachse angelegte Grabkammer.

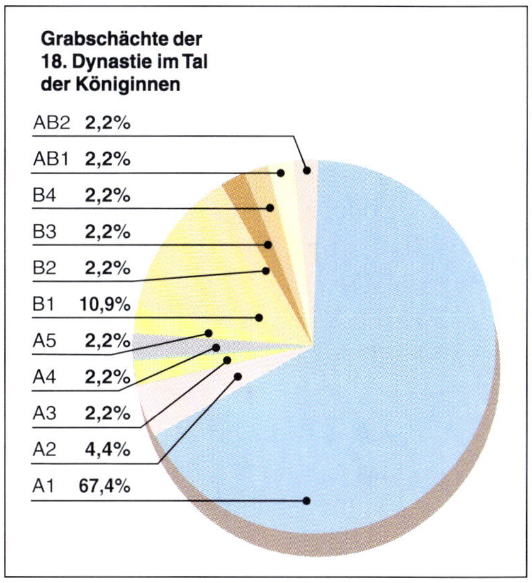

Die Grabschächte der 18. Dynastie
Kennzeichnend für die Grabschächte der 18. Dynastie ist das Fehlen von Wandmalereien. Architektonisch gesehen, lassen sie sich in drei große Kategorien einteilen, die in sich wiederum Varianten aufweisen: bei den Schächten des Typs A verläuft die Hauptachse der Grabkammer in Längsrichtung, bei Typ B in Querrichtung, und Typ AB stellt eine Mischform dar.
(nach C. Leblanc)

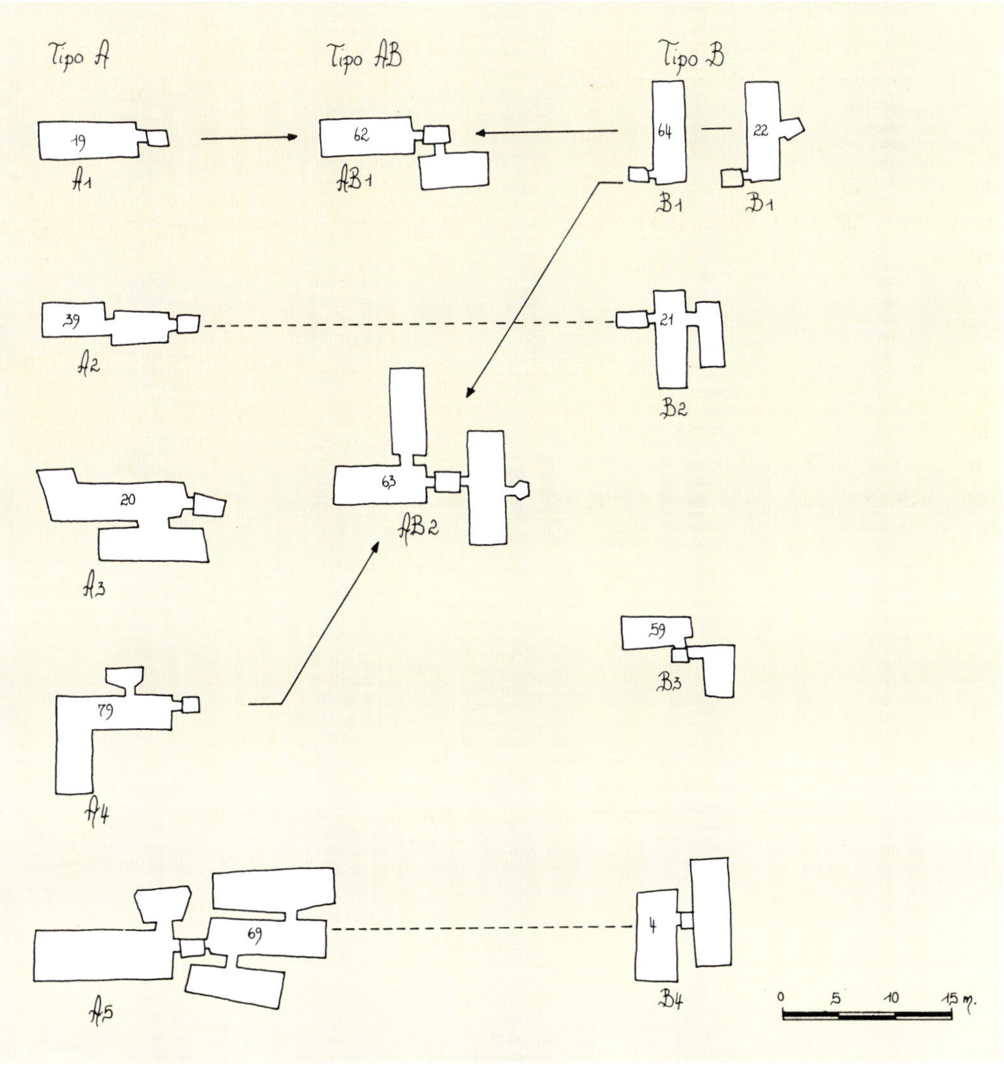

Die Gräber der 19. und der 20. Dynastie (1)
Auch bei den Gräbern der 19. und der 20. Dynastie lassen sich drei Bautypen unterscheiden: Die Gräber vom Typ I haben einen einfacheren Grundriß, bei dem die Zugangstreppe direkt in die Grabkammer führt. Bei den Gräbern des Typs II liegt vor der Grabkammer ein Vorraum, während die Gräber des Typs III eine langgezogene Struktur aufweisen, die in vereinfachter Form an die Gräber im Tal der Könige erinnert.

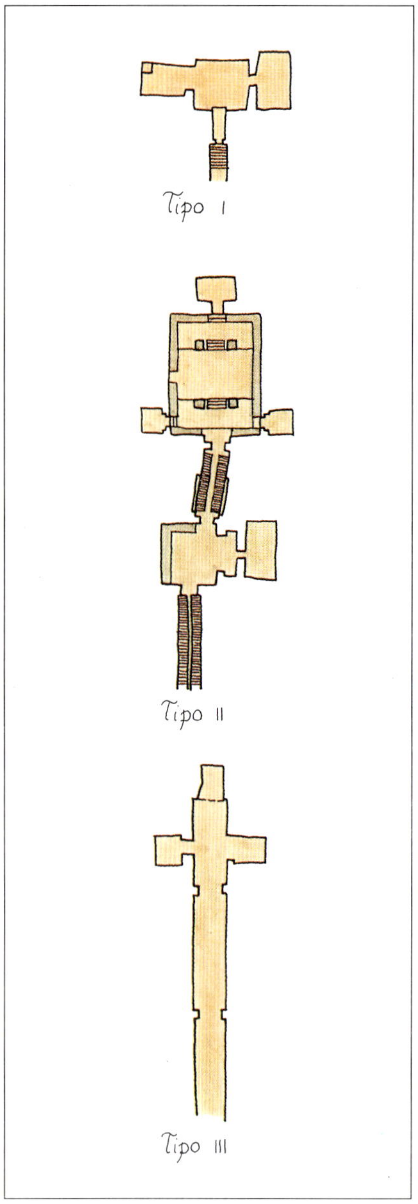

Die architektonische Struktur der Gräber der 19. und der 20. Dynastie (2-3)
Die Grafik zeigt, daß die drei Bautypen etwa mit der gleichen Häufigkeit vertreten sind (2). Während der 19. und der 20. Dynastie stellt man einen hohen Prozentsatz an unvollendeten Gräbern fest. Diese Tatsache ist auf die schlechte Qualität des Felsuntergrundes zurückzuführen, welche die Arbeiter oft zwang, ihr Werk aufzugeben. Viele Gräber sind anonym, weil sie in Zeiten geringer Beschäftigung im Hinblick auf eine künftige Nutzung angelegt wurden (3).

Drei verschiedene Grabtypen

Auch bei den Grabanlagen können wir drei verschiedene Typen unterscheiden. Die Gräber des Typs I haben einen einfachen Grundriß: Eine Treppe führt zur Hauptkammer, von der aus ein oder zwei Nebenräume abgehen. Bei den Gräbern von Typ II ist der Grabkammer ein Vorraum vorgelagert, und das Grab weist mehrere Nebenräume auf, die für die Aufnahme des Totenmobiliars bestimmt sind, wie das Grab der Nefertari (Nr. 66) und das Grab der (Mut-)Tuja (Nr. 80). Die Gräber des Typs III schließlich, die für die Zeit Ramses' III. kennzeichnend sind, weisen einen schmaleren, mehr in die Länge gezogenen Grundriß auf und wurden sichtlich von den Grabkorridoren im Tal der Könige inspiriert, wie z. B. die Gräber der Prinzen Chaemwaset (Nr. 44), Seth-her-chepeschef (Nr. 43) und Amun-her-chepeschef (Nr. 55) zeigen.
Die geographische Ausrichtung der Ramessidengräber im Tal der Königinnen richtet sich nach den topographischen Gegebenheiten: Im allgemeinen verläuft die Hauptachse der Gräber, die am Nordabhang des Hauptwadis liegen, von Süd nach Nord und die der Gräber auf der gegenüberliegenden Talseite von Nord nach Süd. Neben der geographischen Ausrichtung gibt es noch eine religiöse und rituelle, die durch die Analyse von Dekorationselementen im Grabesinneren (vor allem an den Türen) bestimmt werden kann. Sie legt den Eingang im rituellen Osten an (der mit dem geographischen Osten nicht übereinstimmen muß) und den Sarkophagraum im rituellen Westen. Die Untersuchung der besonderen Bauweise, der ikonographischen Themen und der Totentexte von einigen Ramessidengräbern im Tal der Königinnen hat zu der These geführt, daß die Gräber selbst den Weg darstellen, den der Tote von Osten nach Westen zurückzulegen hatte, um ins Reich des Osiris zu gelangen, und den er dann, nach seiner Wiedergeburt, in umgekehrter Richtung gehen mußte, um als neues Gestirn am östlichen Horizont des Himmels aufgehen zu können.

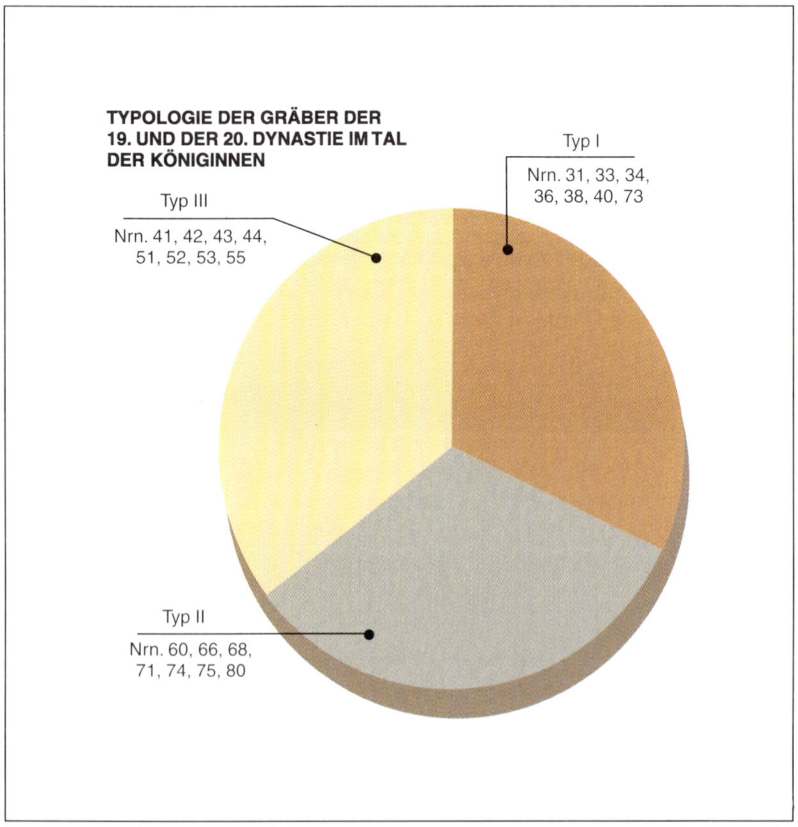

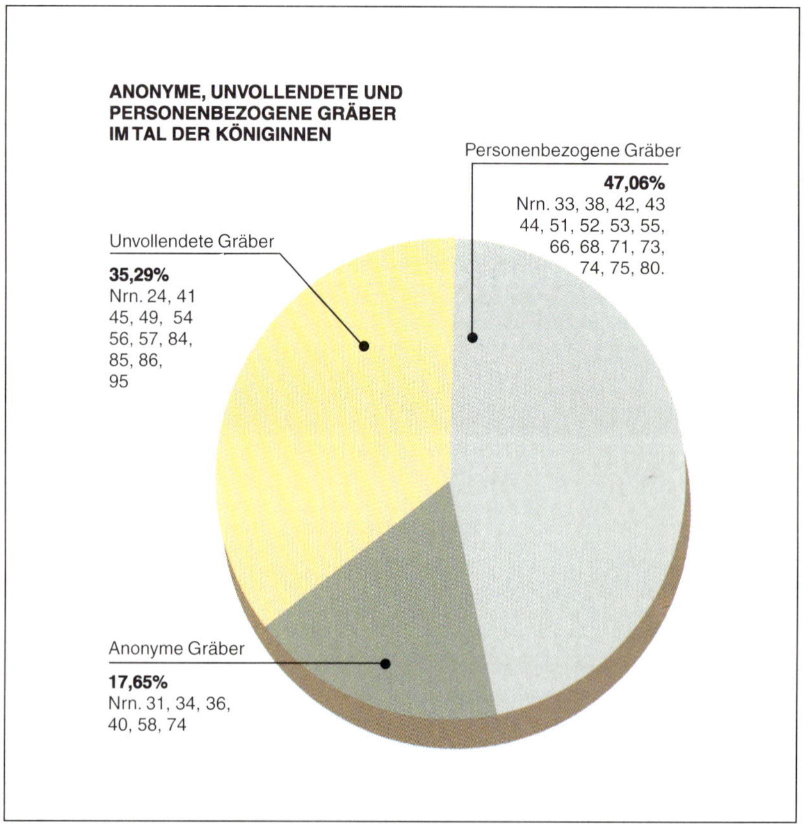

Der Weg des Prinzen Chaemwaset

1 Wiedergeburt
2 Transfiguration
3 Nur der König
4 Die Unterwelt, Wohnstätte des Osiris
5 Wiederbelebung
6 Einführung in die Unterwelt
7 Nur der Prinz
8 Zur Unterwelt
9 Zum „Herausgehen am Tag“
10 Herausgehen am Tag – Verwandlung des Verstorbenen in die unvergänglichen Sterne
11 Ritueller Norden
12 Magnetischer Norden

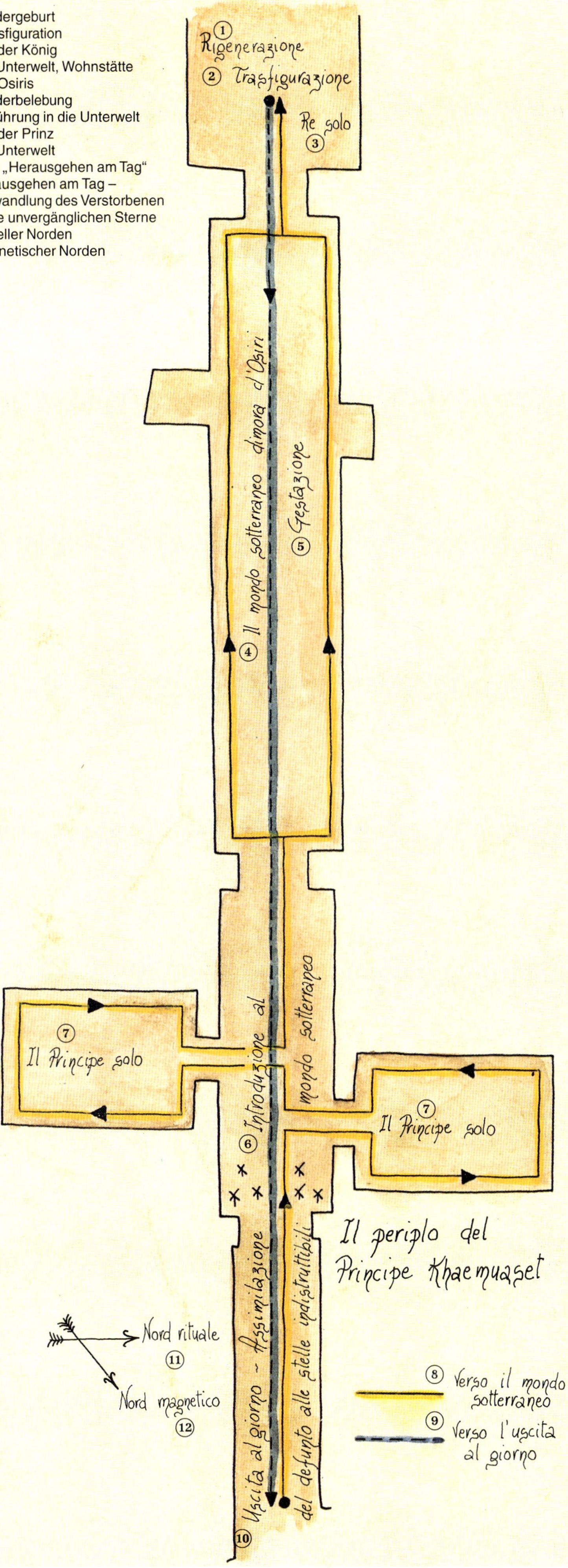

Der rituelle Weg der Seele des Verstorbenen im Grab des Prinzen Chaemwaset
Es hat den Anschein, als ob der Grundriß, die Ikonographie und die Dekoration der Ramessidengräber in Zusammenhang mit dem Weg zu sehen sind, den die Seele des Verstorbenen zurücklegen mußte, wenn sie in die Unterwelt, das Reich des Osiris, hinabstieg und dann in den Himmel aufstieg, um sich unter die unvergänglichen Sterne einzureihen.
(nach C. Leblanc)

Gegenstände und Symbole der ägyptischen Ikonographie

Achet
Hieroglyphe für Horizont.

Anch
Symbol des Lebens.

Atef
Krone, bestehend aus einer Mitra mit Sonnenscheibe und umrahmt von zwei Straußenfedern. Es ist die Krone des Osiris.

Ba
Eine der Seelen des Menschen, die als Vogel mit Menschenkopf dargestellt wird.

Benu
Der Vogel (Phönix), der die Seele des Ra darstellt. Symbol für die Wiedergeburt.

Descheret
Rote Krone als Symbol der Herrschaft über Unterägypten.

Djed
Symbol für Festigkeit und Dauer; er stellt die Wirbelsäule des Osiris dar und wird als Schutzamulett verwendet.

Hedjet
Weiße Krone als Symbol der Herrschaft über Oberägypten.

Heka
Krummstab (Szepter), Symbol des Königtums; Attribut des Osiris.

Hemhem
Krone aus drei zusammengefügten *Atef*-Kronen.

Ibes
Kurzperücke, eine für den Pharao typische Haartracht.

Chat
Kopfbedeckung aus weißem Stoff.

Cheker
Schmuckmotiv; es stellt in stilisierter Form Pflanzen(stengel) dar, die mit einem Band zusammengehalten werden.

Chepheresch
Zeremonielle blaue Kopfbedeckung (sog. Kriegshelm des Pharaos mit runden Goldscheiben).

Menat
Lange Halskette mit auf dem Rücken herabhängendem Gegengewicht.

Naos
Schrein aus Stein oder Holz, in dem im Inneren des Heiligtums die Götterstatue aufbewahrt wurde.

Anubis/Osiris-Fetisch (Nebride)
Ein an einem Stab befestigter Tierbalg.

Nub
Hieroglyphe für Gold.

Nechech
Geißel, Autoritätssymbol, Attribut der Götter Osiris und Anubis.

Nemes
Königskopftuch; eine vom Pharao verwendete Art Kappe aus plissiertem Stoff, die den Kopf umschließt und zu beiden Seiten des Gesichts herabfällt.

Nu
Kugelförmiges Kultgefäß für Wein.

Pas
Wassergefäß mit weiter Öffnung.

Pschent
Doppelkrone als Symbol für die Herrschaft über Ober- und Unterägypten. Sie besteht aus der weißen Krone, die in die rote integriert ist.

Sesched
Diadem aus einem schmalen Schmuckreifen aus Metall, häufig Gold, mit einer Uräus-Schlange.

Sechem
Szepter als Symbol für Autorität.

Schen
Kreisrundes Zeichen, das als Schutz verwendet wird.

Tit
Schutzamulett, auch „Isisknoten" genannt.

Tjeni (oder Henu)
Krone aus zwei waagrechten Widderhörnern, mit zwei Uräus-Schlangen und zwei gebogenen Federn mit eingelegter Sonnenscheibe darauf.

Wadj
Szepter in Form eines Papyrusstengels; typisch für weibliche Gottheiten.

Was
Typisches Szepter für männliche Gottheiten.

Udjat
Schutzamulett, das Auge des Horus darstellend.

Uräus
Aufgerichtete Schlange, Symbol des Lichts und des Herrschertums, heiliges Tier der Göttin Uto (Wadjet) und des Sonnengottes, als dessen Auge sie gilt.

Wesech
Breiter Halskragen, der aus mehreren nebeneinanderliegenden Bändern besteht.

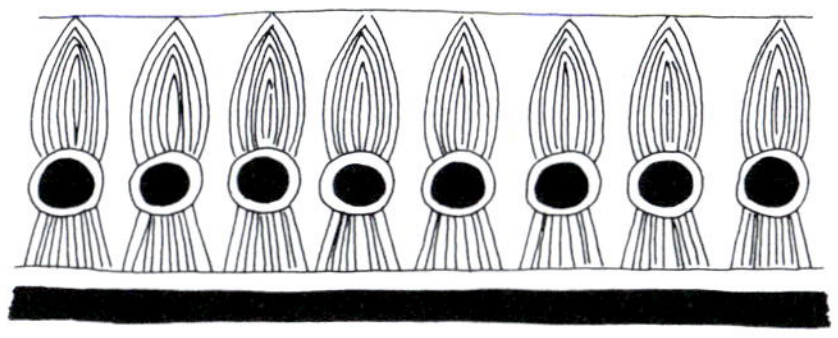

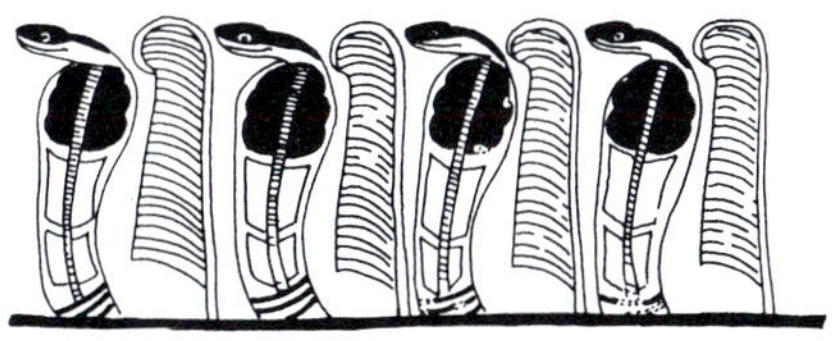

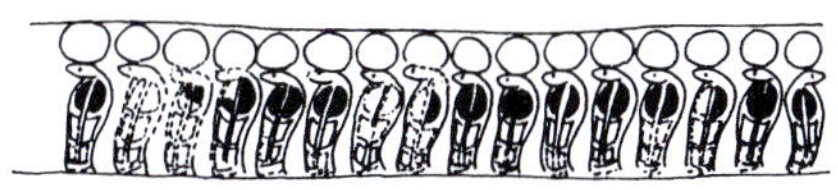

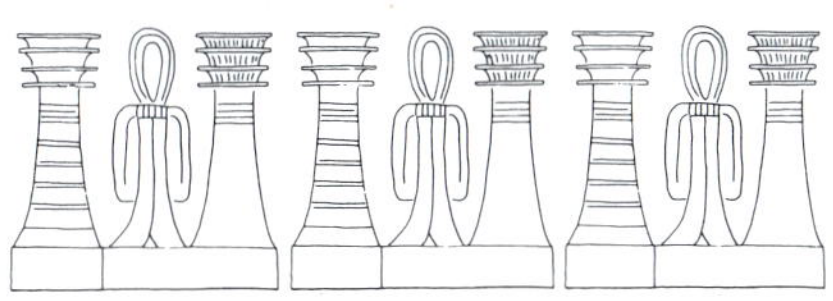

Die Friesmotive der Gräber
Ein *Cheker*-Fries (1).
Fries, bei dem sich Straußenfedern mit Uräus-Schlangen abwechseln (2).
Fries mit aufgerichteten Uräus-Schlangen, die von Sonnenscheiben überragt werden (3).
Fries nach Art von stilisierten Palastfassaden (4).
Fries mit abwechselnden *Djed*-Pfeilern und *Tit*-Knoten (5).

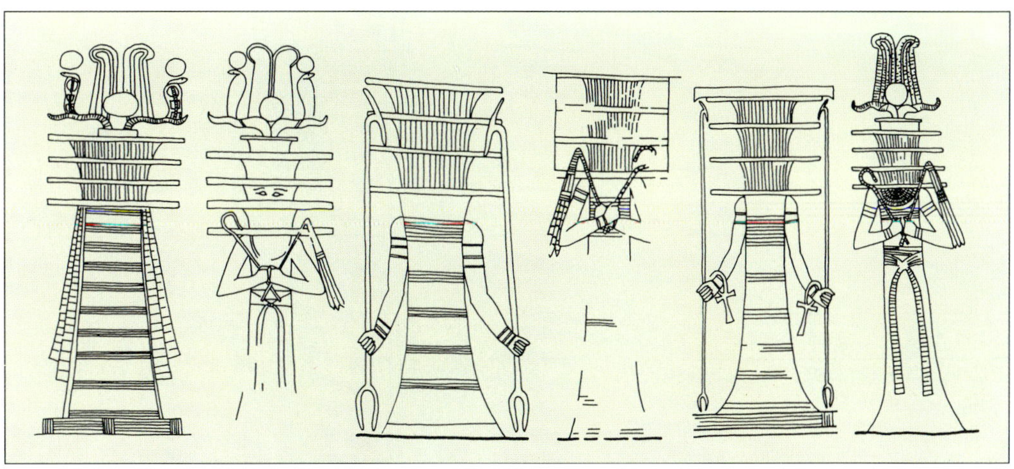

Verschiedenen Typen von *Djed*-Pfeilern (6-7)
In der Ikonographie der Gräber im Tal der Königinnen finden sich auch weiterentwickelte Formen des *Djed*-Pfeilers: Er wird mit Armen belebt dargestellt und ist mit verschiedenen Attributen versehen (Kronen, *Anch*-Zeichen, *Was*-Szeptern, *Heka*-Szeptern, Geißeln usw.).

Besonderheiten der Wandmalereien

Wandmalereien sind im Tal der Königinnen zwar nur in einer begrenzten Zahl von Gräbern und, im Vergleich zu denen im Tal der Könige, in einfacherer Form vorhanden (die Grabschächte der 18. Dynastie sind nie dekoriert), sie weisen aber verschiedene eigenständige Merkmale auf. Wegen der schlechten Qualität des Felsens mußte die Arbeit der Bildhauer, die auf der *muna* Hochreliefs anzubringen hatten, zwangsläufig stark eingeschränkt werden oder entfiel in manchen Fällen ganz. Deshalb sind ersatzweise die Zeichnungen besonders sorgfältig und detailgetreu ausgeführt, und die Farben sind, soweit sie erhalten sind, besonders lebhaft und leuchtend.
Die bildlichen Darstellungen sind gewöhnlich in einem Register angeordnet, während die oberen und unteren Teile der Wände mit verschiedenen Motiven ausgestaltet sind, die sich im allgemeinen wiederholen.
Im oberen Bereich findet man ziemlich oft einen blauen Streifen, der den Himmel symbolisiert und über dem manchmal ein *Cheker*-Fries verläuft, der in stilisierter Form Pflanzenstengel darstellt, die durch ein Band zusammengehalten werden.
Andere Friese an der Oberseite der Wand können eine Abfolge von Straußenfedern und Uräus-Schlangen (Bezeichnung für die heilige Kobra) oder Uräus-Schlangen mit Sonnenscheibe darstellen.
An den unteren Wandteilen besteht das Dekor im allgemeinen aus dunklen Bändern oder Motiven, die stilisierte Palastfronten[102] andeuten, oder aber, seltener, aus einer Reihe von *Djed*-Pfeilern und *Tit*-Knoten, wie man sie im Grab der Nefertari (Nr. 66) findet. Der *Djed*-Pfeiler stellt nach Kapitel 155 des Totenbuches die Wirbelsäule des Osiris dar, ist aber auch ein Emblem für den Gott Ptah. Dargestellt wird er als eine Art Säule, an der manchmal zwei Arme angebracht sind, die verschiedene Szepter oder Amulette halten können. Einige von ihnen üben eine Schutzfunktion aus wie das *Was*-Szepter (*was* bedeutet „Kraft"), das zu Tefnut gehört, oder das *Anch*-Zeichen (*anch* bedeutet „Leben"), das in Verbindung mit dem Gott Schu vorkommt. Der *Tit*-Knoten, ein Amulett mit Schutzfunktion, ist dagegen das Attribut der Göttin Isis, und wie der *Djed*-Pfeiler, dessen weibliches Gegenstück der Knoten ist, wird er häufig auch auf den Innenseiten der Türpfosten dargestellt.

Vielfalt der dargestellten Personen

Die dargestellten Personen lassen sich in zwei deutlich voneinander unterscheidbare Kategorien gliedern: in Gottheiten oder Dämonen und in Darstellungen des Verstorbenen, der gelegentlich vom Herrscher begleitet wird, wie in den Gräbern der Söhne Ramses' III.
Die Darstellungen von Prinzessinnen oder Königinnen sind einander im allgemeinen sehr ähnlich: Sie tragen eine lange, weiße, plissierte Tunika mit einem Gürtel, der um die Taille geknotet ist. Meist stehen sie, manchmal werden sie aber auch kniend oder sitzend abgebildet. Auf dem Kopf tragen sie eine (im allgemeinen dreigeteilte, auf den Rücken herabfallende) Perücke und die traditionelle „Geierhaube" mit einer Uräus-Schlange auf der Stirn. Darüber sitzt oft der sog. „Modius", ein Teil des Kopfschmucks (der manchmal mit Kobras und Sonnenscheiben verziert ist), auf dem verschiedene Gegenstände befestigt sein können: zwei hohe Federn mit einer kleinen Sonnenscheibe an der Basis, eine Reihe von Uräus-Schlangen mit Sonnenscheibe, Lotusstengel mit Verdickungen, welche die Früchte dieser Pflanze darstellen, ein Geier (oder ein Falke), der ein Paar aufgerichteter Uräus-Schlangen mit oder ohne Sonnenscheibe beschützt.
Manchmal wird die dreigeteilte Perücke durch eine Kurzperücke ersetzt (im allgemeinen mit einer Kobra auf der Stirn, an deren Stelle in seltenen Fällen eine Lotusblüte tritt) mit einem seitlichen, von einer Metallspange gehaltenen Zopf, der über die Schulter auf den Rücken fällt. In anderen, selteneren Fällen werden die Königinnen als *Ba*-Vogel, in Mumiengestalt, als Sphinx oder als junges Mädchen, manchmal in Begleitung der Mutter, dargestellt.

Die Darstellungen von Königinnen und Prinzessinnen
Normalerweise werden die Königinnen und Prinzessinnen mit einer langen, in der Taille gegürteten Tunika dargestellt. Es fehlt aber auch nicht an Darstellungen, die sie in Mumienform, als Sphingen, *Ba*-Vögel, junge Mädchen oder in Begleitung der Mutter zeigen.

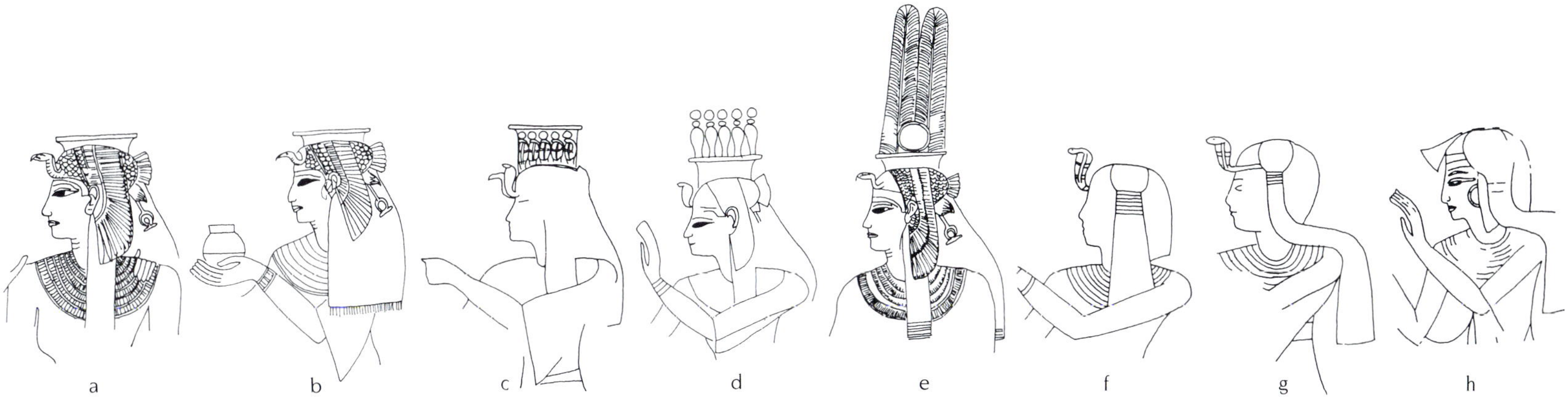

Kopfbedeckungen und Kronen der Königinnen und Prinzessinnen
Königinnen und Prinzessinnen werden im allgemeinen dargestellt mit einer dreigeteilten Perücke, auf der eine „Geierhaube" sitzt und ein gefäßähnlicher Aufsatz, genannt „Modius" oder „Kalathos". In manchen Fällen ist dieser Modius einfach (a, b), in anderen kann er mit Uräus-Schlangen verziert sein, über denen Sonnenscheiben angebracht sind (c). Manchmal können die Uräus-Schlangen auch aus dem Modius „herauswachsen", oder er wird überragt von zwei hohen, aufgerichteten Federn mit einer kleinen Sonnenscheibe an der Basis (e). In anderen Darstellungen erkennt man eine Kurzperücke mit seitlichem Zopf und einer Uräus-Schlange auf der Stirn (f, g), an deren Stelle eine Lotusblüte treten kann (h).

Die Kopfbedeckungen der Nefertari
Die „Große Königliche Gemahlin" Nefertari, dargestellt mit einer dreigeteilten Perücke, auf der eine Geierhaube sitzt und ein Modius, einfach (unten) und mit zwei hohen, senkrecht aufgestellten Federn, an deren Basis man eine Sonnenscheibe erkennt (links).

Die Darstellungen der Königlichen Prinzen
In den Gräbern der Söhne Ramses' III. wird der Prinz als junger Mann mit rasiertem Schädel und einem zum Zopf zusammengefaßten Haarschopf dargestellt. Ihm voran geht der Vater, der ihn bei den Göttern einführt.

Die Darstellungen der Prinzen

Die Königlichen Prinzen, die in den Gräbern Nr. 42 (Pa-Ra-her-wenemef), Nr. 43 (Seth-her-chepeschef), Nr. 44 (Chaemwaset) und Nr. 55 (Amun-her-chepeschef) dargestellt sind, werden immer stehend gezeigt. Oft, aber nicht immer, geht ihnen der Pharao voran, der sie der Gottheit vorstellt. Sie werden als junge Männer abgebildet, mit rasiertem Schädel und einem in Zopfform zusammengefaßten Haarschopf, der von einer Metallspange gehalten wird und seitlich so herunterfällt, daß er das Ohr verdeckt. Es ist dies die charakteristische Haartracht von Jugendlichen. Manchmal werden die Prinzen mit nacktem Oberkörper oder mit einem fast durchsichtigen, weitärmligen Hemd gezeigt, das die Unterarme frei läßt. Häufiger sind sie aber dargestellt mit einer langen Tunika, die um die Taille gegürtet ist, wobei der Knoten sich in drei oder vier nach vorn fallende Kordeln teilt, die in Zierquasten enden.
In ihren Händen tragen die Prinzen ein Flabellum (d. h. einen Fächer), ein *Heka*-Szepter oder beides. In anderen Darstellungen dagegen haben sie einen Fächer aus Straußenfedern oder, seltener, ein *Heka*-Szepter und eine Schärpe.

Der Prinz Amun-her-chepeschef (1)
In diesem Fall trägt der Prinz eine Perücke, wobei eigenartigerweise der seitliche Zopf erhalten geblieben ist.

Der Fächer des Chaemwaset (2)
Chaemwaset wird hier dargestellt mit einem großen Fächer aus Straußenfedern.

Die Bekleidung der Prinzen
Die Prinzen tragen immer den charakteristischen Jugendzopf, der seitlich über das Ohr fällt, eine Leinentunika mit einem Gürtel um die Taille, dessen mit drei oder vier Quasten versehene Enden nach vorne fallen, und Sandalen mit aufgebogener Spitze (a). In der Hand halten die Prinzen einen Fächer aus Straußenfedern (b), ein *Flagellum* (c), ein *Heka*-Szepter (d) oder beides gleichzeitig (e).

Die Haartracht der Prinzen
Drei leichte Varianten der typischen Haartracht der Söhne Ramses' III. mit einem seitlich geflochtenen Haarschopf, der von einer Metallspange zusammengehalten wird.

Viele Kronen und Haartrachten für den Pharao

Der Pharao ist immer prächtig gekleidet: Eine lange, in der Taille gegürtete Tunika, an welcher der kultische Tierschwanz hängt, ist sein häufigstes Kleidungsstück. Außerdem trägt er einen trapezförmigen Schurz, der oben mit dem Kopf einer Raubkatze verziert ist. Dann wieder wird der Pharao abgebildet mit nacktem Oberkörper und einer liturgischen Schärpe über der Brust, aber immer ist er mit Hals- und Armbändern geschmückt.

Auf dem Kopf trägt er die verschiedensten Kronen und Haartrachten: Bekannt sind mindestens zwanzig verschiedene Kombinationstypen. Als Krone trägt der Pharao, je nach dem feierlichen Anlaß, die rote oder die weiße Krone, die Doppelkrone (*Pschent)*, die *Atef*-Krone, die *Hemhem*-Sonnenkrone, die *Henu*-Krone und den *Cheperesch*-Helm.

Zu den Kopfbedeckungen gehört der in gelben und blauen Streifen plissierte *Nemes,* die *Chat* aus weißem Stoff und die kurze, blaue Maschenperücke, genannt *Ibes.*

All diese Pharao-Figuren werden bei der Erfüllung ganz bestimmter Aufgaben gezeigt: Opferhandlungen mit gewissen Gegenständen (Stoffe, Weihrauchbecken, Kegel mit Duftstoffen, Brote, Wein, Papyri usw.), Weihe der Opfergaben, Rauchopfer oder Trankopfer.

In anderen Fällen wird der Verstorbene in Anbetungshaltung vor den verschiedensten Gottheiten dargestellt, oder man zeigt ihn, wie er von anderen Göttern oder – wie bei den Söhnen von Ramses III. – vom Pharao selbst den Gottheiten vorgestellt wird.

Weiterhin kann der Verstorbene stehend in Wartehaltung oder vor einem Gabentisch oder einer Kapelle sitzend oder beim Empfang des Lebensodems durch eine Gottheit dargestellt werden. Königinnen werden oft beim Spielen (z. B. dem *Senet*-Spiel)[103] oder der Handhabung der Sistren (Musikinstrumente, die aus einer Reihe von Rasseln bestehen) vor einer Gottheit gezeigt.

Die Darstellungen der Götter und der Dämonen sind entlang der beiden großen religiösen Achsen

Die prachtvolle Kleidung Ramses' III.
Zwei Details der Kleidung des Pharaos: Die Tunika wird mit einem aufwendig verzierten Gürtel gehalten, während über dem Gewand ein trapezförmiger, mit Bändern bestickter und mit einem Raubkatzenkopf verzierter Schurz getragen wird. Am Saum des Gewandes erkennt man eine Plakette, auf der Uräus-Schlangen mit Sonnenscheiben dargestellt sind.

Die Darstellungen Ramses' III.
In den für seine Söhne bestimmten Gräbern wird Ramses III. immer mit prachtvollen Gewändern und einer unglaublichen Vielfalt an Kronen und Kopfputz dargestellt: einfache rote Krone (a), rote Krone mit zwei aufgerichteten Federn und Sonnenscheibe an der Basis (b), rote Krone mit zwei von Sonnenscheiben überragten Uräus-Schlangen (c), einfache weiße Krone (d), Doppelkrone oder *Pschent* mit Betonung der weißen Krone (e), in Blau und Gelb plissierter *Nemes* (f), *Nemes,* auf dem ein Modius mit *Hemhem*-Krone sitzt (g), kurze blaue Maschenperücke (oder *Ibes*), umspannt von einem *Sesched*-Diadem, um das eine Uräus-Schlange gewunden ist (h), *Ibes* mit Modius und *Henu*-Krone (i), *Cheperesch*-Krone (l u. m), einem Helm, der den Kopf umschließt (n), manchmal mit Goldringen verziert (o) oder mit einem Falken mit ausgebreiteten Flügeln (p), *Chat*-Kappe aus weißem Stoff mit Uräus auf der Stirn (q) oder, seltener, mit Perücke auf bürgerliche Art mit Stirnuräus (r).

verteilt: der zum Grabesinneren ausgerichteten irdisch-königlichen Achse, die dem kultischen Westen entspricht, und der göttlichen, sonnenorientierten Achse nach draußen, die dem kultischen Osten entspricht. Die an den Wänden dargestellten Szenen entwickeln sich wie die Abfolge eines Films, der den Weg des Verstorbenen in die Welt des Jenseits zeigt, wo er von den Gottheiten in Empfang genommen wird und auf zahlreiche Hindernisse stößt, die er auf seinem Weg überwinden muß, bevor er ins Reich des Osiris gelangt und seine Wiedergeburt vollendet wird.

Der Verstorbene im Reich der Toten

Der Verstorbene (fallweise Königin, Prinzessin oder Prinz) tritt, allein oder in Begleitung des Vaters, symbolisch in das Grabesinnere ein, welches das Totenreich darstellt, und überwindet mit Hilfe der magischen Formeln des Totenbuches die zahlreichen Hindernisse, die sich ihm vor allem durch böse Geister und die „Torhüter" in den Weg stellen. Nach Einführung durch eine Reihe wohlgesonnener Gottheiten (Hathor, Selket, Neith, Isis und andere), die für ihn eintreten, wird er ins Reich des Osiris aufgenommen, dort wiedergeboren, und tritt in einer Transfiguration ans Licht, um sich mit Ra zu vereinigen.

So tritt im Grab des Chaemwaset der Prinz in Begleitung des Vaters im Vorraum in die Unterwelt ein. In den beiden Seitenräumen steht er allein vor den Gottheiten und beginnt seine Transfigurationen. Im langen Sarkophagsaal (auch „Goldsaal" genannt), der die Wohnstätte des Osiris darstellt und mit den Kapiteln 145 und 146 des Totenbuches ausgestaltet ist, findet die „Regeneration" statt, deren Ort symbolisch mit der Grube dargestellt wird, die zur Aufnahme des Sarkophags bestimmt war. Im Nebenraum der Sarkophagkammer vollendet sich die Wiedergeburt und Transfiguration des Prinzen, der den Weg nun in umgekehrter Richtung zurücklegt und ans Licht hinaustritt („Herausgehen am Tage"), um sich mit den unvergänglichen Sternen zu vereinigen, die an der auf den religiösen Osten ausgerichteten Decke dargestellt sind.

Häufigkeit der Szenenarten in den ramessidischen Gräbern im Tal der Königinnen
Der Großteil der Szenen behandelt die Anbetung und die Opferhandlungen des Verstorbenen vor den Göttern, das Darbringen von Opfergaben, Räucher- und Trankopfern.

HÄUFIGKEIT DER SZENENARTEN IN DEN RAMESSIDISCHEN GRÄBERN IM TAL DER KÖNIGINNEN

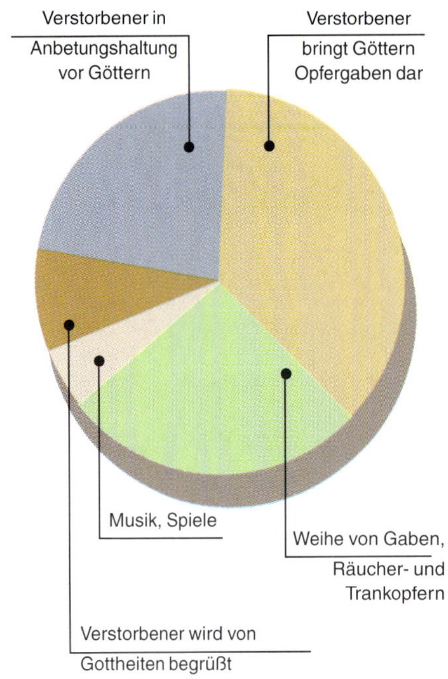

Eine Opferszene
Die Königin Nefertari bingt den Göttern ein Opfer dar.

Zweiter Teil

DIE WIEDERENTDECKUNG DES TALES DER KÖNIGINNEN – EIN GROSSES ABENTEUER DER ARCHÄOLOGIE

Eine topographische Karte von Theben, gezeichnet von Wilkinson
Hier wird zum erstenmal das Tal der Königinnen genannt. Es war Wilkinson, der – fast gleichzeitig mit Champollion – die Bezeichnung „Tal der Königinnen“ prägte.

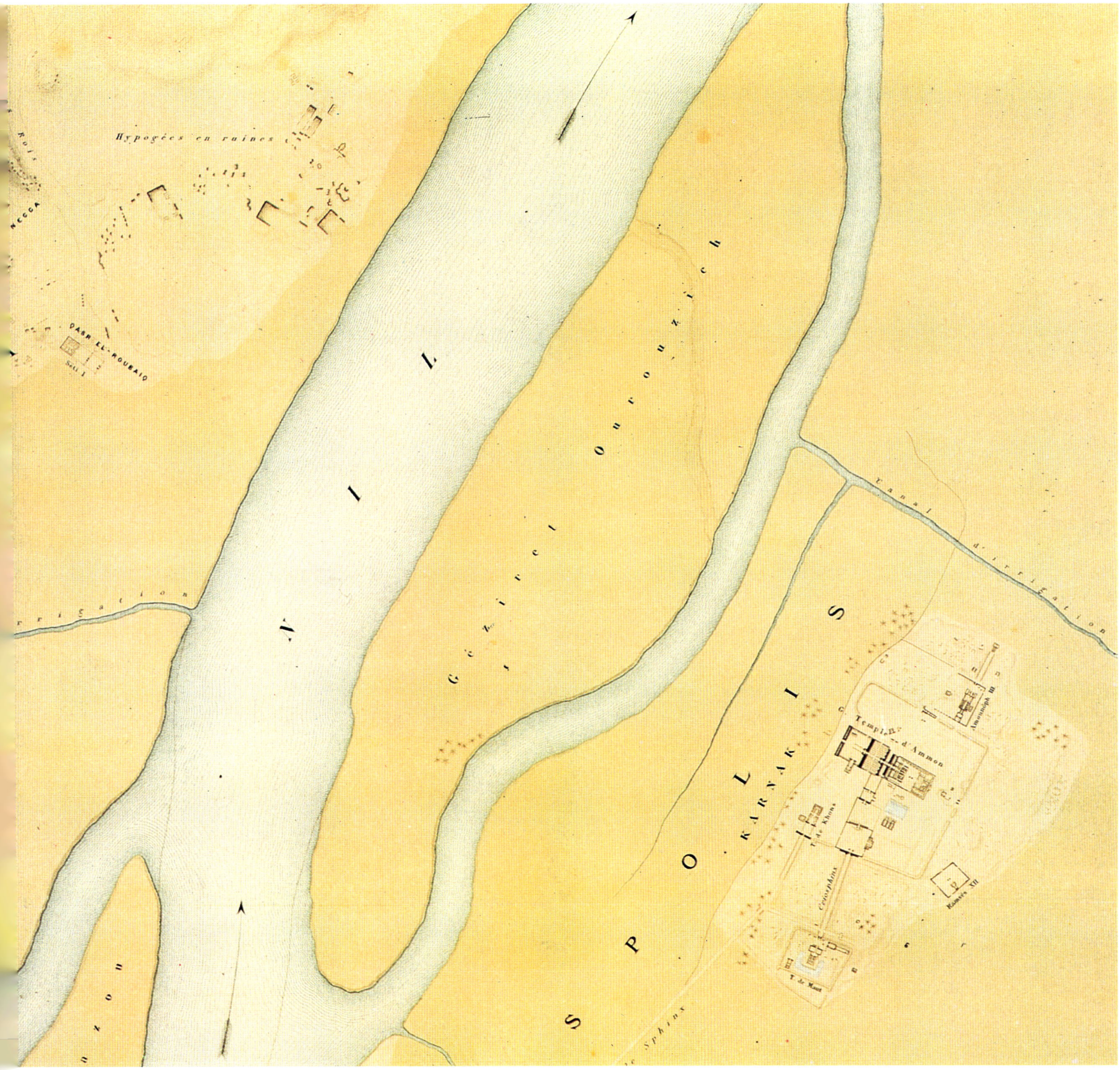

Die Forschungen der ersten Reisenden

Weder der Jesuitenpater Claude Sicard, der erste Wiederentdecker des antiken Theben in modernen Zeiten, noch die Mitglieder der Napoleonischen Expedition von 1798, die nur den aufrecht stehenden Monumenten des thebanischen Westufers Aufmerksamkeit schenkten, kannten das Tal der Königinnen. Zum erstenmal wurde es im 19. Jahrhundert besucht von Giovanni Battista Belzoni aus Padua, der 1816 seine datierte Unterschrift am Pfosten der Türe zur Grabkammer der Königin Titi[104] hinterließ. Aber Belzoni vertiefte seinen Besuch nicht durch Forschungen über einen Ort, den er vermutlich eines besonderen Interesses nicht für würdig erachtete. Die erste Studie über das Tal der Königinnen war das Werk eines anderen Reisenden, des schottischen Antiquitätenhändlers Robert Hay of Linplum, während seines Aufenthaltes in Theben 1826.

Hay of Linplum, der zwei Jahre zuvor in Alexandria gelandet war, erwies sich als ein sehr begabter Zeichner, der eine Reihe genauer Zeichnungen der wichtigsten Monumente des pharaonischen Ägyptens und der Baudenkmäler aus der islamischen Periode anfertigte, die heute, zusammen mit seinen zahlreichen unveröffentlichten Reisenotizen, in der British Library in London aufbewahrt werden.

Im Tal der Königinnen entdeckte er das anonyme Grab Nr. 40, dessen Wandmalereien besonders fein gearbeitet sind, und machte Aufzeichnungen über weitere fünfzehn Gräber, die er fast immer mit Kommentaren und Reproduktionen von Kartuschen und Hieroglyphen versah.

Zwei Jahre später, im Jahr 1828, begab sich ein anderer großer Vorläufer der modernen Ägyptologie, der Engländer John Gardner Wilkinson, ins Tal der Königinnen und vermaß insgesamt 24 Gräber, also praktisch alle, die zu jener Zeit zugänglich waren.

Außerdem zeichnete er den Ort zum erstenmal in der richtigen topographischen Lage in seine Karte von Theben ein. Wilkinson, dessen Manuskripte in der Bodleian Library von Oxford aufbewahrt werden, ist auch die erste Numerierung der Gräber des Ortes zu verdanken, dem er den Namen Tal der Königinnen gab.

Der erste Bericht war der eines schottischen Reisenden
Eine handschriftliche Seite aus den Aufzeichnungen des ersten europäischen Reisenden, der sich 1826 der Erforschung des Tales der Königinnen widmete, des Schotten Robert Hay of Linplum.

Grab Nr.	Inhaber
40	anonym
41	anonym
42	(Pa-Ra-her-wenemef)
45	unvollendet
51	(Isis)
52	(Titi)
53	(Ramses)
54	unvollendet
58	anonym
60	(Nebet-taui)
68	(Merit-Amun)
71	(Bint-Anat)
73	(Henut-taui)
74	(Tentopet)
75	(Henut-mi-Ra)
80	(Mut-)Tuja

(In Klammern sind die Namen der Grabinhaber gesetzt, deren Gräber zu jener Zeit noch nicht identifiziert werden konnten.)

Von Robert Hay of Linplum vermessene Gräber

Champollion im Tal der Königinnen (1)
Die Königinnen Titi (links) und Isis, die beide in der Zeit Ramses' III. lebten, in einer von Champollion veröffentlichten Zeichnung. Jean-François Champollion und Ippolito Rosellini waren die Pioniere der wissenschaftlichen Erforschung des Tales der Königinnen.

Von Champollion und Rosellini vermessene Gräber (2)

Die französisch-toskanische Expedition (3)
Das berühmte Bild von den Mitgliedern der französisch-toskanischen Expedition, ein Werk des Malers Angelelli: im Vordergrund Jean-François Champollion (sitzend) und zu seiner Rechten Ippolito Rosellini (stehend). Champollion und Rosellini waren die ersten, die das Tal der Königinnen erforschten und, praktisch gleichzeitig mit Wilkinson, dem Ort diesen Namen gaben.
(Archäologisches Museum Florenz)

Die Expedition von Champollion und Rosellini

Die wahre wissenschaftliche Erforschung des Ortes begann aber erst mit der französisch-toskanischen Expedition von Champollion und Rosellini. Während ihres langen Aufenthaltes in Theben-West zwischen Mai und Juli 1829 erforschten die beiden Ägyptologen genau und systematisch die Nekropole, der auch sie den Namen Tal der Königinnen gaben. Sie begannen beim Talgrund des Hauptwadis und arbeiteten sich nach und nach zum südlichen und dann zum nördlichen Abhang vor. So wurden sechzehn Gräber erforscht, von denen exakte planimetrische Vermessungen gemacht wurden. Auch von den Malereien und Inschriften in diesen Gräbern wurden Bestandsaufnahmen angefertigt. Wie schon bei Wilkinson wurde den Gräbern auch hier eine fortlaufende Nummer zugeteilt. Doch diesmal blieben die Monumente nicht mehr stumme Zeugen der Kunstwerke, die Künstler der Antike vollbracht hatten: Champollion und Rosellini entzifferten die Hieroglyphen an den Wänden und identifizierten so die Gräber der Königinnen Sat-Ra, Isis, Titi, Nebet-taui, Merit-Amun, Bint-Anat und Tentopet.

Grab Nr.	Inhaber
31	anonym
38	**Sat-Ra**
40	anonym
42	(Pa-Ra-her-wenemef)
45	unvollendet
51	**Isis**
52	**Titi**
53	(Ramses)
54	unvollendet
58	anonym
60	**Nebet-taui**
68	**Merit-Amun**
71	**Bint-Anat**
73	(Henut-taui)
74	**Tentopet**
75	(Henut-mi-Ra)

(Fettgedruckt die Namen der von Champollion identifizierten Grabinhaber, in Klammern die damals noch nicht zugeordneten Namen.)

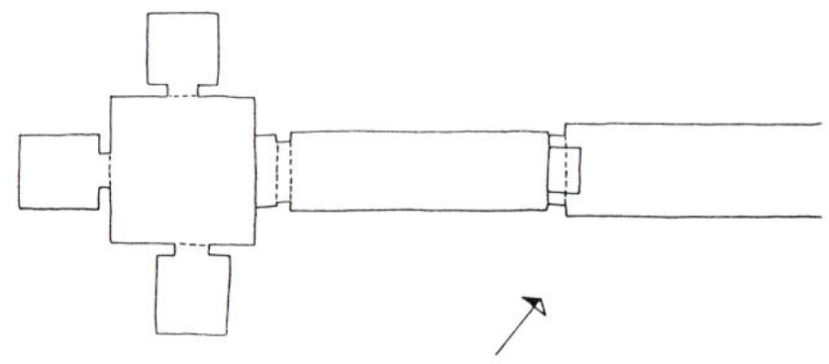

Das Grab Nr. 52 der Königin Titi
Dieses Grab war für die ersten Reisenden, die das Tal der Königinnen besuchten, eine der am leichtesten zugänglichen Grabanlagen. Auch Belzoni hinterließ dort anläßlich eines flüchtigen Besuches seinen Namen, datiert mit der Jahreszahl 1816.

Das Grab Nr. 52 der Königin Titi
An der Westwand der westlichen Nebenkammer tritt die Göttin Hathor aus dem Gebirge des Westens vor eine Sykomore.

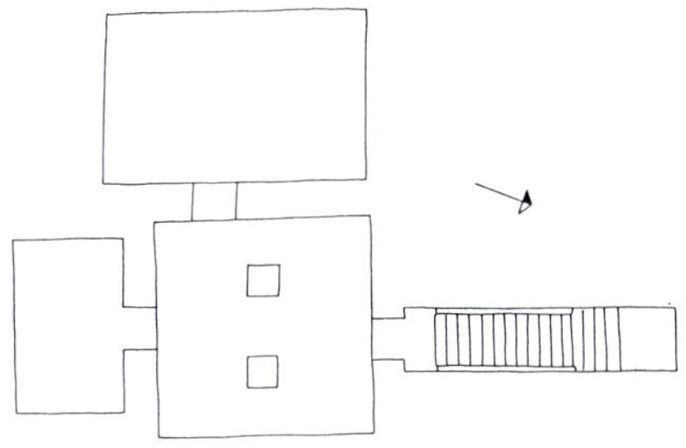

Der Erfolg der Preußen

Sechzehn Jahre danach war es der berühmte preußische Ägyptologe Carl Richard Lepsius, der sich der Erforschung des Tales widmete. Lepsius war Leiter einer der bestorganisierten und effizientesten archäologischen Missionen, die je durch Ägypten gezogen sind. Vier Jahre lang, von 1842 bis 1845, legte er eine umfangreiche wissenschaftliche Dokumentation an, die er in seinem monumentalen Werk *Denkmäler aus Aegypten und Aethiopien* zusammenfaßte. Außerdem sammelte er zahlreiche archäologische Funde, die den Grundstock für die späteren Ägyptischen Sammlungen in Berlin bildeten.

Das anonyme Grab Nr. 40
Auch dieses Grab gehörte zu den von den ersten Reisenden am häufigsten besichtigten Denkmälern. Obwohl es ein „auf Vorrat gefertigtes" Grab war, ist es eines der schönsten und am feinsten bemalten Gräber der ganzen Nekropole.

Lepsius begann seine Forschungsarbeit im Tal der Königinnen Ende November 1844 mit einer neuen Inventarisierung der Gräber, die sechzehn Grabstätten umfaßte.

Zu den von Lepsius erzielten Ergebnissen gehört unter anderem die Zuordnung des Grabes Nr. 33 zur Königin Tanedjemet (möglicherweise eine der Gemahlinnen Sethos' I.) sowie des Grabes Nr. 42 zum Prinzen Pa-Ra-her-wenemef (einer der Söhne Ramses' III.).

Außerdem wies der preußische Ägyptologe das Vorhandensein der Kartuschen Ramses' III. im Grab Nr. 53 nach, das später einem Prinzen namens Ramses zugeordnet wurde, der tatsächlich zur Zeit Ramses' III. gelebt hatte.

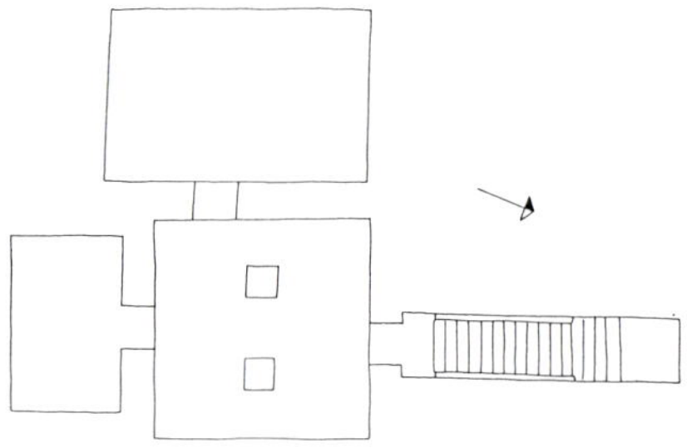

Am Nordhang des Hauptwadis erforschte Lepsius das Grab Nr. 80, auf das bereits Hay und Wilkinson hingewiesen hatten, das Champollion aber nicht kannte. Er entdeckte eine Inschrift, die einen Teil des Namens der „Großen Königlichen Gemahlin“ Sethos' I., der Königin (Mut-)Tuja, enthält, und einen Grabschacht (Nr. 72), den er der Prinzessin Neferhat aus der 18. Dynastie zuordnete, von der er auch einige Kanopengefäße fand. Zehn Jahre später setzte ein weiterer Preuße das Werk Lepsius' fort: Heinrich Brugsch. Im Auftrag des Königs von Preußen war er von 1853 bis 1857 in Ägypten tätig. Zu Beginn des Jahres 1854 erforschte und vermaß Brugsch zwanzig Gräber im Tal der Königinnen und machte eine Reihe interessanter Beobachtungen, die das Werk seiner Vorgänger vertieften. Außerdem entdeckte er im obersten Teil des Hauptwadis zur Kaskadengrotte hin zwei neue, unvollendete Gräber, die heute die Nummern 56 und 57 tragen.

Das anonyme Grab Nr. 40 (1)
Im Vorraum opfert eine Königin der Göttin Hathor in Kuhgestalt, die auf einer Papyrusbarke aus ihrem Schrein heraustritt.

Das anonyme Grab Nr. 40 (3-4)
In der Sargkammer erkennt man einen Schrein mit den *Juf*-Geistern (die bogenschießende Meerkatze in Begleitung von zwei Dämonen in Gestalt von Pavianen), die den Toten beschützen sollten. Vor der Kapelle befinden sich die Göttinnen Neith und Selkis mit fünf Dämonen.

Das anonyme Grab Nr. 40 (5)
An der Südwand der Sargkammer befinden sich in einer anderen Kapelle die drei *Hememet*-Geister: ein Geier, ein hybrides Wesen mit dem Kopf eines Flußpferdes und ein dritter Dämon in Menschengestalt.

Das anonyme Grab Nr. 40 (2)
Eine Königin opfert der Göttin Imentet, die durch ein riesiges Ideogramm ihres Namens dargestellt ist, das aus dem Westgebirge aufsteigt.

Das anonyme Grab Nr. 40 (1)
Im seitlichen Nebenraum sind an den Nord- und Südwänden die vier ibisköpfigen Dämonen dargestellt, die die Verkörperung der in Kapitel 161 des Totenbuches genannten Vier Winde bedeuten.

Das anonyme Grab Nr. 40 (2)
An der Ostwand des seitlichen Nebenraums erkennt man eine sehr seltene Abbildung von Totenmobiliar.

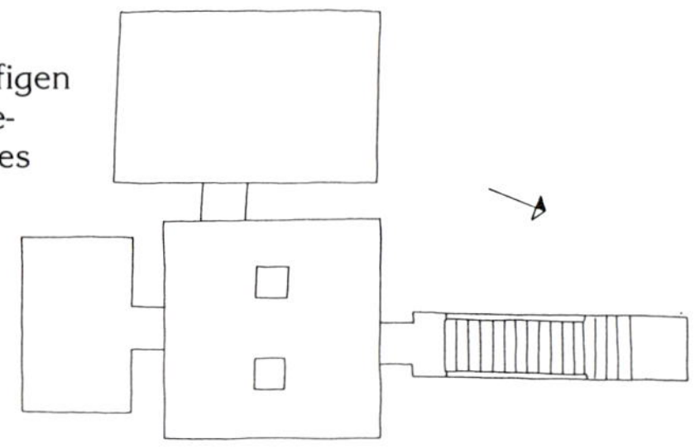

Das Grab Nr. 60 der Königin Nebet-taui (3)
Auch dieses Grab, das der Königin Nebet-taui gehörte, wurde von den ersten Reisenden besucht.
In koptischer Zeit wurde das Grab als Kapelle wiederverwendet.

Das Grab Nr. 60 der Königin Nebet-taui (4)
An der Nordwand des Vorraumes wird die aufgehende Sonne von zwei Paviangeistern begrüßt. An vielen Stellen des Grabes ist das Gestein extrem brüchig, wodurch die Malereien stark gefährdet sind.

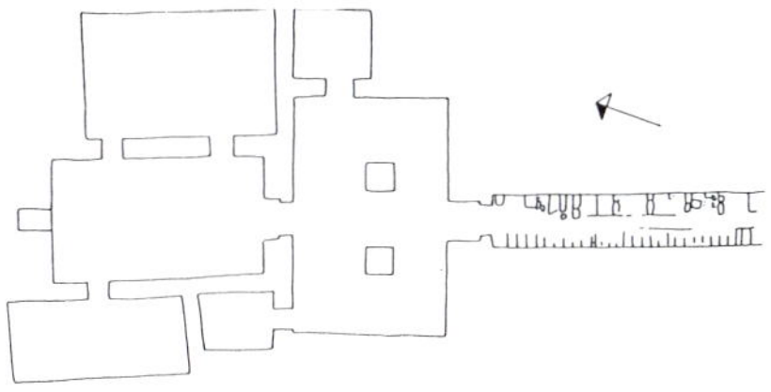

Das Grab Nr. 60 der Königin Nebet-taui (5-6)
An der Ostwand des Vorraumes (5) kann man die Überstreichungen der alten heidnischen Malereien mit Lehm und die Übermalung mit einem großen koptischen Kreuz sehen. Die Vergrößerung (6) zeigt, wie die bemalte ursprüngliche Schicht in koptischer Zeit mit Putz überstrichen wurde.

Die Italienische Mission von Ernesto Schiaparelli

Die ersten wirklich großen Entdeckungen im Tal der Königinnen fanden im Jahre 1903 statt, als Ernesto Schiaparelli, der Leiter des Ägyptischen Museums in Turin, von den ägyptischen Behörden die exklusive Grabungserlaubnis für den Ort erhielt.

Schiaparelli war der erste, der systematische Grabungen im Tal der Königinnen durchführte, dessen Erforschung er, in enger Zusammenarbeit mit Francesco Ballerini aus Como, drei aufeinanderfolgende Kampagnen widmete. Auch Ballerini war Ägyptologe am Ägyptischen Museum in Turin und fünf Jahre lang der beste Mitarbeiter Schiaparellis: Er war eine sehr gebildete Persönlichkeit mit vielseitigen Interessen und betrieb seine Grabungsarbeiten und vor allem die Erforschung des Tales der Königinnen nach dem Vorbild der strengen systematischen Maßstäbe der deutschen orientalistischen Schule.

Ballerini, der einige Zeit vor Schiaparelli in Theben angekommen war, beschrieb das Tal der Königinnen, in dem er so erfolgreich arbeiten sollte, mit folgenden Worten: „Ein einsames Tal, durch das selten ein Reisender kommt, ein ungestörtes Reich von Falken, Wölfen und Schakalen, keine Spur von Pflanzenbewuchs, aber doch feierlich in seiner traurigen Stille, gleich, ob man es von oben betrachtet, wenn die Mittagssonne einen lebhaften Kontrast von gleißendem Licht und scharfen Schatten bildet, während sich zum Nil hin die grünen Felder erstrecken, oder ob man es in Vollmondnächten sieht – die in Oberägypten so besonders klar sind –, wenn Felsen und Berge neue, phantastische Gestalten annehmen.“[105]

Die Mühsal der ersten Kampagne

Die erste Grabungskampagne begann am 29. Januar 1903 und dauerte durchgehend bis Mitte März. Wie aus den folgenden Zeilen hervorgeht, die Ballerini an seine Familie schrieb, waren die Lebensbedingungen am Grabungsort, wo über dreihundert Araber beschäftigt waren, sehr hart: „Und von diesem einsamen Ort, wo ich zur Zeit die Tage zähle, die mich von Euch trennen, schicke ich Euch meinen Gruß und mein Gebet. Es ist Sonntag: Wir konnten nicht nach Luxor zur Messe hinuntergehen, aber wir erlebten eine große Freude und ein großes Privileg: Einer der beiden Patres ist in Begleitung des Laienbruders hierhergekommen, um sie bei uns zu zelebrieren. Er stellte im Zelt den tragbaren Altar auf, und wir wohnten mit vier oder fünf anderen Katholiken dem Meßopfer mit einer Andacht bei, wie wir die hl. Messe wohl noch nie gehört haben. Wir fühlten uns wirklich wie in einer echten Missionarsmesse.

Das Zelt war angefüllt mit Kisten und Antiquitäten: Der Altar stand auf einem Tischchen, und wir knieten auf Matten wie arme Wilde, zu denen der Missionar gekommen war, und so hoffen wir, daß der Segen auch auf unsere Arbeit herabkommen möge, auf mich, auf die Familie, und daß er die guten Ergebnisse bringen möge, um die ich flehe. Für Euch habe ich gebetet, die Ihr vielleicht gerade zu dieser Stunde unter den edlen Bögen unserer schönen Kathedrale für mich betet. Aber glaubt mir: Die Messe in der Wüste ist bewegender. Und das hl. Meßopfer wird sich an allen Festtagen wiederholen, solan-

Die Grabungen der Italienischen Mission von Schiaparelli
Die Mitglieder der Mission und ihre Grabungsarbeiter im Tal des Prinzen Ahmes.
(Foto: Italienische Archäologische Mission)

ge wir hier sind. Welcher anderen wissenschaftlichen Mission wird eine solche Gunst zuteil?“[106]
Ein Leben voller Opfer und Entbehrungen war den italienischen Forschern im Tal der Königinnen beschieden. Manchmal klang wohl auch eine Spur von Neid gegenüber bessergestellten Kollegen durch: „Nach dem Essen“, schreibt Ballerini weiter, „werde ich mit meinem Dragoman (einem Führer) Maspero einen Besuch abstatten, der gerade heute angekommen ist; sein Segelschiff (*Dahabija*) liegt hier in der Nähe. Gern würde auch ich reisen, so wie er reist: in einem prächtigen Regierungsschiff, in jeder Hinsicht freigehalten und umsorgt.“[107]
Die von den Italienern geleistete Arbeit war beeindruckend: An der Nordseite des Hauptwadis wurden Grabungen durchgeführt, während gleichzeitig die Inschriften und Zeichnungen im Grab der Königin Titi (Nr. 52) erfaßt wurden, das zu jener Zeit „das einzige war, das wirklich geöffnet und für die durch das Tal reisenden Besucher bequem zugänglich war“.[108]
Doch dieses Grab, das eines der vier heute für das Publikum geöffneten Gräber ist[109] und aus dem Rosellini ein wunderschönes Porträt der Königin kopiert hatte, war schon damals stark beschädigt: „Vor allem der Korridor“, notiert Ballerini, „war in sehr schlechtem Zustand. Aber sowohl an den Überresten dort als auch an den besser erhaltenen Malereien in den anderen Räumen erkennt man die Eleganz der Zeichnung und eine sichere, souveräne Strichführung. Abgerundet wird die wunderbare Wirkung durch die Zerbrechlichkeit des zarten Reliefs und die harmonische Kolorierung, die besonders bei der Figur der Königin ins Auge fallen. Und die künstlerischen Merkmale sind bis jetzt der einzige Anhaltspunkt, um beurteilen zu können, welcher Epoche dieses Grab zuzuordnen ist, weil gesicherte Hinweise darauf fehlen, welchen Pharaos Gemahlin Titi war.“[110]
Schiaparelli und Ballerini öffneten dann wieder das Grab der Königin Sat-Ra (Nr. 38), der Gattin Ramses' I. und Mutter Sethos' I., das den ersten Reisenden[111] zwar schon bekannt, aber wieder zugeschüttet worden war und unter Schutt vergraben lag.

Bab el-Harim 27 Febbraio

Carissimi

Sono tornato stamane alla mia valle ~~dal~~ dall'ultima mia sono andato migliorando ed ora quantunque non possa ancor dire scomparsa del tutto la indisposizione, sto discretamente bene ed anche oggi nel pomeriggio ho potuto attendere ai lavori qui, ricoprendo ecc. Però questa sera sono alquanto stanco e non mi sento di scrivervi a lungo tanto più che non saprei neppure quali novità raccontarvi

Ein Brief von Francesco Ballerini
Dieses Dokument, datiert mit „Bab el-Harim [Tal der Königinnen], 27. Februar [1903]“, enthält auch eine Skizze vom Zeltlager der Italienischen Mission in der Nähe von Deir Rumi.

Das Haus der Italienischen Mission
So präsentiert sich heute der kleine Steinbau, der die Diensträume der Italienischen Mission von Schiaparelli und Ballerini beherbergte.

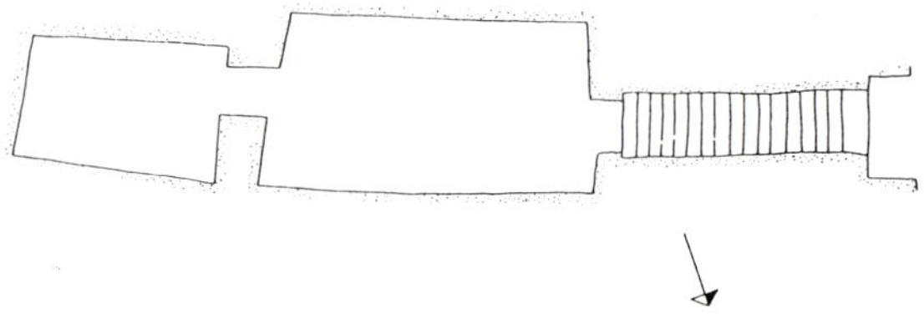

Das Grab Nr. 38 der Königin Sat-Ra (1-2)
Porträt der Sat-Ra an der Südwand der Sargkammer: Sie war die erste „Königliche Gemahlin", die im Tal der Königinnen beigesetzt wurde (1). Der Pavian, einer der drei *Juf*-Geister, die eine Schutzfunktion ausübten. Die Detailaufnahme zeigt die außerordentliche künstlerische Qualität der Zeichnung (2).

Das unvollendete Grab wurde als „äußerst interessant für das Studium der Vorgangsweise der alten Ägypter bei der Ausführung ihrer Arbeit"[112] bewertet. Es handelte sich tatsächlich um ein einzigartiges Grab, dessen Ausgestaltung abrupt abgebrochen worden war, wie der Zustand der Wanddekorationen zeigt, die mit dünnen Strichen angedeutet sind, während nur ein großes Bild der Göttin Nut an der Decke des ersten Saales ausgemalt war. „An den Wänden der ersten – ziemlich geräumigen – Kammer, die zuvor mit einer entsprechenden Stuckschicht bedeckt worden waren, um die unvermeidlichen Unebenheiten des Felsens auszugleichen", notiert Ballerini, „wurden die Figuren und Inschriften der üblichen Szenen mit einfachen roten und schwarzen Linien skizziert, und es ist bemerkenswert, daß sie ohne die Hilfslinien gezogen wurden, welche der Künstler damals gewöhnlich benützte, um die kleine Skizze, die ihm anvertraut war, auf die Wände zu übertragen. Die roten Linien sind der erste Entwurf, der in groben Zügen eilig hingeworfen wurde; die Ausmaße stimmen nicht immer, und die Linienführung ist nicht allzu sicher; so hat z. B. an der Nordwand der erste Künstler die Figur des Horus zweimal in Rot umrissen und nachgezeichnet, ohne sie genau und in den Proportionen richtig zu vollenden. Diese ersten Linien korrigierte dann ein erfahrener Meister, indem er in Schwarz endgültig die Konturen zog, die als Flachrelief hätten ausgearbeitet werden sollen, und an manchen Stellen änderte er auch die zuvor angebrachten Inschriften. Und diese zweite Skizze ist mit so sicherer Hand entworfen, daß man in ihrem Urheber einen der erfahrensten Künstler seiner Zeit, einen echten Meister, vermuten darf."[113]

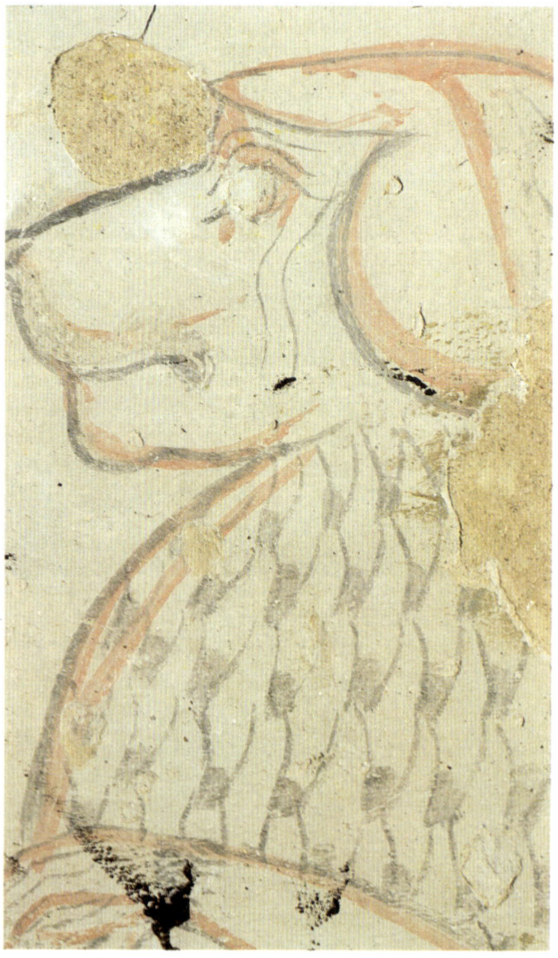

Das Grab Nr. 38 der Königin Sat-Ra
Dieses Grab, das der „Großen Königlichen Gemahlin“ Sat-Ra, der Gattin Ramses' I., gehörte, wurde von den Mitgliedern der Italienischen Mission sehr bewundert. Vor allem Francesco Ballerini widmete ihm in seinem Grabungsbericht mehrere Seiten. Dieses Grab wurde nicht vollendet, und die Dekorationen sind im Zustand einfacher, nicht ausgemalter Vorzeichnungen geblieben.

Schiaparelli und Ballerini: zwei Pioniere der italienischen Ägyptologie

Nach dem Studium der Ägyptologie in Turin und Paris bei dem berühmten Gaston Maspero wurde Ernesto Schiaparelli (geboren 1856 in Occhieppo Inferiore in der Provinz Biella) zuerst zum Leiter des Ägyptischen Museums von Florenz und dann 1894 zum Direktor des Ägyptischen Museums in Turin ernannt. Er war ein Vetter des Astronomen Giovanni Schiaparelli und leitete zwischen 1903 und 1920 verschiedene Forschungsunternehmen in Ägypten. Unter anderem rief er die Italienische Archäologische Mission ins Leben, welche die Turiner Sammlungen durch ihre Tätigkeit in erheblichem Maß bereicherte. Außer in Theben-West, wo er 1903 und 1906 seine ersten Missionen im Tal der Königinnen und in Deir el-Medina durchführte, unternahm Schiaparelli in den gleichen Jahren Grabungen und Forschungen in Heliopolis (heute am nördlichen Stadtrand von Kairo gelegen) und in Gizeh. In Heliopolis entdeckte der Piemonteser bedeutende Reliefs aus dem Tempel des Pharaos Djoser, und in Gizeh, im Bereich der großen Pyramiden, forschte er im Gebiet des Totentempels von Cheops und den beiden im Osten und Westen der großen Pyramide gelegenen Friedhöfen, wo zahlreiche Gräber untersucht wurden, darunter das des Iteti, eines hohen Beamten aus der 6. Dynastie, und das des Duaen-Ra, eines der Söhne Chephrens. Andere Forschungen wurden von Schiaparelli zwischen 1905 und 1906 auch in Qau el-Kebir (dem antiken Tjebu, für die Griechen Antaioupolis) zwischen Assiut und Achmim geleitet, wo er drei wunderbare Gräber fand, deren Inhaber Würdenträger der 12. Dynastie gewesen waren; dann, mit Unterstützung von Ettore Paribeni, in Hamamija (etwa zehn Kilometer nördlich von Qau el-Kebir) und in der Nekropole von Assiut in Mittelägypten, wo er zwischen 1905 und 1913 arbeitete und zahlreiche Gräber aus der Ersten Zwischenzeit entdeckte. In Gebelein (dem alten Aphroditopolis, am Westufer des Nils, im Norden von Esna) führte Schiaparelli, assistiert von Virginio Rosa, zwischen 1910 und 1920 Grabungen im Gebiet des Hathor-Heiligtums durch, das vor allem in der Zeit des Mittleren Reiches von großer Bedeutung war. Und in der Nekropole fand er Gräber, die dem langen Zeitraum zwischen der 5. und der 11. Dynastie zuzuordnen sind, darunter das Grab des Iti, eines Beamten der 11. Dynastie,

dessen prächtige Wandmalereien ins Ägyptische Museum in Turin gebracht wurden. Die Italienische Archäologische Mission erforschte auch den Ort El-Eschmunein (das antike Hermopolis Magna). Hier wurden die Grabungsarbeiten nicht nur von Schiaparelli selbst, sondern auch von zwei anderen Mitgliedern der Italienischen Mission, nämlich Evaristo Breccia und Giacomo Biondi, ausgeführt. Von diesem Platz stammen zahlreiche Fundstücke und eine stattliche Anzahl Papyri, die dem Papyrologischen Institut Vitelli in Florenz überlassen und von diesem nach und nach veröffentlicht wurden. Schiaparelli wurde zum Reichssenator ernannt und starb 1928 im Alter von 72 Jahren. Er hatte die Sammlungen des Ägyptischen Museums in Turin in entscheidendem Maß bereichert. Seine größten Erfolge waren die

Die Pioniere der italienischen Ägyptologie
Ernesto Schiaparelli (gegenüberliegende Seite) und Francesco Ballerini waren die ersten Archäologen, die systematische Grabungen im Tal der Königinnen unternahmen. Ihrer Arbeit verdanken wir die Entdeckung der wichtigsten Gräber des Ortes.

Die Italiener in Deir el-Medina
Das Haus der Italienischen Mission in Deir el-Medina zur Zeit Schiaparellis.
(Foto: Italienische Archäologische Mission)

Entdeckung der Gräber der Nefertari und der Prinzen Chaemwaset und Amun-her-chepeschef, der Söhne Ramses' III., im Tal der Königinnen sowie die Entdeckung des Grabes des Malers Maja (dessen Wandmalereien mit Hilfe des Restaurators Fabrizio Lucarini abgelöst und im Museum von Turin wieder installiert wurden) und das des Architekten Cha und seiner Frau Merit in Deir el-Medina. Dieses Grab wurde unversehrt aufgefunden, mit einem vollständigen, sehr reichhaltigen Totenmobiliar, das heute im Ägyptischen Museum in Turin aufbewahrt wird.

Der tüchtigste Mitarbeiter Schiaparellis bei seinen ersten Ägyptenexpeditionen war Francesco Ballerini. 1877 in Como geboren, wurde er nach der Promotion an der Universität Mailand mit einer Doktorarbeit über ein ägyptologisches Thema 1902 an das Ägyptische Museum in Turin berufen. Ballerini arbeitete mit Schiaparelli

zwischen 1903 und 1909 nicht nur im Tal der Königinnen und in Deir el-Medina zusammen, sondern auch in Gizeh, Heliopolis, Hamamija und Qau el-Kebir.

Nachdem er aus gesundheitlichen Gründen die ägyptologische Feldforschung aufgegeben hatte, zog er sich noch in jungen Jahren zu Studien in seine Geburtsstadt zurück, wo er 1910 im Alter von erst 33 Jahren starb. Die Forschungen Ballerinis beschränken sich nicht nur auf Ägypten, sondern erstrecken sich auch auf die assyrisch-babylonischen Altertümer und umfassen ein ziemlich breites Gebiet. Wie Schiaparelli hatte auch Ballerini keine umfangreiche wissenschaftliche Produktion aufzuweisen: Seine Veröffentlichungen beschränken sich auf einige wertvolle Artikel in Zeitschriften und auf einen Bericht mit dem Titel *Notizia sommaria degli scavi della Missione Archeologica Italiana – 1903* (Kurzbericht über die Grabungen der Italienischen Archäologischen Mission – 1903), der reich an interessanten Eigenbeobachtungen ist und uns Einzelheiten von der ersten Grabungskampagne zur Kenntnis bringt, die Schiaparelli im Tal der Königinnen geleitet hatte.

Grabungen der Italienischen Mission von Schiaparelli (1-2)
Einige Szenen aus dem Alltag an den Grabungsstätten im Tal der Königinnen.
(Foto: Italienische Archäologische Mission)

Die Entdeckung des Grabes Nr. 44 des Prinzen Chaemwaset
Eines der Fotos, die von Mitgliedern der Italienischen Mission im Augenblick der Entdeckung des Grabes von Chaemwaset geschossen wurden. Es zeigt die riesige Menge Särge, die den Korridor versperren, ein offenkundiges Zeichen für eine lange währende Weiterverwendung des Grabes. *(Foto: Italienische Archäologische Mission)*

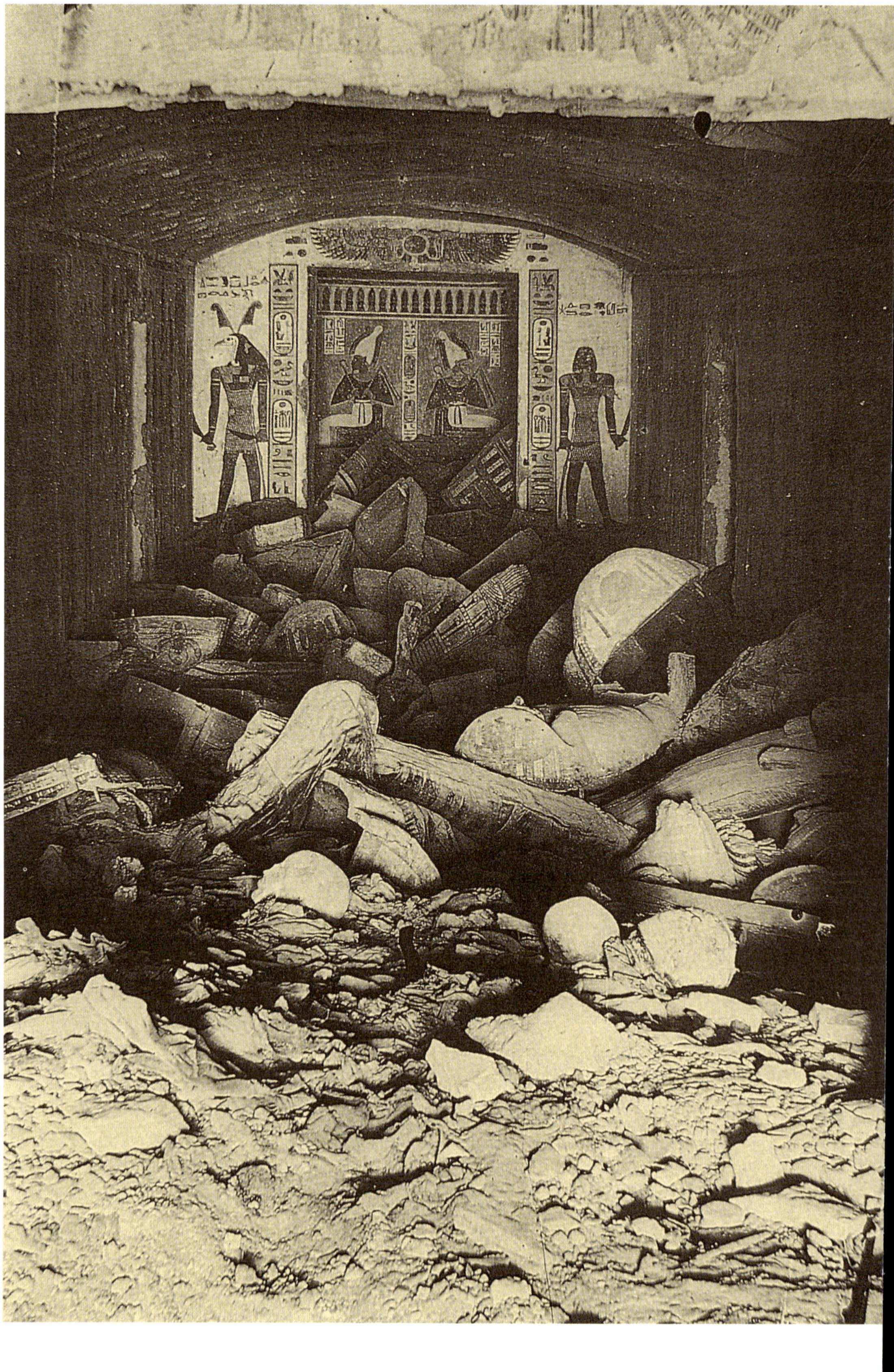

Die Grabstätte eines Prinzen wird zum Massengrab

Neben dem Grab von Sat-Ra wurde dann ein weiteres nicht zu Ende gebrachtes Grab entdeckt, in dem „der Name der Inhaberin nirgendwo erscheint, wenngleich die aufgeführten Titel die einer königlichen Prinzessin sind. Der für den Namen reservierte Raum wurde freigelassen."[114] Es handelte sich um ein anonymes Grab aus der 19. Dynastie (Nr. 36), das ohne konkrete Bestimmung im Hinblick auf eine spätere „Anpassung" an die Erfordernisse vorbereitet worden war.[115].

Aber die wichtigsten Ergebnisse der Grabungskampagne der Italienischen Mission von 1903 waren die Entdeckung der Gräber zweier Prinzen, beide Söhne Ramses' III., nämlich Chaemwaset und Seth-her-chepeschef, die Dutzende von Särgen und ein außergewöhnliches Totenmobiliar enthielten.

In einem Brief an seine Frau, datiert mit 17. Februar 1903, berichtet Ballerini über die erste große Entdeckung wie folgt: „Unterdessen hat eine Gruppe von Arbeitern etwas gesichtet, was möglicherweise ein Grab sein könnte. Man erkennt noch nichts, außer dem Beginn eines Korridors, den man hinabsteigen muß, aber er ist lang und scheint zu einem ziemlich großen Grab zu gehören. So denke ich wenigstens. Ich schicke jemanden los, der Carter benachrichtigt [den späteren Entdecker des Grabes von Tut-anch-Amun, der damals Oberinspektor der Altertümer-Verwaltung für Oberägypten war], und fast gleichzeitig kommen er und Schiaparelli an. Ich unterbreite ihnen die gute Nachricht, während die Arbeiter fieberhaft graben. Es beginnt der Türrahmen frei zu werden, man gräbt ein Loch in den Schutt und ich, Carter und der arabische Aufseher kriechen hinein.

Endlich! Es ist das unbekannte Grab eines Königlichen Prinzen: Chaemwaset, Sohn Ramses' III., aus der 20. Dynastie, und es ist ein schönes, großes und gut erhaltenes Grab.

Als wir, glücklich über das Ergebnis, herauskommen, schreien uns die Araber, so laut es ihre Kehlen hergeben, alle Glückwünsche und

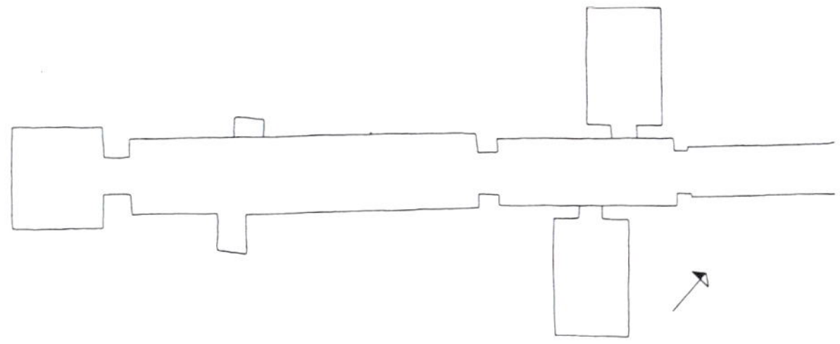

Funde aus dem Grab Nr. 44 des Prinzen Chaemwaset
Die alten Fotos zeigen das Fragment des anthropomorphen Sarkophags aus rotem Granit aus der Ramessidenzeit (heute im Ägyptischen Museum, Turin), eine Truhe und zwei Holzsärge aus späterer Zeit.
(Foto: Italienische Archäologische Mission)

Das wiedergefundene Fragment (1)
Während der jüngsten Forschungen der Autoren dieses Buches wurde ein Fragment der historischen Gedenktafel von Schiaparelli wiedergefunden.

Eine Erinnerungstafel (2)
Am Beginn des Weges, der zum Grab Chaemwasets führt, hatten die Mitglieder der Italienischen Mission eine Gedenktafel angebracht mit der Inschrift: "Die Italienische Arch. Mission erforschte diese Nekropole von 1903-1905". Diese Tafel ist heute verschwunden. *(Foto: Italienische Archäologische Mission)*

Schmeicheleien entgegen, wie es ihre Art ist, und verlangen das *Bakschisch* [arabisches Wort für Trinkgeld].

Als der Eingang für einen etwas weniger unbequemen Einstieg freigelegt ist, gehen Schiaparelli und ich wieder hinein und erkunden alles vorsichtig des langen und breiten. Das Grab hat die Form, wie sie auf der grob gezeichneten Skizze erscheint. Es ist ganz in den Felsen hineingeschlagen und weist, zusammen mit dem Eingangskorridor, eine Länge von etwa 30 Metern auf. Aber Ihr hättet das sehen müssen: zum Fürchten! Der ganze große Mittelgang und die Nebenkammern waren voll mit Mumien und Särgen, die wild durcheinandergeworfen waren, viele waren geborsten und zerschlagen, bereits aufgebrochen und ausgeraubt von koptischen und arabischen Plünderern, welche die besten Stücke allesamt mitgenommen haben. Und überall eine Menge Mumien, manche von ihnen in beklagenswertem Zustand: die Leichenbinden zerfetzt, Brust und Gesicht zerschlagen, einige auch mit den Spuren von Hyänen, die diesem Massengrab in früherer Zeit ihre Besuche abgestattet haben müssen. Ich habe ‚Massengrab' gesagt, denn die Mumie des Prinzen Chaemwaset muß schon in der Antike nach Deir el-Bahari gebracht worden sein, und sein Grab wurde als letzte Ruhestätte für andere Verstorbene verwendet."[116]

Grabungen der Italienischen Mission
Um die gewaltigen Mengen an Grabungsmaterial abzutransportieren, wurden Gleise gelegt, auf denen Loren mit einem großen Fassungsvermögen liefen. *(Foto: Italienische Archäologische Mission)*

Das Grab Nr. 44 des Prinzen Chaemwaset
Die Türe, die Schiaparelli am Ende des langen, mit Särgen angefüllten Korridors fand, führt zu einem Seitenraum, an dessen hinterer Wand (d.h. der Südwand) zwei Osirisdarstellungen zu erkennen sind.

Zu den zahlreichen Fundstücken, die im Grab Chaemwasets (Nr. 44) zum Vorschein kamen, gehörten auch die Fragmente des monumentalen Sarkophags aus rotem Granit sowie des dazugehörigen Deckels, auf dem die Bildhauer in Hochrelief das Porträt des Prinzen herausmodelliert hatten.[117]
Gerade dieser Fund stellt eine Entdeckung von beträchtlicher historischer Tragweite dar, denn die Hieroglypheninschrift, die in den Rand gemeißelt war, konnte auf die Regierungszeit Ramses' IV. datiert werden.
Aufgrund dieser Datierung kann angenommen werden, daß der Prinz Chaemwaset in dieser Zeit gestorben und im Tal der Königinnen begraben worden war.

Grab Nr. 44 des Prinzen Chaemwaset (2-4)
Bei den mit Messern bewaffneten Dämonen, die an der Türumrahmung dargestellt sind, handelt es sich um Nehes-her-peri-em-duat, „Der mit wachsamem Gesicht, der aus der Unterwelt hervorgeht" (2), und um Di-kesu-weden-bega-peri-em-mut, „Der, welcher zum Niederfall zwingt, der Schwäche verursacht und als Tod hervortritt" (4), beziehungsweise um Wächter der 15. und 16. Pforte im Reich des Osiris, auf die sich Kapitel 146 des Totenbuches bezieht.

Grab Nr. 44
des Prinzen Chaemwaset (1-3)
Die Kartuschen Ramses' III.

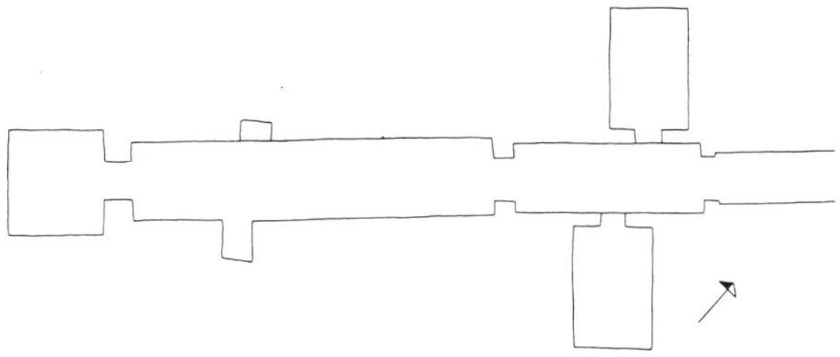

Grab Nr. 44 des Prinzen Chaemwaset (1-2)
An der Ostwand des Sarkophagsaales ist Miu, „die Katze“, dargestellt, der Wächter der 12. Pforte des Osirisreiches, von der in den Kapiteln 145 und 146 des Totenbuches die Rede ist (1).

Die Personifizierung der Neunheit der *Dat* (die Gruppe von neun Gottheiten des Totenreiches), gefolgt vom Gott Hor-em-nechu, dem kindlichen Horus, im westlichen Nebenraum des Grabes (2).

Grab Nr. 44 des Prinzen Chaemwaset (3-4-5-6)
An der Westwand der Sarkophagkammer ist Dendeni, „der Wütende“, dargestellt, der Wächter der 9. Pforte im Reich des Osiris, der in Kapitel 145 des Totenbuches genannt wird (3).

An der Nordwand des Seitentrakts erkennt man zwei Dämonen, einen stehenden mit Löwenkopf und einen sitzenden in menschlicher Gestalt. Es handelt sich um Neb-neru und Heri-Maat, „Der, welcher der Wahrheit befiehlt“ (4).

Ramses III. vor den Göttern Horus (5) und Thot (6).

Grabungen der Italienischen Mission
Der Augenblick der Entdeckung des Grabes des Prinzen Seth-her-chepeschef, eines der Söhne Ramses' III.
(Foto: Italienische Archäologische Mission)

Eine Skizze für das Porträt des Prinzen
Dieses von Schiaparelli gefundene *Ostrakon* zeigt ein Bildnis des Prinzen Seth-her-chepeschef, das vielleicht vom Zeichner als Vorlage für ein gleiches Porträt an den Grabwänden verwendet wurde.
(Museo Egizio, Turin)

Das Grab Nr. 43 des Prinzen Seth-her-chepeschef (1-2-3)
Dieses Grab war schon zum Zeitpunkt der Entdeckung stark zerstört, und die folgenden Restaurierungsbemühungen haben nicht viel gebracht. Auf den Abbildungen sehen wir Ramses III., wie er seinen Sohn bei Osiris (1), Schu (2) und Ra-Harachte, hinter dem Isis und Nephtys stehen (3), einführt.

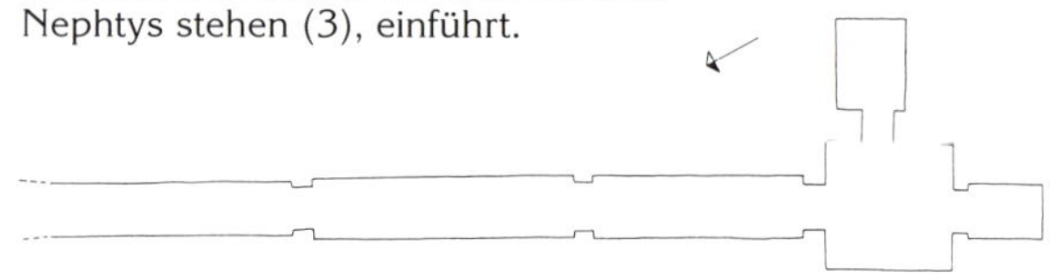

Ein Grab, das von seinem Inhaber nie benützt wurde

Etwa zehn Tage danach eine andere Entdeckung. Es handelte sich um das Grab des Prinzen Seth-her-chepeschef (Nr. 43), eines anderen Sohnes von Ramses III. „Am Sonntag haben wir dann ein anderes, ziemlich bedeutendes Grab gefunden", schreibt Ballerini weiter. „Ich ging voran, indem ich, wie gewöhnlich, über Schutt durch ein Loch hineinkroch, und auch hier bot sich mir zuallererst ein ähnlich makabrer Anblick wie im Grab des Chaemwaset: das gleiche Durcheinander von Särgen, Gefäßen, Gegenständen, Mumien, alles in einem unbeschreiblichen Chaos durcheinandergeworfen. Damit Ihr Euch eine Vorstellung von diesem Schauspiel machen könnt, schicke ich Euch einen, wenn auch schlechten, Abzug von dem (mit Blitzlicht aufgenommenen) Foto aus dem Inneren des vorherigen Grabes. Auch hier waren die Mumien zerfetzt, zertreten, manche von Hyänen zerfressen, die dieses Grab einmal als Höhle benutzt haben müssen. Das Grab hat ungefähr folgenden Grundriß:

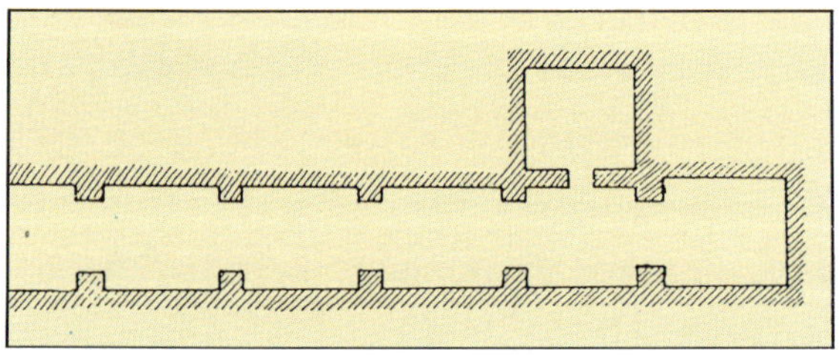

Es ist ganz in den Berg gebaut, und wie bei dem anderen Grab sind die Figuren und Hieroglyphen in leichtem, farbig gefaßtem Relief ausgearbeitet. Während aber in dem anderen Grab die Farben in ihrer lebhaften Frische erhalten geblieben sind, ist dieses zum größten Teil rußgeschwärzt."[118]

Beide Gräber trugen also die Spuren von frühem Verfall und Plünderungen, die bereits in pharaonischer Zeit eingesetzt hatten. Beim Grab Chaemwasets aber – das „nur" ausgeraubt und in späterer Zeit wiederverwendet worden war – hatten sich die Wandmalereien praktisch unversehrt erhalten, und zwar mit so lebhaften Farben, daß es als „das schönste Grab dieser Periode gilt, das bisher gefunden wurde, die Königsgräber nicht ausgenommen"[119]; das Grab Seth-her-chepeschefs hingegen hatte zusätzlich unter den Folgen eines Brandes gelitten, der vermutlich in koptischer Zeit ausgebrochen war, und die Farben und Reliefs waren vom Ruß stellenweise ganz verdeckt. Das Grab Seth-her-chepeschefs war von seinem Inhaber nie benützt worden. Dieser bestieg den Thron unter dem Namen Ramses VIII. und ließ sich wahrscheinlich im Tal der Könige ein Grab bauen, das bis heute noch nicht gefunden wurde.

Das in beiden Gräbern vorgefundene beträchtliche Totenmobiliar verlieh, auch wenn es aus späterer Zeit stammte, der Entdeckung der Italiener noch größeres Gewicht. „Die Bedeutung der Entdeckung der beiden Gräber", präzisiert Ballerini, „ist größer geworden durch die unzähligen Särge, die sowohl im einen als auch im anderen Grab gefunden wurden. Aus der Form, dem Stil, den Inschriften, den Namen kann man mit Sicherheit folgern, daß sie aus der Zeit ab der 23. Dynastie stammen. Mit Ausnahme von zwei Särgen, die wie zwei große Truhen mit gewölbtem Deckel aussehen, haben alle die gleiche Form. Das Gehäuse ist mehr oder weniger gut gezimmert, aber der Deckel ist in Mumienform modelliert: Im allgemeinen ist nur das Gesicht frei, das bisweilen künstlerisch-elegant herausgearbeitet und dann in Rot oder Rosa bemalt wurde; seltener wurden auch die über der Brust gekreuzten Hände herausmodelliert, die wohl eines der üblichen Totenamulette umfaßt hielten"[120].

Gleichzeitig wurden andere Grabungen auch im unteren Bereich der Südseite des Hauptwadis durchgeführt, von dem ein breites Seitental abgeht: Hier wurde das Grab des „Prinzen Ahmes, Sohn des Nebsu"[121] aus der 18. Dynastie (Nr. 88) und ein „Großteil der gut einbalsamierten und in feinste Tücher gewikkelten Mumie des Prinzen selbst" gefunden [122]. Es ist aufgrund dieser Entdeckung, daß das Seitental seither als „Tal des Prinzen Ahmes" bezeichnet wird.

Die im Berg verborgene Truhe (4)
In dieser kleinen Holztruhe, die im Tal des Prinzen Ahmes entdeckt wurde, fanden die Mitglieder der Italienischen Mission einen in Leinenbinden gewickelten menschlichen Fötus. *(Foto: Italienische Archäologische Mission)*

Die Analyse des Fundes (5-6)
Der von Schiaparelli gefundene Fötus ist heute in einem Schrein im Grab Amun-her-chepeschefs ausgestellt. Vor kurzem wurde er genau untersucht, und im Zuge dieser Untersuchungen wurden einige Röntgenaufnahmen von dem Fundstück gemacht. *(Foto: A. Macke)*

Die Italiener waren es auch, die einen merkwüdigen und gleichzeitig seltenen Fund machten: „In einer natürlichen Bergmulde, verborgen unter einer alten, dicken Schuttschicht, entdeckte man eine kleine, rechteckige Holztruhe, die perfekt erhalten war. Ursprünglich muß sie in feinstes Tuch gewickelt gewesen sein, von dem noch große Stücke übriggeblieben sind. Sie enthielt einen menschlichen Fötus, in kostbare, lange Tücher gewickelt, die mit Substanzen getränkt waren, wie sie für die Einbalsamierung verwendet wurden“[123]. Dieses Fundstück wurde dann in einen Schrein in der letzten Kammer des Grabes von Prinz Amun-her-chepeschef gelegt, wo es sich bis heute befindet.

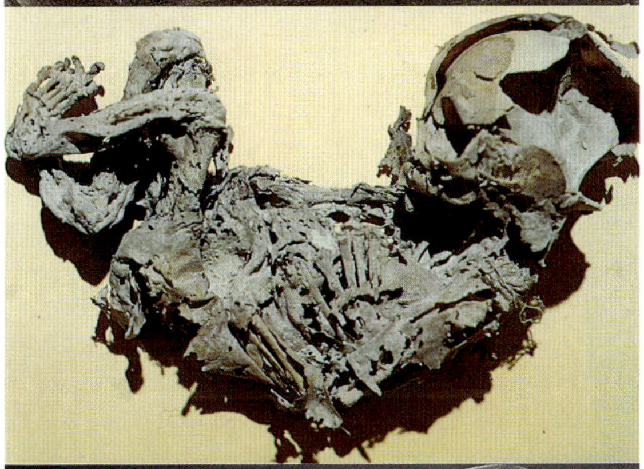

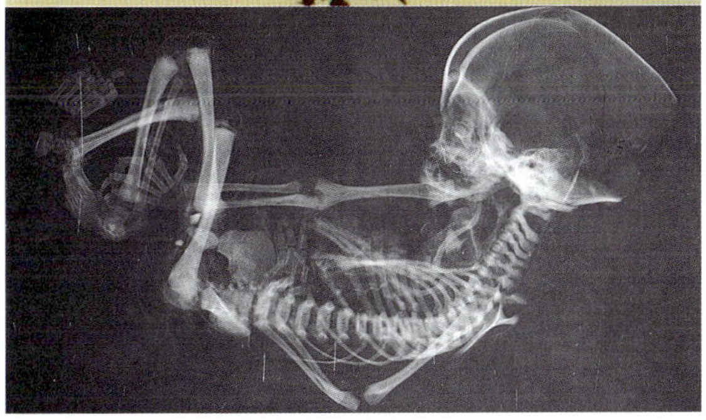

Die „Spürnase" der Nekropole von Theben

Im letzten Arbeitsabschnitt der ersten Grabungskampagne erstreckten sich die Forschungen auch auf die andere, die nördliche Seite des Tales der Königinnen. Hier fanden Schiaparelli und Ballerini zuerst zahllose Graffiti, die den Namen des „Königlichen Schreibers Butehamun"[124] trugen, dessen Holzsarg mit einem Text aus dem Totenbuch in hieratischer Schrift sich im Ägyptischen Museum in Turin befindet. Dann kamen zwei Grabschächte (Nr. 89 und 90), deren Erforschung aber kein nennenswertes Ergebnis brachte: Man fand nur zwei sehr schöne Fragmente der Deckel zweier Kanopengefäße mit menschlichem Kopf. „Nachdem keine Anzeichen für andere Gräber auszumachen waren", schreibt Schiaparelli, „hielten wir die Erforschung dieses Platzes für erschöpft, als mich eines Tages einer der gewieftesten *rabeghi*, d.h. Grabräuber, der Nekropole, ein gewisser Califa aufsuchte, ein wahrer Spürhund, der in der Nekropole von Theben alle auch noch so geheimen Winkel kannte und den ich in den Jahren 1885 und 1891 als Führer in meinen Dienst genommen hatte, um aus tausend durchstöberten Plätzen der thebanischen Nekropole die Gräber wiederzufinden, die Champollion, Rosellini, Wilkinson und Lepsius bereits besucht hatten. [...] Califa sagte mir, daß wir, um ein unserer Mission würdiges Ergebnis zu erzielen, an dem Ort arbeiten müßten, den er mir zeigen würde. Wir beide brachen allein ins Gebirge auf, und er führte mich an das äußerste nördliche Ende des bereits erwähnten Tales zu den beiden schon erforschten Grabschächten. Dort stieß er mit seinem *sih*, dem mit einer Spitze versehenen Eisenstock, den die *rabeghi* auf der Suche nach Gräbern verwenden, auf den Boden und zeigte auf die umliegenden grandiosen Felsgipfel:
‚Dieses', sagte er zu mir, ‚ist ein Pharaonenplatz'.
‚Gewiß', antwortete ich, ‚der Ort ist herrlich, aber ich sehe keine Anzeichen dafür.'
Über meine naive Unerfahrenheit lächelnd, machte sich der alte Spürhund daran, mit dem *sih* und den Händen im Boden zu graben, und

Das Kanopengefäß
Eines der Kanopengefäße mit dem Namen Nebiri, das zusammen mit der Mumie des hohen Beamten gefunden wurde. Die Kanopengefäße waren dazu bestimmt, die Eingeweide des Toten aufzunehmen.
(Foto: Museo Egizio, Turin)

tatsächlich: Nachdem eine Schicht Kieselsteine, die das Wasser hierhergeschwemmt hatte, und Kalkschotter, der sich im Laufe der Jahrhunderte gelb verfärbt hatte, weggeräumt war, kamen Häufchen von reinweißem Kalkgestein zutage, das typische Material, das man aus dem Berg herausholte, wenn man ein Grab aushob, und das normalerweise vor oder neben das Grab geworfen wurde. Und weil ich mich immer noch ungläubig zeigte und ihm sagte, daß das auch das Aushubmaterial von den beiden benachbarten Grabschächten sein könnte, führte er mich wortlos auf einen nahegelegenen Hügel, der die beiden Talmulden voneinander trennt, und dort, auf einem kleinen Plateau, das die umliegenden Täler überragt, zeigte er mir einige Überreste von halbkreisförmigen Trockenmäuerchen in der Art, wie sie sich in sehr viel größerer Anzahl auf dem Hügel befinden, der die Anlagen von Deir el-Bahari überragt. Auch heute noch bauen die Fellachen (das ist die arabische Bezeichnung für Bauern) solche Mäuerchen, wenn sie im Freien schlafen, um wenigstens den Kopf vor dem Wind zu schützen.
‚Das ist', sagte Califa, ‚der Unterschlupf der Wächter, und man hätte keine Wächter aufgestellt für diese beiden elenden Schächte!'
Die Argumentation Califas leuchtete mir ein. Deshalb begann ich einige Tage später mit einem größeren Arbeitertrupp die systematische Erforschung jenes Ortes. [...] Nach knapp zwei Tagen Arbeit fanden wir die ersten grob gehauenen Stufenkanten einer steilen Treppe."[125]
Das Vertrauen in die Erfahrung der Einheimischen und vielleicht ein gewisses Quantum Intuition bewirkten, daß Schiaparelli eine neue Entdeckung machen konnte: einen dritten, sehr viel größeren Schacht als die vorhergehenden. Im Zuge seiner Erforschung konnte ein großes Alabastergefäß geborgen werden. Die Arbeit mußte dort aber abgebrochen werden, weil die Decke wegen der schlechten Felsqualität einsturzgefährdet war und deshalb erst abgestützt werden mußte (es war der Schacht Nr. 91).
Nach dieser Reihe von Entdeckungen wurde dieser Bereich des Tales der Königinnen „Tal der drei Schächte" genannt. Die Grabungskampagne

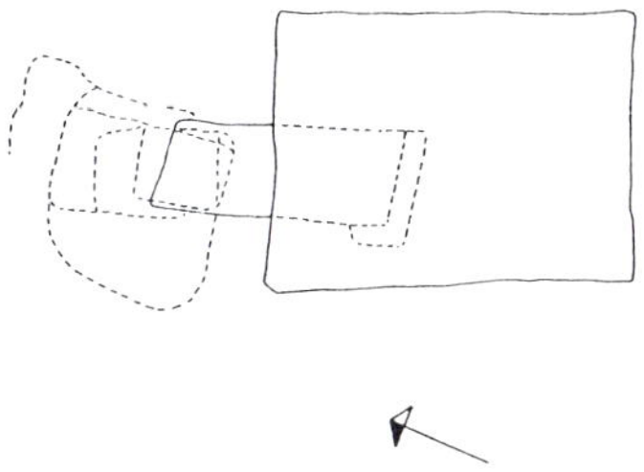

Eingang zum Grab Nr. 46 des Wesirs Imhotep
Die Entdeckung des Imhotep-Grabes erfolgte, wie die der Gräber von Nebiri und der Prinzessin Ahmes, während der zweiten Grabungskampagne der Italienischen Mission. Imhotep war zur Zeit Thutmosis I. ein hoher Beamter und trug den Titel eines Wesirs und Gouverneurs von Theben. *(Foto: Italienische Archäologische Mission)*

von 1903 endete gegen Mitte März 1903, aber die bereits erzielten Erfolge ließen auf gute künftige Forschungsergebnisse hoffen. So verließen Schiaparelli und Ballerini das Tal der Königinnen in Erwartung einer neuen künftigen Mission und mit der Hoffnung im Herzen, daß sich auch für sie ein Satz aus dem Papyrus Abbott bewahrheiten würde: „Wir kamen an ein Grab und fanden dieses unversehrt vor, weil die Diebe es nicht verstanden hatten einzudringen“.[126]

Erfolge der zweiten Kampagne

Im darauffolgenden Jahr setzte sich die Serie der Entdeckungen mit der Auffindung der Gräber der Prinzessin Ahmes (Nr. 47), des Wesirs Imhotep (Nr. 46) sowie des „Stallmeisters“ Nebiri (Nr. 30) fort.

Das Grab der Prinzessin Ahmes, das auf die Zeit der 18. Dynastie zurückgeht, befand sich in einem südlichen Seitental des Hauptwadis. Es bestand aus einem etwa vier Meter tiefen Schacht, der sich zu einer unregelmäßig geformten Kammer erweiterte. Obwohl es bereits geplündert war, fand Schiaparelli darin noch Fragmente des Totenmobiliars, einen goldenen Ring, der offensichtlich der Aufmerksamkeit der Grabräuber entgangen war, und die völlig ausgeraubte Mumie der Prinzessin. Neben diesen Überresten wurden Fragmente feinster Stoffe mit Texten aus dem Totenbuch gefunden, die das älteste bisher bekannte Exemplar dieser Textsammlung darstellten.

Wenige Meter vom Grab der Prinzessin Ahmes entfernt lokalisierte man auch das Grab Imhoteps, eines Wesirs zur Zeit von Thutmosis I.: Wie das vorher beschriebene Grab war auch dieses geplündert und enthielt zahlreiche Fragmente der Totengerätschaften: verschiedene Holzkassetten in Vogelform, die jeweils eine kleine mumifizierte Ente enthielten, mumifizierte und in Holzbehältern verwahrte Stücke eines Ritualopfers, ein Kanopengefäß, ein Alabastertischchen mit Namen und Titel des Verstorbenen, „höchster Richter, Gouverneur (der Stadt Theben), Imhotep“, und seine in Stücke geschlagene Mumie.

Eine Plakette mit dem Namen des Wesirs (1)
Dieses kleine Fundstück, das den Namen Imhoteps trägt, wurde 1989 während der von der CEDAE-CNRS geleiteten Kampagne in der Nähe des Grabes gefunden.
(Foto: C. Chapoton)

Die Keramiken von den Ägäischen Inseln (2)
Im Laufe der zweiten Grabungskampagne fand die Italienische Mission im Grabschacht des Nebiri zahlreiche Tongefäße ägäischen Stils.
(Foto: Italienische Archäologische Mission)

3

Nebiri, der Stallmeister (3)
Das Haupt des Stallmeisters Nebiri wurde in tadellosem Konservierungszustand gefunden.
(Museo Egizio, Turin)

Ebenfalls in der Nachbarschaft wurde ein drittes Schachtgrab ans Licht gebracht, das gleichermaßen von Dieben verwüstet worden war und Nebiri, dem „Stallmeister", gehörte, der wahrscheinlich zur Zeit Thutmosis' III. gelebt hatte. Hier fand Schiaparelli ein Kanopengefäß mit Namen und Titel des Verstorbenen, von dem auch die Mumie mit einem ausgezeichnet erhaltenen Kopf gefunden wurde. Schiaparelli entdeckte außerdem zahlreiche Fragmente von ganz besonderen Gefäßen, die „Ähnlichkeit mit denen der zypriotischen Nekropolen aufwiesen"[127] und die nach Meinung des Turiner Ägyptologen nicht in Ägypten hergestellt, sondern von den Ägäischen Inseln importiert worden waren.

Weitere Erfolge der zweiten Kampagne waren der Fund eines großen anthropomorphen Sarkophags aus der Ramessidenzeit aus rotem Granit (heute im Ägyptischen Museum von Turin[128]) im Grab des Prinzen Pa-Ra-her-wenemef (Nr. 42), das teilweise schon von Lepsius erforscht worden war, und vor allem die Entdeckung des Grabes von Amun-her-chepeschef (Nr. 55), eines anderen Sohnes von Ramses III.[129].

Es war die Beobachtung eines alten Dammes im Hauptwadi, die Schiaparelli auf die Spur dieses Grabes brachte: „Der Damm war vom rechten Flußufer bis in die Mitte des Flußbettes gebaut worden, offensichtlich mit der Absicht zu verhindern, daß Wasser in den Teil läuft, der dem rechten Ufer am nächsten liegt.

Von da war die Folgerung leicht", vermerkte Schiaparelli, „daß in der Nähe ein Grab gebaut worden sein könnte. Und tatsächlich: Bei sorgfältiger Erforschung dieses Ufergeländes bis hin zu den Felsen kam in etwa zwanzig Metern Entfernung talabwärts vom Damm, auf gleicher Höhe mit dem Flußbett, die freiliegende obere Kante eines nicht überdachten Korridors zum Vorschein, der steil nach unten zu einem Grab führte ...

Am Grab von Amonchopeshfu [Amun-herchepeschef] waren noch die Reste des Verschlusses aus der Zeit nach der Bestattung erhalten, der – wie es oft praktiziert wurde – aus einer einfachen Trockenmauer bestand, die außen mit Lehm verputzt wurde. Auf den Lehm trug man eine dünne Gipsschicht und auf diese wiederum Farbe auf. Man ahmte so die Wände im Grabesinneren nach, die in gleicher Weise verputzt und bemalt waren. Jemand, der weniger gewitzt war als die Grabräuber, hätte glauben können, daß es sich um einen angefangenen Grabschacht handelte, an dem die Arbeit dann nicht fortgesetzt wurde. Wir hatten selbst Gelegenheit, so etwas ähnliches an einem nicht weit von demselben Grab gelegenen Ort festzustellen, an dem ein wunderschöner, langer Schacht mit verputzten und kolorierten Wänden in einer Tiefe von drei Metern plötzlich aufhörte. Der Trick, einem Grab einen unvollendeten Anschein zu geben, in der Absicht, die Aufmerksamkeit der Diebe abzulenken, fand in den ägyptischen Nekropolen mehrfach Nachahmung, weshalb die schlauen Grabräuber leicht hinter dieses Täuschungsmanöver kamen. Tatsächlich hatten die Diebe auch bei unserem Grab den Betrug sehr schnell entdeckt und, nachdem sie an einer Stelle den Verputz abge-

Das Grab Nr. 42 des Prinzen Pa-Ra-her-wenemef (1-2)
Die drei *Hememet*-Geister an der Südwand der Sarkophagkammer: Der Dämon in der Mitte mit dem Kopf eines Nilpferdes ist mit vier Messern bewaffnet (1).
An der Westwand der Sargkammer ist auf glattem Putz eine Königin bei der Darbringung von Opfergaben an Osiris dargestellt; es handelt sich sicherlich um eine antike Restaurierung (2).

Das Grab Nr. 42 des Prinzen Pa-Ra-her-wenemef (3)
Aus diesem Grab, das bereits von anderen Archäologen, darunter Lepsius, besucht worden war, holte Schiaparelli einen großen Granitsarkophag, der heute im Ägyptischen Museum in Turin steht. Architektonisch unterscheidet sich dieses Grab durch den großen Sarkophagsaal mit vier Stützpfeilern von den Gräbern der anderen Söhne Ramses' III., die als „Korridorgräber" angelegt sind.

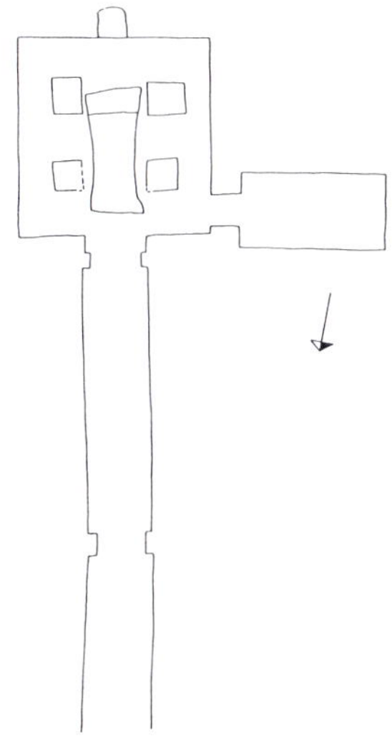

Das Grab Nr. 55 von Amun-her-chepeschef, so wie es heute zu sehen ist
Der Sarkophag wurde in den Annex am Ende des Grabes verlegt.

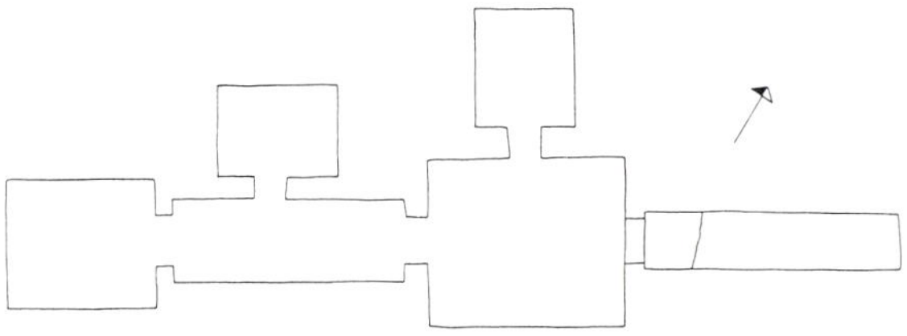

kratzt hatten, die Trockenmauer gefunden, in die sie eine genügend große Öffnung schlugen, um in das Grabinnere zu gelangen und die Totengerätschaften fortzuschaffen.
Dann hatten sie die Öffnung so gut wie möglich wieder verschlossen und den ursprünglichen Zustand wiederhergestellt, ohne äußerlich sichtbare Spuren von dem Raub zu hinterlassen, der auf diese Weise unbemerkt geblieben sein dürfte"[130].
In der Tat war das Grab innen vollkommen frei von Schutt. Obwohl es schon in der Antike aufgebrochen und vollständig ausgeraubt worden war (bis auf zwei *Uschebtis* aus Holz und einen heute noch *in situ* vorhandenen Granitsarkophag), war eine reiche Wandverzierung mit herrlichen Malereien erhalten geblieben, so daß man dieses Grab – zusammen mit dem von Chaemwaset – durchaus als das schönste und interessanteste thebanische Grab aus der 20. Dynastie bezeichnen kann.
Das Grab Amun-her-chepeschefs weist die typischen und einzigartigen Merkmale der Gräber für die Söhne Ramses' III. auf, auch wenn sein Grundriß leicht vom Grab seines Bruders Chaemwaset abweicht.
In diesen Gräbern steht immer das Bild des Pharaos im Vordergrund, und ihm folgt dann, verwiesen auf den zweiten Platz, der Sohn, der Inhaber des Grabes. Der prunkvoll gekleidete Pharao ist es, der den Sohn den verschiedenen Gottheiten vorstellt.
Außerdem wird der Pharao in den Grabtexten als „Osiris" und „Gerechtfertigter" bezeichnet, Beinamen, die gewöhnlich in bezug auf eine tote Person gebraucht wurden, während Ramses III. lebendig dargestellt wird und die Götter sich ihm als Lebendem zuwenden.

Die Entdeckung des Grabes Nr. 55 von Amun-her-chepeschef
Eine der ersten Aufnahmen von der Sargkammer des Grabes von Amun-her-chepeschef, das von der Italienischen Mission während der zweiten Grabungskampagne entdeckt wurde.
(Foto: Italienische Archäologische Mission)

Das Grab Nr. 55 von Amun-her chepeschef (1-2)
Der Prinz ist mit dem typischen Zopf der Jugendlichen dargestellt. Diese Haartracht, die seitlich herunterfällt und das Ohr verdeckt, wird von einer verzierten Metallspange gehalten (1).

Ausschnitt aus dem Architrav der Türe, die zum Annex führt. Man erkennt zwei Uräen mit Sonnenscheiben über den Köpfen und mit in Schutzhaltung ausgebreiteten Flügeln, welche die königlichen Kartuschen umrahmen. Darüber eine Darstellung von Behdeti, der geflügelten Sonnenscheibe (2).

Das Grab Nr. 55 von Amun-her-chepeschef (3-4)
Ramses III. führt seinen Sohn vor Duamutef, den hundsköpfigen Gott (3) und vor Ptah-Tatenen, eine Erscheinungsform des Ptah als Schöpfergottheit (4).

Der Weg zum Grab des Chaemwaset
Der Weg, der zum Grab des Chaemwaset führt, so wie er heute aussieht. An dem Felsblock links befand sich der Gedenkstein der Italienischen Mission Schiaparellis.

Endlich, die große Entdeckung

Aber die wahre große Entdeckung Schiaparellis im Tal der Königinnen, die diese zweite Kampagne von 1904 ruhmreich krönte, sollte nichts mit Ramses III. und seinen Söhnen zu tun haben, sondern vielmehr mit einer Königin – nämlich mit Nefertari, der „Großen Königlichen Gemahlin" Ramses' II., der Inhaberin jenes Grabes, das viele für das schönste aller thebanischen Gräber halten.

Als Schiaparelli und Ballerini Ende 1906 ihre Arbeiten im Tal der Königinnen unterbrachen, nachdem sie noch in Deir Rumi und dem Felsenheiligtum des Ptah geforscht hatten, waren zu den zwischen 1826 und 1854 entdeckten Gräbern weitere dreizehn hinzugekommen.

Auf Anregung von Francesco Ballerini wurde auch ein erster allgemeiner Katalog von allen Gräbern des Tales erstellt. Die Gräber wurden definitiv und noch heute sichtbar numeriert: Man schrieb die Zahl in roter Farbe an den Eingang des Grabes. Diese neue Numerierung, welche die willkürlichen Numerierungen jedes einzelnen Reisenden seit Wilkinson ersetzte, diente als Grundlage für das erste bibliographische Inventar des Ortes, das 1927 von den beiden englischen Wissenschaftlerinnen Bertha Porter und Rosalind Moss erstellt wurde.

Zur Erinnerung an die Mühsal der Italienischen Mission wurde am Beginn des Weges, der zum Grab des Chaemwaset führt, eine inzwischen zerstörte Gedenkplatte angebracht, die folgende Inschrift trug: „Die Italienische Arch. Mission erforschte diese Nekropole in den Jahren 1903 – 1905".

Später, in den Jahren 1924 und 1936-37, wurden die Grabungsarbeiten von Giulio Farina, dem neuen Direktor des Ägyptischen Museums in Turin, vor allem im Bereich des Ptah-Heiligtums im „Dolmental", wiederaufgenommen, allerdings mit ziemlich enttäuschenden Ergebnissen. In seinem Abschlußbericht schloß Farina die Möglichkeit neuer bedeutender Funde in jenem Gebiet, das er als „nunmehr ausgeschöpfte Konzession" bezeichnete, mit kategorischer Bestimmtheit aus.

Grab Nr.	Inhaber
30	Nebiri
36	anonym
43	Seth-her-chepeschef
44	Chaemwaset
46	Imhotep
47	Prinzessin Ahmes
55	Amun-her-chepeschef
66	Nefertari
87	anonym
88	Prinz Ahmes
89	anonym
90	anonym
91	anonym

Von Schiaparelli entdeckte Gräber

Grabungen und Entdeckungen in neuerer Zeit

In der Folge wurde es für einen längeren Zeitraum still um das Tal der Königinnen. Erst nach 1970 begann eine Reihe von jährlichen Missionen, die das Centre National de la Recherche Scientifique (CNRS) in Paris und das Centre d'Étude et de Documentation sur l'Ancienne Égypte (CEDAE) der Egyptian Antiquities Organization (EAO) mit finanzieller Unterstützung der G. Ford De Maria-Stiftung durchführte; diese Stiftung finanzierte ab 1984 den Großteil der Grabungen.

Damit setzte eine beachtenswerte Arbeit des Aufräumens, der Konsolidierung und der systematischen Erforschung des Gebietes ein. Zwischen 1981 und 1983 wurden zwei wichtige Gräber entrümpelt und zugänglich gemacht: Das erste (Nr. 58), ein anonymes Grab, lieferte interessantes archäologisches Material, das zweite (Nr. 60) gehörte Nebet-taui, der „Großen Königlichen Gemahlin" und Tochter Ramses' II.

Eine neue Kampagne begann 1984: Zuerst wurden weitere Gräber freigelegt und topographisch erfaßt; dann fing man parallel zu diesen Aufräumarbeiten an, die Grabschächte, die zu Beginn des Jahrhunderts nur oberflächlich untersucht worden waren, systematisch zu erforschen.

Ein weiteres Ziel der Kampagne war es, den Platz von Grabungsschutt und Aufschüttungsmaterial zu befreien, um ihn in seinen ursprünglichen Zustand zurückzuversetzen. Im Zuge dieser gewaltigen Aktion wurden im Nordwestbereich der Nekropole auch Überreste eines bis dahin unbekannten Ramessidendorfes gefunden, ein echtes Satellitendorf, ein „Ableger" des in der Nähe gelegenen Arbeiterdorfes Deir el-Medina.

Eine große Lücke wurde schließlich geschlossen durch die anthropologische Untersuchung all der ausgegrabenen menschlichen Überreste (Mumien und Knochen), die wichtige Daten über die ab dem Neuen Reich bis zur Römerzeit im Tal begrabenen Bewohner erbrachte.

Ägyptische Arbeiter am Werk
Zwei Momentaufnahmen von den Grabungsarbeiten, die jedes Jahr unter der Leitung des französisch-ägyptischen Teams von CEDAE-CNRS im Tal der Königinnen durchgeführt werden. Das gesamte Areal wurde genau erforscht, von Grabungsschutt befreit und der ursprüngliche Zustand soweit wie möglich wiederhergestellt.

Die letzten Entdeckungen

Trotz aller Mittel und Kräfte, die in diesen Jahren investiert wurden, sind Erforschung und Wiederherstellung des ursprünglichen Erscheinungsbildes des Ortes noch nicht beendet. So wurde im Oktober 1990, wiederum auf Initiative des CEDAE und der angegliederten URA 1064 des CNRS, eine neue, dreimonatige Kampagne gestartet.

Um das umfangreiche Arbeitsprogramm durchziehen zu können, wurden verschiedene Arbeitsgruppen gebildet, von denen jede auf einer anderen „Baustelle" arbeitete: So beschäftigte sich eine erste Gruppe mit der Instandsetzung der Wohnbauten des Ramessidendorfes, während eine zweite Gruppe das Grab Nr. 31 freilegte und räumte, das einer „Großen Königlichen Gemahlin" aus der Zeit Sethos' I. gehört hatte und sowohl während der Dritten Zwischenzeit als auch in römischer Zeit wiederverwendet worden war.

An der dritten Baustelle begann man gleichzeitig im südlichen Seitental des Hauptwadis mit Grabungen und Wiederherstellungsarbeiten. Dabei stieß man auf das alte Niveau der Ramessidenzeit, in dem man alltägliche Gebrauchskeramik der Handwerker fand, die hier gearbeitet hatten.

Besonders interessant war der Fund Hunderter von Fruchtkapseln einer Pflanze, der *Balanites aegyptiaca,* deren Kerne zu den Nahrungsmitteln der Arbeiter gehörten, sowie ein auf einem kleinen *Ostrakon* skizzierter Fisch, der von den kleinen Zerstreuungen zeugt, die sich die Handwerker in den Arbeitspausen hin und wieder genehmigten. Zahlreiche andere *Ostraka* wiederum brachten vielfältige Aspekte des täglichen Lebens der in der Nekropole von *Ta set neferu* beschäftigten Arbeiter ans Licht und lieferten eine Vielzahl an Details: Buchhaltungsbelege, Auflistungen des für die Grabung und die Dekoration der Gräber verwendeten Materials, Anwesenheits- und Abwesenheitslisten bei der Arbeit, Notizen über den Fortgang der Arbeitsprogramme usw.

Einige Objekte, die während der jüngsten Kampagnen entdeckt wurden (1-2-3-4)
In den letzten Jahren mangelte es nicht an aufschlußreichen Funden. Zu den interessantesten Stücken gehören ein *Ostrakon* mit einem Lautenspieler (1), das während der Aufräumarbeiten bei Grab Nr. 58 gefunden wurde; ein *Uschebti* aus bemaltem Holz, der die Königin Bint-Anat (Tochter von Ramses II. und Isisnofret) im Gewand der Lebenden darstellt (2), gefunden während der Ausräumung des Grabes Nr. 71; ein prächtiger Deckel eines Kanopengefäßes, der die Königin Tuja darstellt (3), heute im Museum von Luxor; eine Henkelvase mit dem Namen des Prinzen Baki (4), wahrscheinlich aus der Zeit der Regierung von Hatschepsut und Thutmosis III., die im Grabschacht Nr. 72 gefunden wurde.
(Foto: C. Chapoton und F. Ibrahim)

Die Restaurierungsprojekte (5)
An vielen Gräbern im Tal der Königinnen müßten dringend Restaurierungs- und Konsolidierungsarbeiten ausgeführt werden. Die französischen und ägyptischen Archäologen des CEDAE-CNRS planen eine erste Konservierungsaktion, die sich zunächst auf die Gräber Nr. 42 von Pa-Ra-her-wenemef (auf dem Foto), Nr. 60 von Nebet-taui, Nr. 73 von Henut-taui und Nr. 74 von Tentopet erstrecken soll.

Bei einer stratigraphischen (d.h., die Schichten nach ihrer zeitlichen Entstehung ordnenden) Untersuchung der Ablagerungen im Wadi wiederum stieß man auf eine Schicht feinster Erdablagerungen pluvialen Ursprungs, die über dem Niveau der Ramessidenzeit liegt und auf heftige Regenfälle schließen läßt. Das ist eine höchst wichtige Feststellung, weil sie beweist, daß es schon im Altertum regelrechte Überschwemmungen gab, die in den Grabanlagen im Tal der Königinnen zweifellos schwerste Schäden verursachten.
Eine vierte Gruppe arbeitete im „Tal der drei Schächte", wo eine systematische archäologische Untersuchung stattfand und zahlreiche Grabschächte freigelegt wurden, die königlichen Prinzen und Prinzessinnen gehört hatten und Material enthielten, das aus der Zeit der 18. Dynastie stammt.
Eine fünfte Baustelle wurde schließlich im Bereich von Deir Rumi, an der Nordostseite des Hauptwadis, eröffnet. Dieses Gebiet war zwar schon von Schiaparelli erforscht worden, doch die Dokumentation dieser Grabungen war verlorengegangen. Hier wurde eine auf die römische Zeit (genauer gesagt, auf die Regierungszeit von Antoninus Pius) zurückgehende Besiedlung festgestellt, die bis in die koptische Epoche hinein fortdauerte.

Unter der Patina die antiken Farben (1)
Eine Reinigungsprobe, die an einem kleinen Stück Wandmalerei im Grab von Pa-Ra-her-wenemef auf verschiedenen Ebenen durchgeführt wurde, zeigt deutlich, wie die Entfernung der Oberflächenpatina, die im allgemeinen durch den Rauch von Bränden während der Zeit der koptischen Besiedelung und in arabischer Zeit entstanden ist, die alten Farben wieder ans Licht bringen kann.

Die Farben vor den Bränden (2)
Die Ablösung eines Wespennests, das in der Zeit vor den Bränden entstanden war, offenbart die ursprüngliche Leuchtkraft des Ägyptischblaus.

Viele Fragen warten auf eine Antwort

Mit der Grabungskampagne in jüngster Zeit, die im Herbst 1990 stattfand und in deren Verlauf der vor dem Grab der Nefertari gelegene Sektor des Hauptwadis „gesäubert“ wurde, können die Forschungs- und Wiederherstellungsarbeiten im Hauptwadi als abgeschlossen betrachtet werden. Am einzigen Punkt im Sektor Ramses' II., der für den Bau eines Grabes geeignet ist und noch nicht erkundet war, entdeckte man ein neues Grab, das leer war, keinerlei Inschriften enthielt und wahrscheinlich aus der Zeit der 18. Dynastie stammt. Das läßt die Feststellung zu, daß in diesem Gebiet kaum mehr Möglichkeiten für weitere Funde gegeben sind. Insbesondere scheint es heute klar zu sein, daß sich das Grab der Königin Isisnofret, der anderen „Großen Königlichen Gemahlin“ Ramses' II., nicht im Tal der Königinnen befindet und deshalb anderswo gesucht werden muß, wahrscheinlich in der Nekropole von Sakkara.
Zwar erscheint jetzt das Tal der Königinnen dank der hervorragenden Arbeit der Wissenschaftler des französisch-ägyptischen Teams in neuem Licht, viele Arbeiten und Untersuchungen müssen aber noch zu einem Abschluß gebracht werden. Das gilt vor allem im Hinblick auf die Erforschung der Seitentäler – eine Aufgabe, die Gegenstand der nächsten Missionen sein wird. Jedenfalls bleiben noch viele Fragen offen, die auf eine Antwort warten. Welches Schicksal war zum Beispiel den Mumien der Königinnen und Prinzen der Ramessidenzeit beschieden? Wurden sie vielleicht an einem geheimen Ort in den thebanischen Bergen versteckt, der noch auf seine Entdeckung wartet? Und wo liegen die sechs Gräber, die Ramses VI. für seine Familie bauen ließ und die im Papyrus von Turin erwähnt sind? Das sind nur einige der Probleme, die bis heute ungelöst sind.

Die Konservierung der Gräber im Tal der Königinnen macht Probleme
Im Grab Nr. 73 der Prinzessin Henut-taui, einer Tochter Ramses' II. (das durch die Arbeit des französisch-ägyptischen Teams identifiziert werden konnte), droht die Ablösung der bemalten Schicht, die in koptischer Zeit mit einem Lehmverputz schlecht überdeckt worden war, so daß die Wände konsolidiert werden müssen. Auch die vielen Löcher im Verputz müssen mit geeigneten Materialien wieder geschlossen werden, um zu verhindern, daß große Wandstücke abblättern.

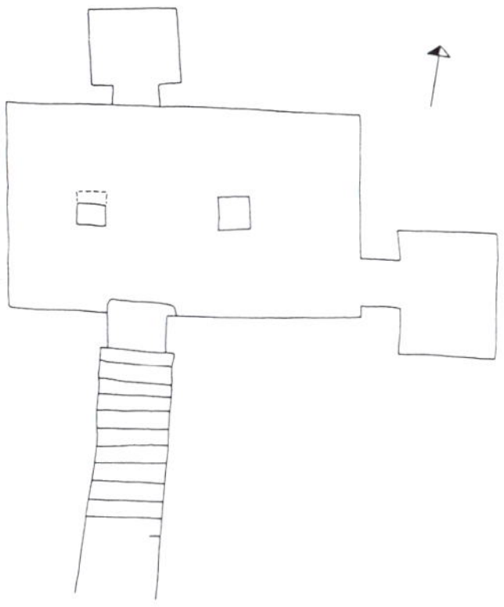

Dritter Teil

DAS GRAB DER NEFERTARI: DIE WANDERUNG DER SEELE VOM TOD ZUM HIMMEL

Eine geistige Wanderung
Im Grab der Nefertari wird der symbolische Weg dargestellt, den die Seele der Verstorbenen durchläuft: vom Abstieg in das Reich des Osiris (nach Überwindung zahlloser Hindernisse mit Hilfe der magischen, im Totenbuch enthaltenen Formeln) bis zum Hervortreten am Himmelshorizont im Osten, der Vereinigung mit dem Sonnengott Ra.

Ernesto Schiaparellis große Entdeckung

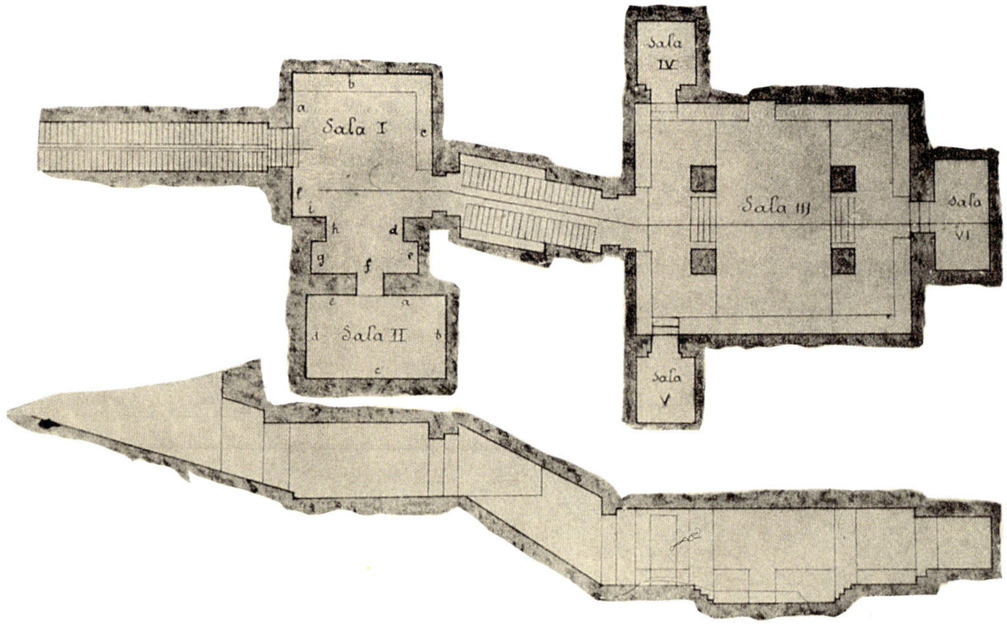

Ein großes Grab mit vielen Räumen
Die erste Grundrißzeichnung des Nefertari-Grabes, die von der Italienischen Mission angefertigt wurde.

Es war im Jahre 1904, während der zweiten Ausgrabungsmission im Tal der Königinnen, bei Arbeiten am Nordhang des Haupttals, als Ernesto Schiaparelli seine große Entdeckung machte: das Grab der Königin Nefertari, der „Großen Königlichen Gemahlin“ Ramses' II.

„An demselben Hang, aber im unteren Bereich, waren mehrere andere, bereits seit einiger Zeit bekannte Gräber zum Vorschein gebracht worden, und zwar die der Königinnen bzw. Prinzessinnen Nibtaui (Nebet-taui), Amon-Mirit (Merit-Amun) und Batanata (Bint-Anat)“, schreibt Schiaparelli in seinem Bericht, „und unsere Mission, die deren systematische Untersuchung vorantrieb, hatte dort außerdem die Schächte und Gräber entdeckt, die wir der 18. Dynastie zuordneten.

Dabei hatte sie auch Überreste verschiedener Häuser entdeckt und ausgegraben, die aus Trokkenmauerwerk errichtet waren und wohl den Wächtern der Nekropole als Behausung gedient hatten. Unsere Ausgräber brachten die ersten Stufen einer in tiefer liegenden Fels gehauenen Treppe ans Licht – ein sicheres Indiz für die Existenz eines Grabes und ein wahrscheinliches Indiz für ein Grab aus der Zeit vor der 20. Dynastie, denn sowohl im Tal der Königinnen als auch im Tal der Könige war den Gräbern dieser Zeit üblicherweise anstelle einer Treppe ein Korridor unter freiem Himmel vorgelagert. Mit dem Eifer, der die Arbeiter beflügelt, wenn sie wissen, daß sie kurz vor der Entdeckung eines Grabes stehen, waren die Schutthaufen, die die Treppe bedeckten, schnell beiseite geräumt, und mit dem schnellen Fortschreiten der Arbeiten kam nach und nach eine schöne, bequem hinabführende Treppe mit wohlbemessenen Stufen ans Tageslicht, die unter freiem Himmel in den Fels gehauen war und zwischen zwei sorgfältig bearbeiteten, verputzten und weiß bemalten Wänden lag.

Die Treppe war 1,65 m breit und wies in der Mitte die typische schräge Rampe auf, die dort eigens für das Hinunterbringen des Sarkophags angebracht worden war, und führte noch acht Meter weiter zu einer großen Wand, auf deren Türsturz, zu beiden Seiten der aufgehenden Sonne – gesäumt von den beiden heiligen Augen und angebetet von den beiden Schwestern Isis und Nephthys –, der Name der berühmten Gemahlin Ramses' II. zu lesen war, die auch auf der Turiner Statue und im Felstempel von Ibsambul (Abu Simbel) dargestellt ist. Der Name der Königin ergab sich auch aus den Inschriften, die auf den beiden Türpfosten eingemeißelt und aufgemalt waren:

«Die Adelige von Geschlecht, die Große an Gunst, die Herrin der Güte, des Liebreizes und der Liebe, die Herrscherin von Süd und Nord, die rechtmäßige Gemahlin, Herrin (beider Länder) Nefertari-Meri-en-Mut, (gerechtfertigt) beim großen Gott.»

Das Grab war geplündert

„Das Grab war offen“, fährt Schiaparelli fort, „und von der antiken Versiegelung war keine Spur zu finden; es war schon zu einem sicherlich weit zurückliegenden Zeitpunkt geplündert worden, vielleicht schon von den alten Ägyptern selbst.

Der herabgefallene Schutt hatte nicht nur die Treppe gefüllt, sondern war bis in die erste Felskammer eingedrungen, wo er sich in der Nähe des Eingangs an der linken und der hinteren Wand bis knapp unter die Decke angehäuft hatte. Die übrigen Räume waren fast leer; jedoch war in allen der Boden mit einer gleichmäßig dicken Schicht Erde bedeckt – ein Überrest des Regenwassers, das mehrmals in

Eine Treppe ins Unbekannte
Der Eingang zum Nefertari-Grab, wie er aussah, als der Schutt beiseite geräumt war, der den Zugang versperrte.
(Foto: Italienische Archäologische Mission)

Langwierige und minuziöse Bestandsaufnahme
Ein Mitglied des Schiaparelli-Teams bei der Arbeit: Die Wandmalereien des Grabes, die eine Fläche von mehr als 500 m² bedecken, müssen aufgenommen werden.
(Foto: Italienische Archäologische Mission)

das Grab eingedrungen sein mußte. Die Grabanlage umfaßte – außer der Treppe und dem Eingangsraum – eine Art Nebenraum, der von diesem ersten Raum (Vorraum) abging und einen Durchgangsraum zu einer zweiten, rechteckigen Kammer bildete.

Wenn man dann in die Eingangskammer zurückkehrte, führte von dort eine gleichartige Treppe wie die Außentreppe zum Hauptraum, der eigentlichen Sargkammer, deren Mitte tiefer lag und deren Decke von vier Pfeilern getragen wurde; zwischen den Pfeilern und der Ostwand verlief eine Art Galerie, von der aus man in zwei kleinere Nebenräume gelangte: einen im Norden und einen im Süden; eine zweite Galerie verlief vor der Westwand, von deren Mitte aus man über vier Stufen hinauf in einen kleinen Raum, den hintersten des Grabes, gelangte. Von den beiden Galerien aus führten jeweils einige Stufen in den Sarkophagbereich hinunter. Tatsächlich lagen dort in der Mitte noch mehrere große Fragmente des Sarkophagdeckels aus Rosengranit.

Da das Grab, wie bereits gesagt, verwüstet und ausgeplündert worden war, fanden sich von der ursprünglichen Grabausstattung nur wenige Reste: große Bruchstücke des Sarkophagdeckels aus Granit, kleine Splitter des mit Blattgold überzogenen Holzsarges, über dreißig *Uschebtis* mit dem Namen der Königin und den üblichen Inschriften, drei Tongefäße in Scherben, einige Fetzen der Mumie, viele Stücke der hauchfeinen Gewebe, die sie umhüllten, Bruchstücke von Vasen aus Alabaster und glasierter Fayence, Fragmente von Kästchen, Möbeln und – besonders erwähnenswert – eine Lotusblüte aus herrlich tiefblauer Fayence, die vermutlich als Deckelknauf einer größeren Kiste gedient hatte und die Namenskartusche von Eje, dem letzten Pharao der 18. Dynastie, aufwies.

In einer kleinen, hinter einer Steinplatte sorgfältig verborgenen Nische an der Rückwand der Sargkammer fanden wir noch den *Djed*-Pfeiler, eines der vier Amulette, die das Grab schützen sollten, an seinem ursprünglichen Platz."

Das Grab war praktisch leer (1)
Zwei Sandalen aus Palmbast, die zusammen mit ganz wenigen anderen Gegenständen im Grab gefunden wurden.
(Museo Egizio, Turin)

Unfaßbar schöne Malereien

„Obwohl die aufgefundenen Ausstattungsstücke äußerst spärlich waren", fährt Schiaparelli fort, „erfreut sich unsere Mission nichtsdestoweniger der Entdeckung dieses Grabes als eines ihrer Hauptresultate: Denn es gehörte nicht nur einer der berühmtesten Königinnen Ägyptens, sondern war auch von einzigartiger Schönheit, sowohl wegen der architektonischen Anlage als auch wegen der Malereien und der Inschriften, die die Wände vollständig bedeckten; beide Dekorationsarten waren leicht erhaben auf einer alle Wände glättend überziehenden Putzschicht aufgetragen worden, denn das Untergrundgestein (Kalkgestein), in das man das Grab gehauen hatte, war nicht homogen und glatt genug, als daß man direkt darauf hätte malen können. Unglücklicherweise war aufgrund von Regenwasser, das zwischen dem Fels und dem Putz durchsickerte, letzterer an einigen Stellen herabgefallen und drohte an vielen anderen abzubröckeln, was eine sofortige, langwierige und geduldige Sicherungsarbeit erforderlich machte, die von Professor Fabrizio Lucarini, einem Mitarbeiter unserer Mission, geleitet wurde.

„Dessenungeachtet", bemerkt Schiaparelli abschließend, „machten in dem – größeren – Teil des Grabes, in dem die Dekorationen noch unversehrt waren und wo wir noch zurechtkamen, sie zu fixieren, die Größe der Figuren, die lebhaften Farben, die Großartigkeit und die Sicherheit des Stils – der an das Schönste erinnert, was die ägyptische Kunst in der Frühzeit der 19. Dynastie hervorgebracht hat – dieses Grab zu einem der bedeutendsten Monumente der Nekropole von Theben. Nicht so sehr wegen der Größe der Anlage, sicher aber dank der Harmonie der einzelnen Teile und der Erlesenheit seiner Kunstwerke kann es sich durchaus mit den schönsten Gräbern im Tal der Könige messen. Von diesen wie auch von den anderen im Tal der Königinnen entdeckten Gräbern sowie von allen anderen königlichen Gräbern hebt sich dieses Grab wegen des Gesamtkonzepts ab, das die einzelnen Wandbilder inspiriert und miteinander verbindet."[132]

Obwohl Schiaparelli ein praktisch leeres Grab sowie einen Teil der Wandmalereien bereits in schlechtem Zustand vorfand, kam seiner Entdeckung außergewöhnliche Bedeutung zu, und der Turiner Ägyptologe war sich sofort darüber im klaren, daß es sich bei diesem Grab um eine Anlage von einzigartiger Schönheit handelte.

Die Überreste der Grabausstattung (2)
Hölzerner Deckel eines Kästchens mit farbiger Bemalung; er trägt die Aufschrift „Nefertari Meri-en-Mut, Herrin der beiden Länder".
(Museo Egizio, Turin)

1

2

Der Kopfputz der Königin
Nefertari Meri-en-Mut mit dreigeteilter Perücke, Geierhaube und Modius.

Magische Figürchen
Eines der 34 im Grab gefundenen *Uschebti*-Figürchen. Solche Figürchen, die oft mit Sprüchen aus dem 6. Kapitel des Totenbuches beschriftet waren, wurden durch magische Formeln zu Hilfe gerufen, um im Jenseits anstelle des Verstorbenen Arbeiten zu verrichten.
(Museo Egizio, Turin)

Der jüngste Fund
Dieser Goldschmuck wurde 1988 gefunden und gehörte der Königin Nefertari; man fand darauf Spuren der Harze, die für die Einbalsamierung verwendet worden waren.

Amulette, die das Grab schützen sollen
Dieser *Djed*-Pfeiler wurde während der Ausgrabungen gefunden: In den Wänden der Sargkammer waren vier Schutzamulette eingemauert.
(Museo Egizio, Turin)

Die großen religiösen Zentren im alten Ägypten

Die Zahl der Götter in der ägyptischen Religion beläuft sich auf mehrere hundert, läßt sich jedoch auf das Wichtigste reduzieren, wenn man den Ursprung der großen Systeme der Götter- und Schöpfungsmythen analysiert, in die sich die Hauptgottheiten einfügen. Diese theologischen Systeme entstanden im wesentlichen in drei großen religiösen Zentren: Heliopolis in Unterägypten, Hermopolis in Mittelägypten und Abydos in Oberägypten.

Heliopolis (ägyptisch *Junu*, im Alten Testament *On*), das heute zum nördlichen Stadtgebiet von Kairo gehört, war eines der drei religiösen Hauptzentren im alten Ägypten. Die von den Priestern dieser Stadt entwickelten Lehren gingen von Grundideen aus, die sich vermutlich zwischen Jungstein- und Bronzezeit entwickelt hatten und in deren Mittelpunkt der Kult des Sonnengottes stand (daher der griechische Name *Heliopolis* für die ägyptische Stadt *Junu*), der unter verschiedenen Namen angebetet wurde: Chepri mit dem Skarabäus-Kopf stellte die Sonne bei ihrem morgendlichen Aufgang dar; Ra mit dem Falkenkopf war die Sonne am Höhepunkt ihres Tageslaufs; Atum[133], der Schöpfergott – „der aus sich selbst entstand" bzw. „der Beginn alles Seienden", wie einige seiner zahllosen Epitheta lauten – entsprach der untergehenden Sonne. Nach den Lehren von Heliopolis gab es insgesamt neun hierarchisch geordnete Gottheiten (die „Götterneunheit") am Anfang der Schöpfungsgeschichte: Aus Atum, dem „Schöpfer" und „Obersten der Götterversammlung", entstanden acht Gottheiten: Schu (die Luft) und Tefnut (die Feuchtigkeit), aus deren Vereinigung Geb (die Erde) und Nut (der Himmel).

Aus der Verbindung von Geb und Nut gingen schließlich die beiden Götterpaare Isis-Osiris und Seth-Nephthys hervor, die Hauptgottheiten des Osiris-Mythos (nach dem Osiris von seinem Bruder Seth ermordet, aber durch Isis, seine Gemahlin, wieder zum Leben erweckt wird).

Eine Form der Isis und Nut war Hathor, die dem Auge des Ra gleichgesetzt wurde, somit die Rolle einer Beschützerin übernahm und die Widersacher ins Verderben stürzte.

Tagtäglich segelte der Sonnengott in seiner Sonnenbarke – der „Barke der Millionen (Jahre)" – über den Himmel. Während der Nacht mußte er die heimtückischen Nachstellungen der Unterwelt, die hauptsächlich durch die Schlange Apophis (als Verkörperung der Bedrohung durch das kosmische Chaos) dargestellt wurde, überwinden, um am Morgen siegreich wiedergeboren zu werden. Diese Lehren, die sich nach und nach in ganz Ägypten verbreiteten, hatten großen Einfluß auf die Entwicklung von Religion und Kultur im Lande. Der *Benu*-Vogel (den Herodot als Phönix bezeichnet) wurde in Heliopolis als Erscheinungsform des Sonnengottes angebetet.

In **Hermopolis**, dem antiken *Schmunu* (heute: *El-Eschmunein*), entwickelte sich eine Lehre, in deren Mittelpunkt der Mondgott Thot stand. Thot war auch der Gott der Wissenschaften und der Magie, Götterbote und – als Erfinder der Schrift – göttlicher Schreiber; später setzten ihn die Griechen mit Hermes gleich (daher der griechische Name Hermopolis, d. h. „Hermes-Stadt"). Zu Thot gehörte Maat, die Tochter des Ra, die die Weltordnung personifiziert und als seine Gemahlin galt. In Hermopolis wurde eine Kosmogonie aufgestellt, in deren Mittelpunkt eine Gruppe von vier (der symbolischen Zahl für Gesamtheit) Götterpaaren stand, die „Achtheit": Dies waren vier Personifikationen der Urelemente, von denen die Entstehung der Welt ausging: Nun und Naunet verkörperten die Urgewässer, Heh und Hehet die Unendlichkeit, Amun und Amaunet das Unergründliche sowie Kek und Keket die Finsternis. Zur Ehre der Götter, die zusammen die „Achtheit" bildeten, nannten die alten Ägypter die Heimatstadt dieser Kosmogonie *Schmunu*, „die Stadt der Acht".

Abydos hingegen war die Stadt, in der Osiris, der Herrscher des Jenseits, besonders verehrt wurde. Man glaubte, daß sein Kopf dort begraben sei. Eine Siedlung in Abydos ist bereits in der Vorzeit belegt, erlangte aber erst in der Frühzeit als Bestattungsort für Könige der 1. und 2. Dynastie größere Bedeutung. Wahrscheinlich geht der Osiris-Kult von Abydos auf den Kult der lokalen Gottheit der Nekropole, Chontamenti („der Erste der Westlichen"), zurück, der in den ersten Dynastien verehrt wurde und später – während der 5. Dynastie – mit Osiris gleichgesetzt wurde, einer Gottheit aus dem Nildelta, die ursprünglich mit der Fruchtbarkeit der Erde in Verbindung gebracht wurde. Der in der Folge in die „Neunheit" von Heliopolis aufgenommene Osiris erscheint in den Sargtexten „als Ra"[134], und sowohl im Totenbuch als auch im Amduat verschmelzen die beiden Gottheiten zyklisch miteinander während jener Wanderung des Sonnengottes durch das Totenreich, die sich im Tag-Nacht-Zyklus täglich wiederholt.

Die Kosmogonie von Heliopolis
Schu, die Luft, scheidet den Himmel, Nut, von der durch Geb verkörperten Erde.

Die großen religiösen Zentren im alten Ägypten

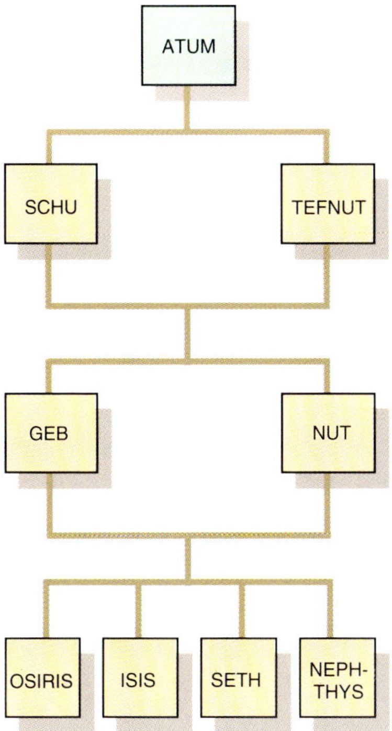

Die Götterneunheit
Nach der Weltentstehungslehre von Heliopolis war Atum, der Urgott und „Schöpfer", der Stammvater von acht Gottheiten, von denen die Entstehung des Universums ihren Ausgang nahm.

ITALIENISCH	DEUTSCH
I Centri religiosi dell'antico Egitto	**Die religiösen Zentren im alten Ägypten**
SETH	SETH
NEFTI	NEPHTHYS
Eliopoli	Heliopolis
Menfi	Memphis
ATUM-RA	ATUM-RA
SHU	SCHU
TEFNUT	TEFNUT
GEB	GEB
SEKHMET	SACHMET
PTAH	PTAH
NUT	NUT
ISI	ISIS
OSIRI	OSIRIS
Ermopoli	Hermopolis
THOT e OGDOADE	THOT und die Achtheit
Abido	Abydos
Tebe	Theben

Die Götter der Gräber im Tal der Königinnen

AMSET

Einer der Vier Horussöhne, meist in Menschen-, manchmal in Mumiengestalt dargestellt; wie Hapi und Duamutef beschützt er die Eingeweide des Toten in den Kanopen-Krügen.

ANUBIS

SCHAKAL

Als Herr der Nekropole und der Pforten der *Dat* (des Jenseits) wird Anubis auch als *Imiut* („Balsamierer") bezeichnet und begleitet die Toten ins Jenseits. In der Szene des Totengerichts, die im 125. Kapitel des Totenbuches beschrieben wird, wiegt Anubis das Herz des Verstorbenen (Sitz von Gewissen und Verstand) gegen die Maat (die göttliche Weltordnung) auf. Er wird häufig als schwarzer, auf einem Schrein (Naos[135]) liegender Schakal (oder junger Hund) dargestellt, mit einer roten Binde um den Hals und dem Flagellum zwischen den Hinterbeinen. Auf anderen Abbildungen hat der Gott auch ein *Sechem*-Szepter an den Hinterbeinen; manchmal ist ihm ein – ebenfalls liegender – Löwe beigesellt. Anubis-Bilder zeigen ihn oft auch in Menschengestalt mit Hundekopf, einem *Anch*-Zeichen in der einen und einem *Was*-Szepter in der anderen Hand.

ATUM

DER UNDIFFERENZIERTE

Der Urgott und Schöpfer wurde später als Erscheinungsform des Ra am Abend angesehen und generell in Menschengestalt mit Doppelkrone und Trägergewand dargestellt. Sein Hauptkultort war Heliopolis.

BEHDETI

Die geflügelte Sonnenscheibe, das Abbild des Horus, findet sich meist auf Türbalken, ohne Flügel über den Königsdarstellungen in den Gräbern der Söhne von Ramses III.

CHEPRI

DER WERDENDE

Er repräsentiert die aufgehende Sonne und wird als Skarabäus oder auf einem Thron sitzend menschengestaltig mit Skarabäuskopf abgebildet.

DUAMUTEF

Einer der Vier Horussöhne, Beschützer der Kanopengefäße des Toten. Er wird meist als aufrecht stehender Mensch (z. B. in Nr. 40, 44, 66), manchmal mit Hundekopf (z. B. in Nr. 55) oder als Mumie mit einem *Anch*-Zeichen in der Hand dargestellt.

GEB

Vater des Osiris, Gott der Erde; abgebildet meist in Menschengestalt mit der roten Krone oder einer dreigeteilten Perücke mit einer Gans (dem Ideogramm seines Namens) darauf (zum Beispiel in Grab Nr. 60).
Bekannt sind die bildlichen Darstellungen der Szene, in der der Luftgott Schu (siehe auch die Abbildung Seite 102 unten) den Himmel (personifiziert durch die Himmelsgöttin Nut) von der Erde (verkörpert duch Geb) durch Aufheben trennt.

HAPI

Ein weiterer der Vier Horussöhne, dargestellt mit Pavian- oder Menschenkopf. Manchmal sieht er wie eine (sitzende oder stehende) Mumie aus, manchmal wie eine schreitende Gottheit.

HARSIËSE

„Horus, Sohn der Isis", wird dargestellt als falkenköpfiger Mensch, zumeist mit der Doppelkrone auf dem Kopf und dem *Was*-Szepter sowie dem *Anch*-Zeichen in der Hand.

HATHOR

HAUS DES HORUS

Vielgestaltige Göttin, die oft in Menschengestalt mit Kuhgehörn und der Sonnenscheibe auf dem Kopf und einer *Menat*-Halskette dargestellt wird, bekleidet mit einem langen Trägergewand.

HÄUFIGKEIT DER GÖTTERDARSTELLUNGEN
(in 17 Gräbern)

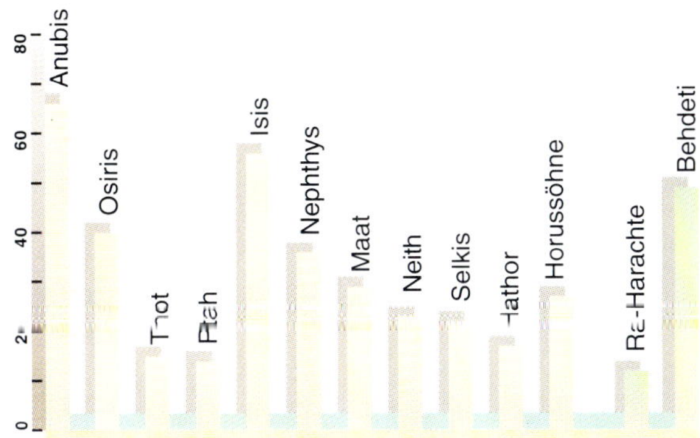

Anderweitig wird sie mit Kuhkopf und der Sonnenscheibe zwischen den Hörnern abgebildet (z. B. in Nr. 40, 52, 66), auch dort mit einem *Menat*-Halsschmuck, oder mit Menschenkopf und Kuhohren.
Diese Himmelsgöttin wurde auch als Erscheinungsform von Isis und Nut verehrt und später in den Totenkult einbezogen. Sie war die Schutzherrin der Frauen, der Musik und der Toten, aber auch das „Auge des Ra", das Unheil über alle Feinde bringt.

HATHOR-IMENTET

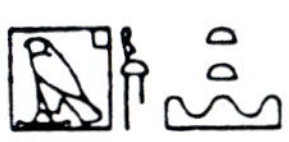

Eine Erscheinungsform der Hathor, die spezifisch mit dem Westen und in Theben mit dem Totenkult in Verbindung gebracht wurde. Sie wird meist neben Osiris und Anubis abgebildet und trägt eine dreigeteilte Perücke mit dem Schriftzeichen ihres Namens darauf.

HORUS

Falkenköpfige Gottheit, Sohn von Isis und Osiris, Himmelsgott und Beschützer des Pharaos. Erscheinungsformen: Harsiese (siehe S. 104), Hor-em-nechu (Horus, das Kind) als Form des Sonnengottes in den ersten beiden Morgenstunden, Hor-hekenu (ursprünglich in Memphis verehrt), Horus-chenti-irti (ursprünglich in Unterägypten), Horus-chenti-cheti (Chentechtai; im Nildelta).

HORUS-JUNMUTEF

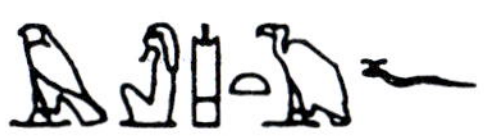

Horus-Form, die in Menschengestalt und Priesterkleidung (Pantherfell) dargestellt wird. Der Gott umfaßt mit einer Hand eine Hinterpfote des Pantherfells; als Kopfschmuck trägt er eine dreigeteilte Perücke mit einer Uräus-Schlange auf der Stirn.

HORUS-NEDJHERITEF (HARENDOTES)

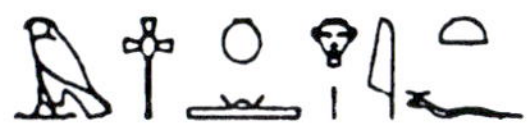

Ähnlich gekleidet wie Horus-Junmutef, wird er häufig mit diesem auf den Grabpfeilern abgebildet. Im 169. Kapitel des Totenbuches verschmilzt der Tote mit dieser Horusform.

IMENTET

Diese Form der Mut, Gemahlin des Amun, Göttin von Theben-West, wird als Frau mit dem Schriftzeichen ihres Namens auf dem Kopf abgebildet. Sie beschützt die Toten und kann im allgemeinen mit Hathor, gelegentlich auch mit Isis und Meretseger gleichgesetzt werden.

ISIS

Schwester und Gemahlin von Osiris, Mutter des Horus, die kraft ihrer Zauberkünste vor Gefahren schützt. In Menschengestalt mit dem Schriftzeichen ihres Namens, dem Thronsitz, auf dem Kopf abgebildet. Manchmal ziert auch ein Kuhgehörn mit eingelegter Sonnenscheibe (wie bei Hathor) ihren Kopf; gelegentlich sitzt sie auf einem riesigen *Neb*-Zeichen und hält ein *Schen*-Zeichen in der Hand. Sie wurde so häufig mit anderen Göttinnen gleichgesetzt, daß sie auch „die Vielgestaltige" genannt wurde.

KEBEHSENUEF

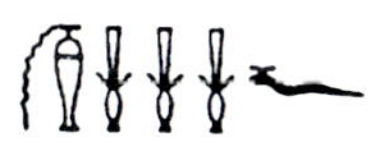

Einer der Vier Horussöhne und Beschützer der Kanopen-Krüge. Meist wird er zusammen mit seinen Brüdern in Menschengestalt mit Falkenkopf, seltener mit Hundekopf, dargestellt.

MAAT

Personifikation der Weltordnung. Maat ist auch die Göttin der Wahrheit und Gerechtigkeit und wurde als Tochter des Ra verehrt; ihr Symbol sowie ihre Namenshieroglyphe ist die Feder, die auch das Symbol für die Weltordnung insgesamt ist. Manchmal wird sie mit schützend ausgebreiteten Flügeln dargestellt.

MERETSEGER

DIE DIE STILLE LIEBT

Lokalgottheit und Inkarnation der thebanischen Bergspitze, die das Tal der Könige überragt. Sie wird oft in Menschengestalt mit einem Kobrakopf und leierförmig geschwungenen Hörnern mit eingelegter Sonnenscheibe abgebildet.

NEB-NERU

DER HERR DES SCHRECKENS

Löwenköpfiger Dämon mit dreigeteilter Perücke, bekleidet mit dem klassischen Göttergewand; meist stehend mit horizontal vorgestrecktem rechtem Arm und einem Messer in der linken Hand abgebildet, immer zusammen mit Heri-Maat („Der der Wahrheit gebietet"), einem Dämon, der als nackter Jüngling auf einem Kissen sitzend dargestellt wird.

NECHBET

DIE VON NECHEB (EL-KAB)

Schutzgöttin von Oberägypten, die auch den Schutz des Königs gewährleistet sowie den Süden des Landes und die weiße Krone personifiziert, meist als Geier auf einem *Neb*-Zeichen (oder auf einem Lilienbündel, dem Symbol für Oberägypten) sitzend abgebildet. Ihr Haupt schmückt die von zwei Federn umrahmte weiße Krone. Abbildungen auf Architraven zeigen sie in der Gestalt eines Raubvogels mit ausgebreiteten Schwingen und einem

Schen-Ring in den Krallen. Nechbet kann auch – wie *Uto* – das Aussehen einer Kobra annehmen. Ihr Hauptkultort war Necheb (El-Kab). Häufig ist sie auf Türpfosten der Gräber abgebildet und ermöglicht dann die Bestimmung der kultischen Ausrichtung des Grabes.

NEITH

Ursprünglich aus Sais im Delta, steht sie mit dem Urgewässer und dem Ursprung allen Lebens in Zusammenhang. Sie behütete – zusammen mit Isis, Nephthys und Selkis – die bestatteten Toten. Sie wurde auch in Esna verehrt.

NEPHTHYS

HERRIN DES HAUSES

Schwester der Isis, mit der sie meist gemeinsam verehrt wird; sie tritt bei den Begräbnisriten in Zusammenhang mit dem Schutz und der Wiedergeburt des toten Gottes in Erscheinung und wird ähnlich wie Isis dargestellt, von der sie nur das Schriftzeichen ihres Namens auf dem Kopf unterscheidet. Meist in Frauengestalt oder als weiblicher Falke abgebildet. Als Kopfschmuck trägt sie – wie Isis – meist eine einfache dreiteilige Perücke oder das *Chat*-Kopftuch.

NUT

Himmelsgöttin und Mutter von Osiris, Beschützerin der Toten. Sie wird in Frauengestalt abgebildet, manchmal mit geflügelten Armen. Über ihrem Kopf mit der meist dreigeteilten Perücke trägt sie das Schriftzeichen ihres Namens.

OSIRIS

Der üblicherweise, aber nicht immer, in Gestalt einer menschlichen Mumie mit grün (der Farbe der Wiedergeburt) bemaltem Gesicht dargestellte Gott Osiris, Gemahl seiner Schwester Isis, beherrscht das Jenseits, ist der Herr der Toten, der nach seinem von seinem Bruder Seth herbeigeführten Tod noch Horus zeugte. Seine Fleischteile können gelegentlich auch schwarz

sein. Der Gott befindet sich häufig in einem Naos oder einer Kapelle. Seine Insignien sind die *Atef*-Krone, der Krummstab (das *Heka*-

Szepter) und die *Nechech*-Geißel. Neben dem Gott sind oft ein oder zwei Tierbälge (Nebriden) abgebildet, als Erinnerung an einen uralten Wiederbelebungsritus, und vor ihm die Vier Horussöhne als kleine Mumienstatuen, auf einem Podest stehend. Im Neuen Reich wurde er als Nachtform des Sonnengottes angesehen. Sein Hauptkultort war Abydos.

PTAH

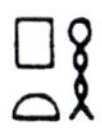

Der Schöpfergott der memphitischen Weltentstehungslehre wird mit mumienförmig umwickeltem Körper und grün bemaltem Gesicht dargestellt. In den Händen hält er ein *Was*-Szepter mit einem aufgesetzten *Anch*-Zeichen und einem *Djed*-Pfeiler. Das Kinn des meist stehenden, manchmal auch sitzenden Gottes ziert ein gerader Bart, den Kopf die traditionelle Haube. Er wird sehr oft in einem Naos mit Fenster dargestellt, durch das der Blick auf das Götterbild fällt. In einigen Fällen zeigt sich ein Synkretismus mit Osiris und Sokar, dem alten memphitischen Totengott. Hauptkultort war Memphis.

RA

Sonnengott, der als Schöpfer und Erhalter der Welt verehrt wird, fährt am Tage mit seiner „Barke der Mil-

lionen (Jahre)“ über den Himmel; während seiner nächtlichen Fahrt durch die unterirdische Welt *(Dat)* wird Ra mit einem Widderkopf dargestellt. Gelegentlich taucht Ra in einer besonderen Erscheinungsform auf, in der er mit Osiris, dem Gott der Auferstehung, verschmilzt und dann den Namen Ra-hetep-em-Usir („Ra, der in Osiris ruht“) trägt. Sein Hauptkultort war Heliopolis. Ra wurde später mit Atum (der Abendform der Sonnenscheibe), Chepri (der Sonne am Morgen), Horus und Harachte gleichgesetzt und wird dann zu Ra-Harachte, dem Herrscher über den Horizont, der in Menschengestalt mit Falkenkopf und der von einer Uräus-Schlange umwundenen Sonnenscheibe darüber dargestellt wird. Bilder zeigen ihn häufig als Falken, der die Sonnenscheibe trägt.

SCHU

Der Gott der Luft und des Lebenshauchs (Atems) – nach der Theologie von Heliopolis ein Sohn Atums, Bruder und Gemahl von Tefnut – trägt (wie auch Maat) eine Straußenfeder auf dem Kopf.

SELKIS

Gottheit mit der Rolle der Beschützerin im Totenkult. Sie ist es, die „(die Kehle) atmen läßt“. Oft wird sie mit einem Skorpion (dem Schriftzeichen ihres Namens) auf dem Kopf abgebildet. In ihren Gebärden und in der Haltung ähnelt sie Isis, Nephthys und Neith. Manchmal wird sie mit Isis gleichgesetzt.

THOT

Mondgott, meist mit einem Ibis- oder Paviankopf dargestellt. Er galt als Erfinder der Schrift und Gott der Wissenschaften, göttlicher Schreiber und Götterbote. Infolge seiner Fähigkeit, „alle Dinge zu berechnen“, steht er in enger Beziehung zu Maat, der personifizierten Weltordnung. Bei den Schreibern war es Sitte, Thot, dem „Schutzgott“ ihres Berufes, vor Beginn der Arbeit ein Trankopfer darzubringen.
Abbildungen zeigen ihn mit den Attributen des Schreibers (Schreibbinse und -tafel) oder mit der Jahresrispe, einer dreigeteilten Perücke auf dem Kopf und darüber einem Halbmond und einer Mondscheibe. Sein Hauptkultort war Hermopolis. Beim Totengericht übernimmt Thot die Rolle des göttlichen Schriftführers.

UTO (WADJET)

Kronengöttin Unterägyptens. Zusammen mit Nechbet, der Schutzgöttin Oberägyptens, versinnbildlicht sie die Zweiheit des ägyptischen Königtums und wird meist auch gemeinsam mit ihr dargestellt: Uto als Schlangengöttin* von Buto (Nildelta) auf Papyrusdolden, die Geiergöttin Nechbet von Elkab auf Lotusblüten, beide mit der jeweiligen Landeskrone.

* Anm. der Redaktion: Die Abbildung zeigt Uto, doch hat der ägyptische Künstler bei diesem Bild im Grab der Nefertari einen Fehler gemacht und „Nechbet“ dazugeschrieben. Die auf Uto bezogene Beischrift steht am gegenüberliegenden Bild neben Nechbet!

DIE VIER HORUSSÖHNE

(von links nach rechts: Kebehsenuef, Duamutef, Hapi und Amset) Bezüglich der Darstellungsformen siehe auch unter den entsprechenden Namenseinträgen.

Nefertari Meri-en-Mut, die „reich an Zauber“ ist

Wer war nun eigentlich diese Nefertari, die Eigentümerin dieses prächtigen Grabes? Neben seine Inschrift in Gebel Silsila[136] (aus dem ersten Jahr der 67jährigen Regierungszeit Ramses' II.) setzte der Pharao den Namen „Große Königliche Gemahlin, Königin Nefertari“. (Der häufige Namenszusatz Meri-en-Mut bedeutet „die von Mut Geliebte“.) Der Name Nefertari (bzw. in einer anderen Vokalisationsvariante Nofretari), der Superlativ des Adjektivs *nefer*, der mit „die Schönste“ oder „die Schönste von allen“ bzw. „die Allerschönste“[137] übersetzt werden kann, scheint aufgrund dynastischer Erwägungen gewählt worden zu sein. Es sei daran erinnert, daß diesen Namen, den die Königin vermutlich zum Zeitpunkt ihrer Hochzeit angenommen hat, bereits zwei Königinnen vor ihr getragen hatten: Ahmes-Nefertari, die Gemahlin des Pharaos Ahmose, der die 18. Dynastie begründete, und Nefertari, die Tochter Thutmosis' III. Vielleicht heiratete Ramses Nefertari bereits vor seiner Thronbesteigung, während der mehrjährigen Regentschaft an der Seite seines Vaters Sethos' I. Wie dem auch sei, Nefertari, die „an Liebe Süße“, „schön von Angesicht“, „reich an Zauber“ – wie einige ihrer Epitheta lauten –, spielte sicher eine herausragende Rolle nicht nur in bezug auf die anderen königlichen Gemahlinnen (vor allem die Königin Isisnofret, die Ramses den Thronerben Merenptah gebar), sondern auch im Vergleich mit allen anderen Königsgemahlinnen in der gesamten Geschichte der ägyptischen Pharaonen. Niemals erreichten andere Königinnen vergleichbare Bedeutung: Im kleineren Felstempel von Abu Simbel, der Hathor und Nefertari geweiht ist, erreicht das Standbild der Königin dieselbe Größe wie das des Königs, und dies ist ungewöhnlich. Die Figurengruppen der Tempelfassade (rechts und links neben dem Eingang) enthalten zwei in den Felsen gemeißelte Kolossalstatuen der Königin zwischen den Ramses-Statuen und denen der – kleineren – Prinzen. Die dazugehörige Inschrift lautet:

«Ramses erbaute einen Felstempel [...] für die erste Königliche Gemahlin Nefertari, die von Mut Geliebte».

1

Ein Gewand aus hauchzartem Leinen (1)
Nefertari wird stets mit einem langen, weißen Gewand aus feinstem Leinen dargestellt, das die zarten Rundungen ihres Körpers deutlich durchschimmern läßt; die Taille ist mit einer roten Binde gegürtet, deren Enden vorne herabhängen.

Die von Mut Geliebte (2)
Die Namenskartusche von Nefertari Meri-en-Mut: „die Allerschönste, von Mut Geliebte“, „Große Königliche Gemahlin“ von Ramses II.

Vermutlich königlichen Geblüts

Über die Familie und die Herkunft Nefertaris weiß man nichts Genaues, jedoch fand Schiaparelli unter den ganz wenigen Objekten, die im Nefertari-Grab zum Vorschein kamen, den Knauf einer Truhe, der mit blauer Glasur überzogen war, die Namenskartusche des Königs Eje aufwies und heute im Ägyptischen Museum von Turin aufbewahrt wird[138].

„Andererseits gibt es unter den spärlichen Resten der Grabbeigaben, die wir im Grab vorfanden“, schrieb Schiaparelli, „ein Objekt, das Licht in die Sache bringen kann: Es ist die Lotusblüte aus dunkelblauer Glasur, die den Namenszug des Pharaos Eje aufweist und zu einer Truhe gehört haben muß, die Eigentum des Königs selbst gewesen sein könnte oder aus seinem Palast kam[139]. Bekanntlich war Eje der letzte in einer kurzen Pharaonenreihe, die mit Amenophis IV. begann bzw. – genauer – mit dessen Mutter Teje, die sich gegen die übermächtigen Amun-Priester bzw. gegen den Amun-Kult und generell gegen die Vielgötterei in der damaligen Form der offiziellen Staatsreligion in Ägypten aufzulehnen versuchte, mit dem Ziel, diese durch einen einfacheren, monotheistischen Götterglauben zu ersetzen, in dessen Mittelpunkt der Kult der Sonnenscheibe stand. Diese religiöse Reform stellte die direkte Verbindung zu den Lehren von Heliopolis her, die ebenfalls auf eine einfachere Form zurückgeführt wurden.

Der Umstand, daß sich unter den Grabbeigaben, die in ihr Grab gebracht wurden, eine Truhe mit dem Namenszug des Eje befand, mußte zu der Annahme führen, daß Nefertari von der Familie dieses Pharaos abstammte und aller Wahrscheinlichkeit nach eine nahe Verwandte (Nichte, Enkelin oder Tochter? Anm. d. Red.) Ejes war. Und aus dieser Annahme leitet sich logischerweise eine zweite ab, nämlich daß Nefertari zusammen mit der Erinnerung an die überlieferten Bräuche im Herrscherhaus, die engstens mit der oben erwähnten Religionsreform zusammenhingen, eine besondere Vorliebe für die Theologie von Heliopolis hatte, welche eben der Familientradition auch am besten entsprach“[140].

Die Statue der Nefertari (1)
Im ersten Hof des Luxortempels steht neben einem Granitstandbild von Ramses II. eine rundplastische Darstellung der Königin.

Der kleine Felstempel von Abu Simbel (2)
Im kleinen Tempel von Abu Simbel ist Nefertari gleich groß dargestellt wie der Pharao, was in der gesamten ägyptischen Geschichte einzigartig und ein Beweis für die besondere Rolle dieser Königin ist.

Befand sich der erwähnte Knauf nur zufällig dort, oder beweist er tatsächlich eine Verwandtschaft mit dem letzten Pharao der 18. Dynastie aus königlichem Geblüt? Und hätte eine solche Blutsverwandtschaft, falls sie bestanden hätte, eine Verbindung zwischen dieser Dynastie und der darauffolgenden, von Ramses I. begründeten dargestellt? Tatsächlich waren nämlich weder Haremhab, der Feldherr, der nach Ejes Tod den Pharonenthron bestieg, noch sein Wesir Paramessu, der ihm unter dem Namen Ramses I. auf den Thron folgte und die 19. Dynastie begründete, von königlichem Blut.
Vielleicht war dies der Grund, warum es die Ramessiden ab Sethos I. für notwendig hielten, ihre Stellung dadurch zu legitimieren, daß sie sich als Erben einer aus uralter Zeit überkommenen Königsmacht und Glieder in der traditionsreichen Herrscherkette darstellten, wie dies die berühmte Königsliste Sethos' I. im Tempel von Abydos beweist.
Nefertari trägt auf den Abbildungen in ihrem Grab folgende Titulatur:

„Fürstin“[141],
„Königsgemahlin“,
„Große Königliche Gemahlin“,
„Herrin der beiden Länder“[142],
„Gebieterin von Ober- und Unterägypten“[143],
„Gebieterin aller Länder“,
„Gottesgemahlin“[144].

1

2

Der Größte der Pharaonen
Eine der Kolossalstatuen Ramses' II. im Tempel von Luxor.

Mitte: Die Namenskartuschen des Pharaos und die Doppelkrone *(Pschent)*.

Es fällt sofort auf, daß Nefertari nicht als königliche Prinzessin bzw. als *sat nesut*, „Königstochter“ bezeichnet wird, sondern das weniger gebräuchliche Epitheton „Fürstin“, *irit pat*[145], führt, das in der 18. Dynastie eine „Regentin“ bezeichnete. Diese Tatsache würde jedoch nicht ausschließen, daß Nefertari eine (bereits vor dessen Thronbesteigung geborene) Tochter des Pharaos Eje war.
Außerdem trägt sie noch die beiden Titel „Herrin der beiden Länder“ und „Gebieterin von Ober- und Unterägypten“, die vor ihr schon der Mutter von Ramses II., Tuja, und der als erste „Große Königliche Gemahlin“ im Tal der Königinnen bestatteten Gattin Ramses' I., Sat-Ra, verliehen worden waren.

Die „reich an Zauber ist“
Eine Darstellung der Nefertari, die ihre Schönheit hervorhebt. Die Gesichtsfarbe ist rosig, und die Wangen sind leicht gefärbt.

Analog zu Sat-Ra führte Nefertari auch den Titel „Gottesgemahlin“, der eine Prinzessin bezeichnete, die dazu ausersehen war, Königin zu werden[146]. Dieser erstmals von Ahmes-Nefertari[147] geführte Titel wurde später erst von der Königin Tausret, am Ende der 19. Dynastie, wieder getragen und scheint eine priesterliche Aufgabe zusätzlich zur dynastischen Funktion anzudeuten. Schließlich trägt Nefertari noch die Bezeichnung „Gebieterin aller Länder“, die in der Titulatur der Königinnen nicht enthalten ist und dem Titel des Pharaos *neb tau nebu* („Herr über alle Länder“) entspricht. Auch dies ist ein Hinweis auf eine hierarchische Stellung von besonderer Bedeutung.

1

Ein Fund gibt Rätsel auf (1-2)
Dieser Knauf einer Truhe aus blauer glasierter Fayence birgt ein Geheimnis. Er trägt die Namenskartusche von König Eje (18. Dynastie), der auf den jung verstorbenen Tut-anch-Amun folgte. Man weiß nicht genau, warum sich dieses Objekt, das sofort die Aufmerksamkeit Schiaparellis erregte, im Grab befand. Gab es vielleicht verwandtschaftliche Bande zwischen Eje und Nefertari *(Museo Egizio, Turin)*

Die Kartuschen des Pharaos Eje (3)
Die Kartuschen stellen den vollständigen Namenszug des Pharaos in Hieroglyphenschrift dar.

Eine besondere Rolle auch in der Außenpolitik

Wenn man – mangels anderer Quellen – die Titulatur der Königin Nefertari aufmerksam studiert, läßt sich daraus ableiten, daß sie in ihrer Beziehung zu Ramses II. eine ganz außergewöhnliche Rolle spielte und einen ebenso ungewöhnlichen Einfluß ausübte: Ob dies auf eine Zeit der „Mitregentschaft", auf ihre Blutsverwandtschaft mit dem Königshaus der 18. Dynastie oder auf beides zurückzuführen ist, bleibt ungewiß.

Als Begleiterin von Ramses – nicht nur bei profanen und religiösen Festen, sondern auch auf wichtigen Reisen, wie der Reise im 24. Jahr der Regierungszeit (d. h. um 1255 v. Chr.) nach Nubien zur Einweihung des kleinen Felstempels in Abu Simbel – spielte Nefertari auch eine eigene, wichtige Rolle in der Außenpolitik. Im Archiv des Königspalastes von Hattuscha (in der Nähe von Bogazköi, einem Dorf in der heutigen Türkei), der Hauptstadt des Hethiterreiches in der Antike, wurde ein Brief gefunden, den Naptera, die „Großkönigin Ägyptens", an Puduchepa, die „Großkönigin der Hethiter" (die Gemahlin des Hethiterkönigs Hattuschili, gegen den Ramses II. bei Kadesch in Syrien[148] erbittert gekämpft und mit dem er später, im Jahr 21, also 1258 v. Chr., einen Friedensvertrag abgeschlossen hatte), schrieb. In diesem Brief, der auf eine Tontafel geschrieben war, drückte Naptera (akkadische Schreibweise des Namens Nefertari) ihre Freundschaft und ihre Freude darüber aus, daß sich inzwischen brüderliche Beziehungen zwischen den beiden Herrschern entwickelt hatten.

Wie und wann Nefertari starb, ist nicht genau bekannt, doch war es nach der Errichtung des kleinen Tempels von Abu Simbel und vor der endgültigen Fertigstellung seiner Dekoration, die zwischen dem Jahr 26 und 34 liegt. Anders ließe sich das Nebeneinander von zwei Dingen nicht erklären, nämlich daß der Tempel selbst ganz und gar kein Grabtempel ist, sondern die Königin als lebendige Person darstellt, während andererseits eine Fassadeninschrift typische Eigenheiten einer Gedenkinschrift aufweist. Sie lautet:

«König Usermaâtra, der von Ra Erwählte, hat (diesen Tempel) gebaut für die Große Königliche Gemahlin Nefertari Meri-en-Mut in Nubien, (mit Leben beschenkt) wie Ra, für immer und ewig.»[149]

Weder in den Inschriften zum Thronjubiläum des Jahres 30 (1261 v. Chr.) noch in späteren taucht der Name der geliebten Gattin wieder auf, aber auch keine andere „Große Königliche Gemahlin" – ein Beweis für die einzigartige Stellung, die Nefertari innehatte. Die Mumie der großen Königin, der „Herrin der beiden Länder", wurde nie gefunden, aber in der Geschichte ist die Erinnerung an sie lebendig geblieben. Der heute noch frische Zauber ihrer Schönheit läßt sich aus den herrlichen Abbildungen erahnen, die ihre letzte Ruhestätte schmücken.

2

3

Nefertari und Ramses II. (4-5-6)
Am zweiten Pylon des Ramesseums, des Grabtempels von Ramses II. (4), ist eine Darstellung des Min-Festes zu sehen, in der Nefertari tanzend abgebildet ist (5). Auch dies scheint auf eine enge Verbindung zwischen der Königin und Pharao Eje hinzuweisen, der ja aus Achmim, der heiligen Stadt des Min, stammte.
Unten: Schematische Darstellung der genealogischen Beziehungen zwischen Ramses II. und Nefertari (6).

4

5

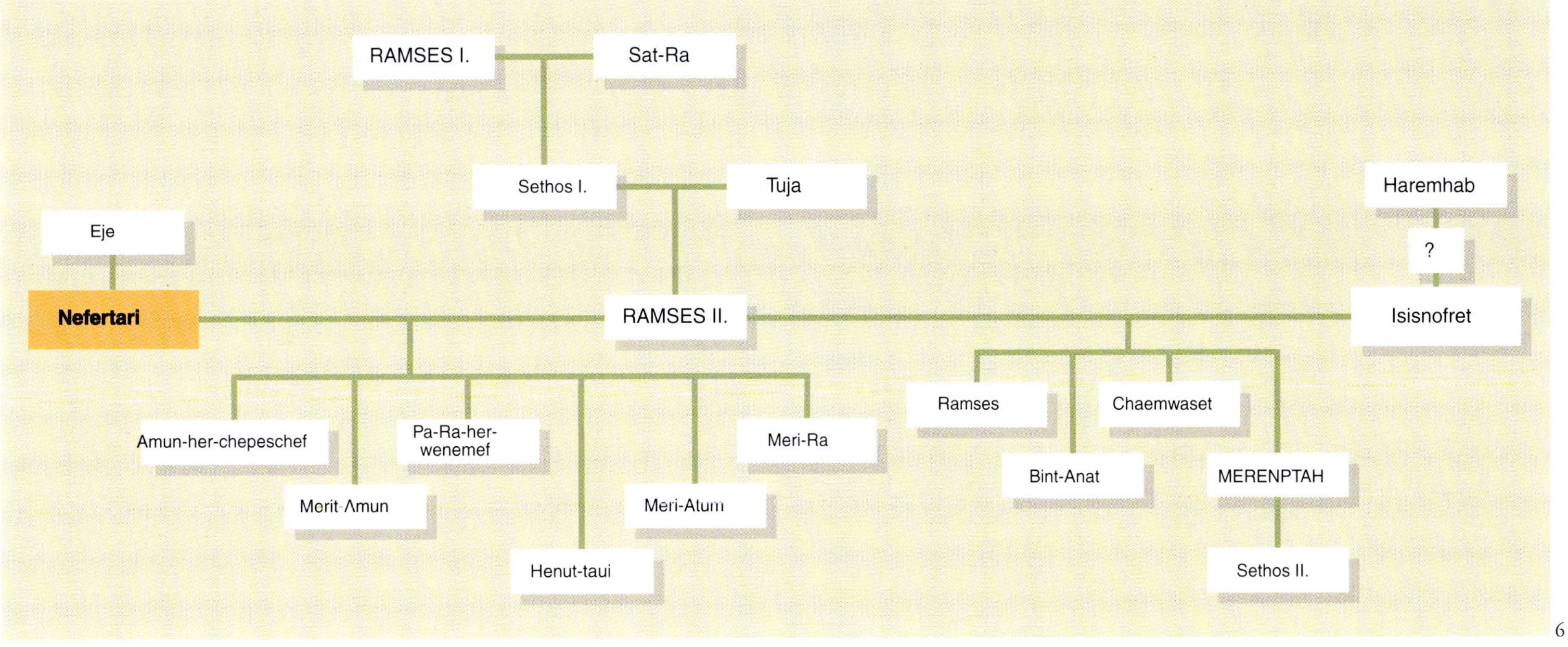

6

Die Architektur des Grabes

Am Nordhang des Hauptwadis im Tal der Königinnen liegt das Nefertari-Grab, und zwar zwischen den Gräbern der Königin Tuja, der Mutter von Ramses II. (Nr. 80), und dessen Tochtergemahlin Merit-Amun (Nr. 68). Es erstreckt sich in süd-nördlicher Richtung über etwa 37,50 m Länge. Zweifellos war die Nähe des nur wenige Meter weiter westlich liegenden Tuja-Grabes, dessen Anlage deutliche Analogien zum Nefertari-Grab aufweist, ausschlaggebend für die Planung des letzteren, denn es zwang die Baumeister zu einem Achsenknick in Höhe der zweiten, zur Sargkammer führenden Treppe, und zwar nach Osten. Am unteren Ende einer ersten, 4,50 m langen Treppe mit 18 Stufen gelangt man in den rund 28 m² großen Raum I, der auch als Vorraum oder Raum A bezeichnet wird, mit annähernd quadratischem Grundriß. An der Ostseite des Vorraums führt ein Durchgang in einen ungefähr 5 m breiten und 1,07 m tiefen Durchgangsraum (Ia), dessen Mitte sich in einen knapp über 1 m langen Korridor zum dahinterliegenden Raum II öffnet. Dieser Raum II, der einen rechteckigen Grundriß aufweist, ist etwa 5 m breit und 3,10 m tief.

Aus der nordöstlichen Ecke des Vorraums führt die zweite Treppe (Korridor) in nordwestlicher Richtung in die Grabkammer hinab. Sie ist 7 m lang und besteht aus 18 Stufen. In ihrer Mitte läuft eine rampenartige Gleitbahn.

Der Eingang zum Grab
Das Nefertari-Grab liegt am Nordhang des Hauptwadis im Tal der Königinnen, in einem Bereich, in dem auch andere Grabstätten aus der Zeit Ramses' II. zu finden sind.

Gefährliche Nachbarschaft (1)
Vermutlich veranlaßte die Nähe des Grabes der Königin Tuja, der Mutter Ramses' II. (dessen Anlage große Ähnlichkeit mit dem Nefertari-Grab aufweist), die Architekten dazu, die Grabachse mit einem deutlichen Knick zu korrigieren, um einen Durchbruch zu vermeiden.

Der Grundriß des Nefertari-Grabes (2)
Die Anlage des Nefertari-Grabes besteht aus mehreren Räumen, was für die Zeit Ramses' II. typisch ist, und weist deutliche Ähnlichkeit mit dem Grab der Königinmutter Tuja auf.

Der Eingang zum Vorraum (3)
Eine steile Treppe mit 18 Stufen führt in den ca. 28 m^2 großen Vorraum.

1

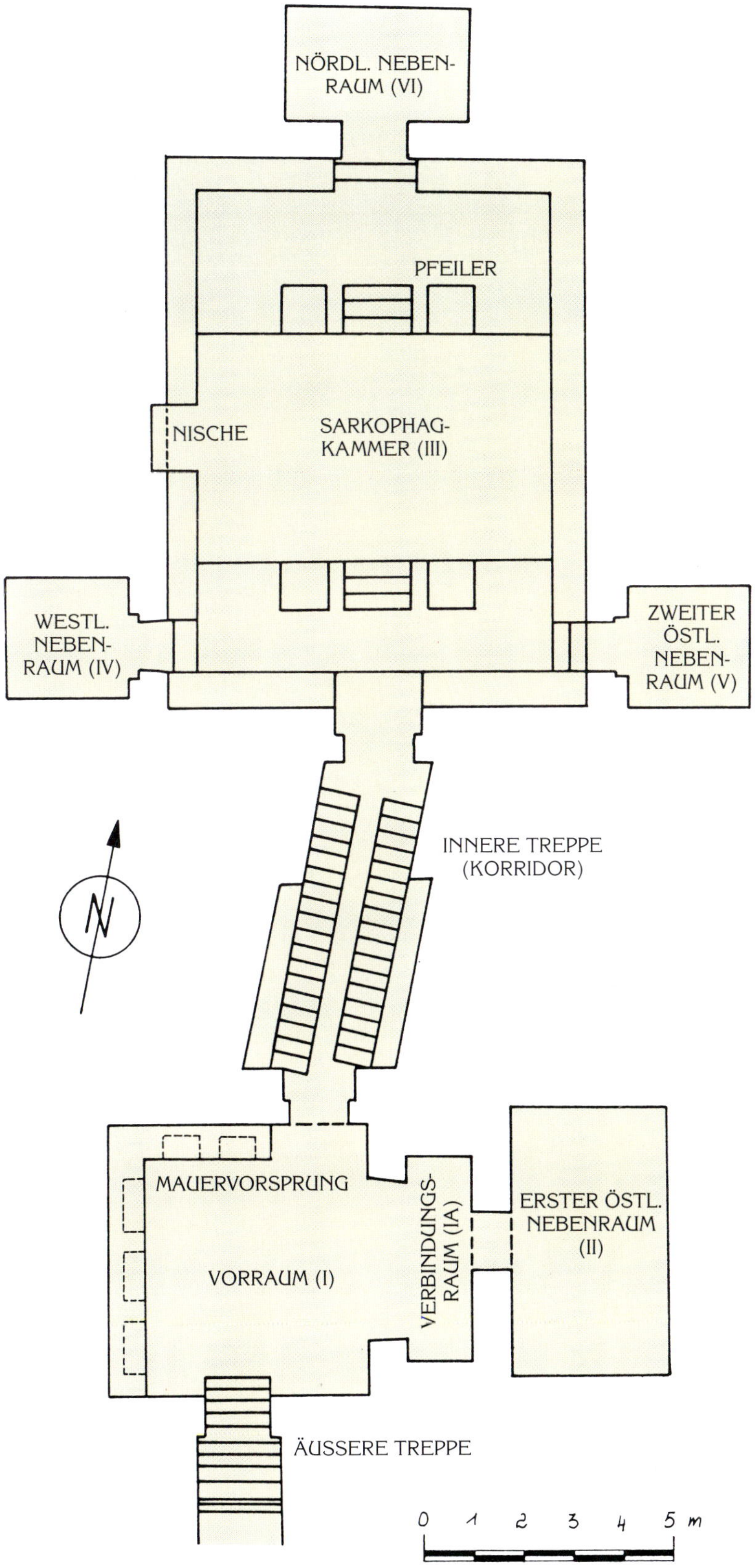

2

3

Der Hauptraum des Grabes, die Sarkophag- oder Sargkammer (III) mit vier Stützpfeilern im Zentrum ist 87 m^2 groß. An der Nord-, Ost- und Westwand öffnen sich Durchgänge zu drei kleinen Nebenräumen, die etwas höher liegen als der Hauptraum und zu denen man ein paar Stufen emporsteigt. Der Sarkophag stand im Mittelteil zwischen den vier Pfeilern.

Analog zum Grab des Chaemwaset stellt auch das Nefertari-Grab eine rituelle Wanderung der toten Königin dar, die über die innere Treppe in das Totenreich gelangte: Hier, in der Sargkammer (die auch als „Goldhaus“ bezeichnet wird), betrat die Tote – nachdem sie die im 144. und 146. Kapitel des Totenbuches beschriebenen Tore passiert hatte – das Reich des Osiris, wo sich der Regenerationsprozeß vollzog, welcher der Wiedergeburt vorausgeht. Danach ging die Königin denselben Weg in umgekehrter Richtung, bis sie als strahlende Siegerin über den Tod (dieser Triumph über den Tod wird durch Abbildungen zum 94. und 148. Kapitel im ersten seitlichen Nebenraum illustriert) ihre Transfiguration und Verschmelzung mit der Sonne im Vorraum vollendete, wie es im 17. Kapitel beschrieben wird, und vereinigt mit Ra zum Himmel emporsteigen konnte[150].

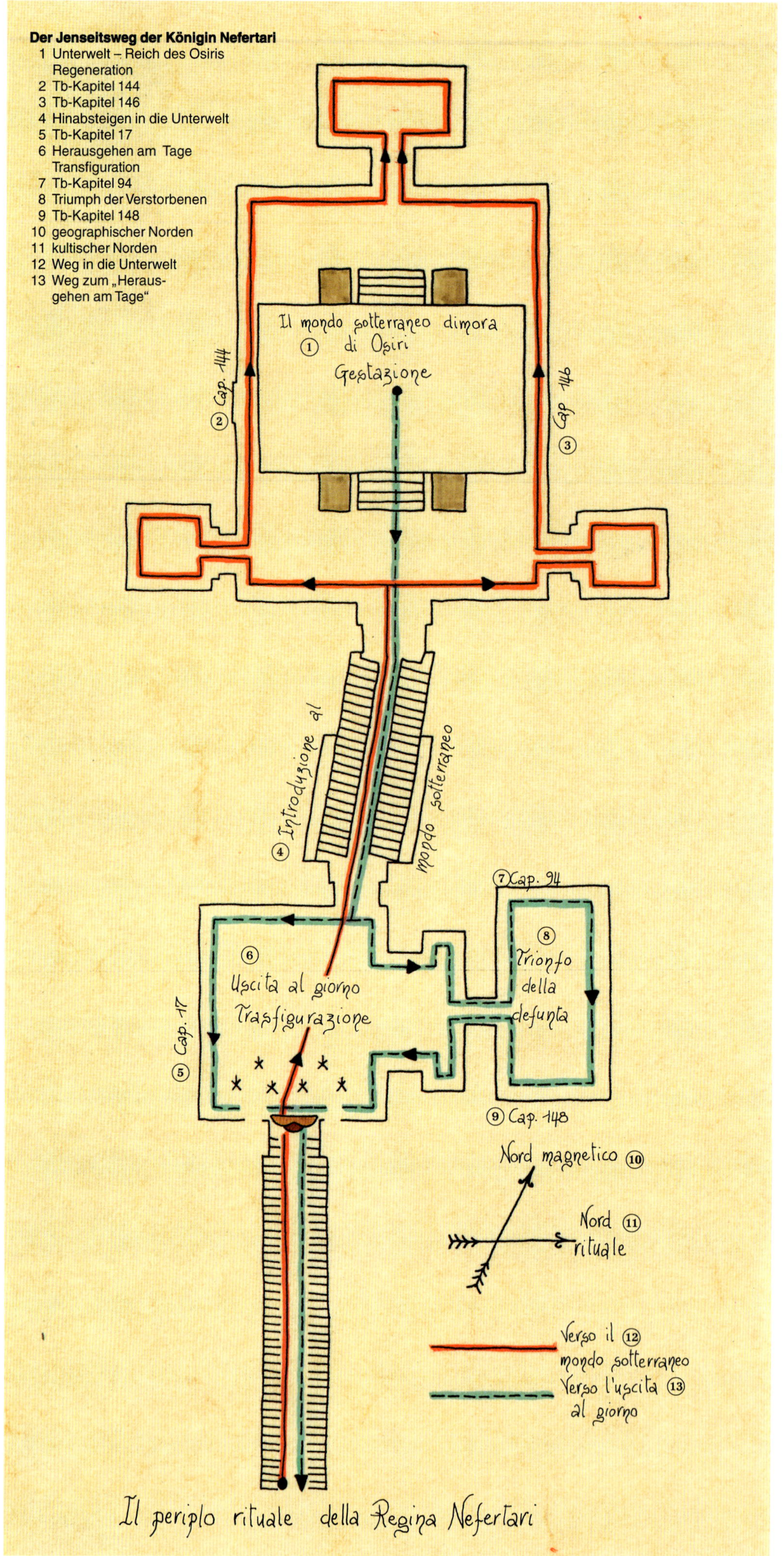

Der rituelle Jenseitsweg der Seele
Die Seele der Königin gelangte über die innere Treppe in die unterirdische Welt. Nachdem sie die im 144. und 146. Kapitel des Totenbuches beschriebenen Tore und Pforten passiert hatte, betrat sie in der auch als „Goldhaus“ bezeichneten Sargkammer das Reich des Osiris. Nach einer Periode der Regeneration durchlief die Seele der Königin denselben Weg in umgekehrter Richtung, triumphierte (gemäß Kapitel 94 und 148 des Totenbuches) im ersten Nebenraum über den Tod und vollendete (wie im 17. Kapitel beschrieben) ihre Transfiguration durch ihre Einswerdung mit der Sonne, so daß sie – eingegangen in Ra – zum Himmel emporsteigen konnte. *(nach C. Leblanc)*

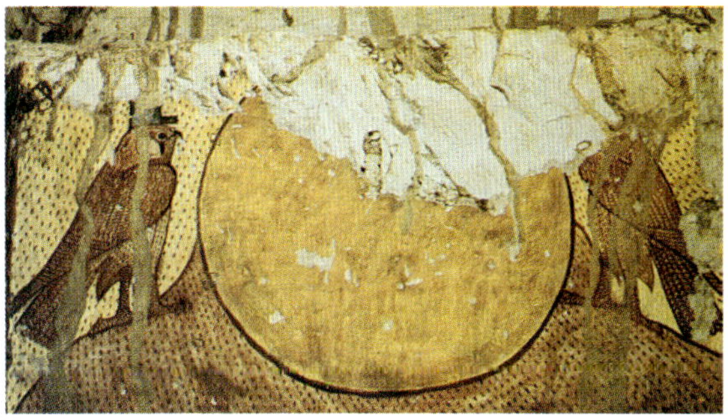

Eine Sonnenscheibe an der Decke des Vorraums
Auf der Unterseite des Türsturzes wird – in Entsprechung zur Decke des Vorraumes – die Sonnenscheibe, flankiert von Isis und Nephthys in Falkengestalt, dargestellt. Dies ist ein Symbol für das Aufgehen des Sonnengottes Ra am Osthorizont und gleichzeitig eine Anspielung auf das „Herausgehen am Tage" der in den Sonnengott eingegangenen Königin.

Im Vorraum vor dem Gott Osiris

Raum I (Vorraum), dessen dunkelblaue Decke mit goldgelben fünfzackigen Sternen übersät ist, weist an der Süd-, West- und Nordseite einen Mauervorsprung auf, der aus dem Fels gehauen ist und über die gesamte Wandlänge verläuft. Er war vermutlich zum Aufstellen der Grabbeigaben und Gerätschaften bestimmt.

Der mit einer Hohlkehle verzierte Mauervorsprung wird von kleinen Pfeilern gestützt, die an der Vorderseite die Kartusche der Königin samt Titulatur zeigen und den Vorsprung in (insgesamt fünf) kleine, mit einem farbigen geometrischen Motiv verzierte Nischen unterteilen.

Auf dem zweiten und dritten Pfeiler der Westwand sind zwei Inschriften in hieratischer Schrift zu erkennen; sie beziehen sich auf die Verteilung von Gips an die Bauarbeiter des Grabes[151].

Darüber verläuft quer in einer einzigen Zeile die nachstehende Hieroglypheninschrift:

«So spricht Osiris, der Erste der Westlichen, (Wen)-nefer[152], Herr des heiligen Landes[153], der große Gott, König der Lebenden, Herr der Igeret[154], zu seiner geliebten Tochter, der Herrin der beiden Länder, Königlichen Gemahlin, Nefertari Meri-en-Mut, der Lebenden: „Ich gebe dir einen Platz am Eingang zu Igeret. Mögest du am Himmel erscheinen können wie mein Vater Ra; mögest du im heiligen Land einen Platz erhalten; mögest du am Sitz der Wahrheit glücklich sein, nachdem dich die göttliche Neunheit zu sich geholt hat, oh Osiris, Große Königliche Gemahlin, Nefertari Meri-en-Mut, Gerechtfertigte[155]".»

An der Südwand des Vorraums, im Ostteil (d. h., wenn man hineingeht rechts vom Eingang), nimmt eine einzige Szene den verfügbaren Raum ein: Sie zeigt Nefertari im Anbetungsgestus vor Osiris.

Auf den übrigen Wänden sind über dem Mauervorsprung Teile aus dem 17. Kapitel des Totenbuches abgebildet, dessen Text sich auf mehr als 100 senkrechte Kolumnen verteilt. Dieses Kapitel des Totenbuches ist im wesentlichen ein Text zur Kosmogonie und Exegese, in dem die verschiedenen Lehren (von Heliopolis, Hermopolis und Abydos) in vereinheitlichter Form dargestellt werden.

Die Verstorbene ist hier dargestellt als bereits vereinigt mit Ra, dem Herrn des Universums, entledigt aller irdischen Sünden, während sie wie ein Stern am Osthimmel aufgeht.

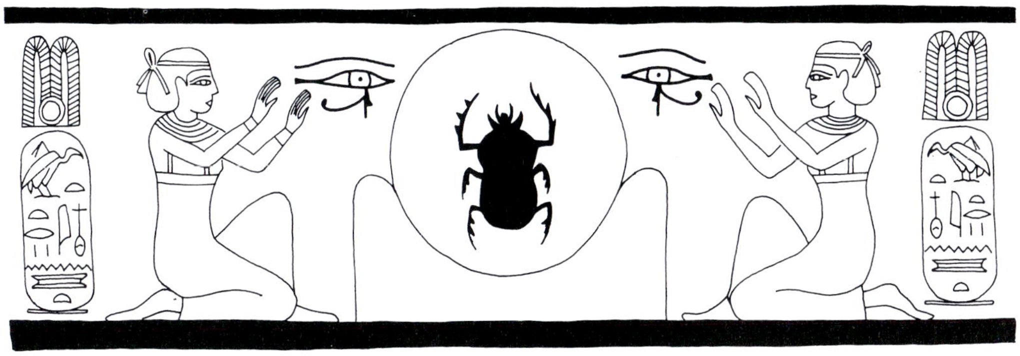

Die Dekoration der Eingangstür
Die Malereien auf dem Türsturz über dem Grabeingang sind heute restlos verschwunden, doch es ist gelungen, sie anhand der Dokumentation durch die Italienische Mission zu rekonstruieren. In der Mitte, zwischen zwei *Udjat*-Augen, symbolisiert ein großes *Achet*-Zeichen den Horizont mit dem Himmelsgewölbe darüber.

Der Sternenhimmel an der Decke
Die Decke stellte das Himmelsgewölbe dar: Der in Ägyptischblau gemalte Untergrund war übersät mit fünfzackigen goldgelben Sternen.

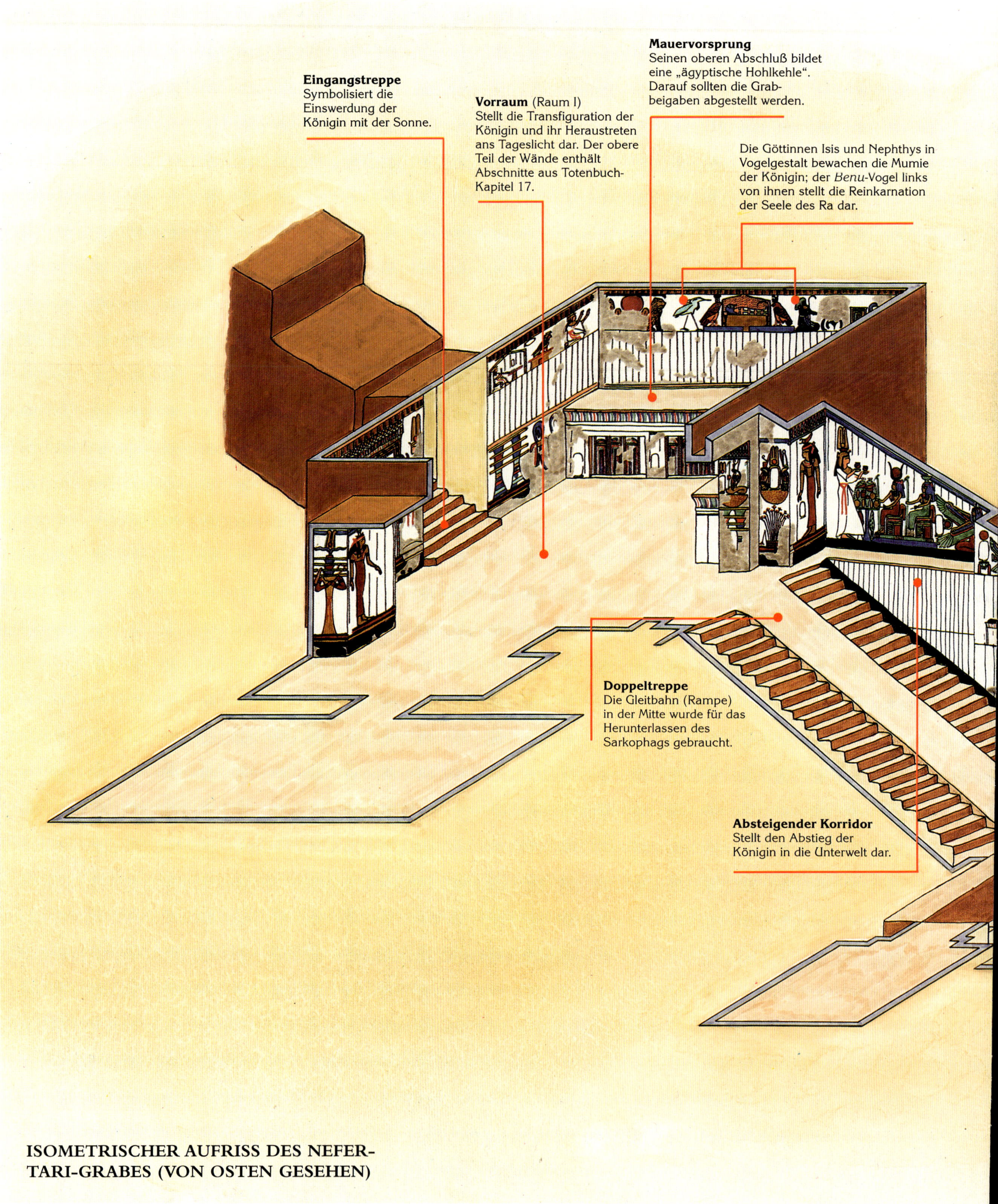

ISOMETRISCHER AUFRISS DES NEFERTARI-GRABES (VON OSTEN GESEHEN)

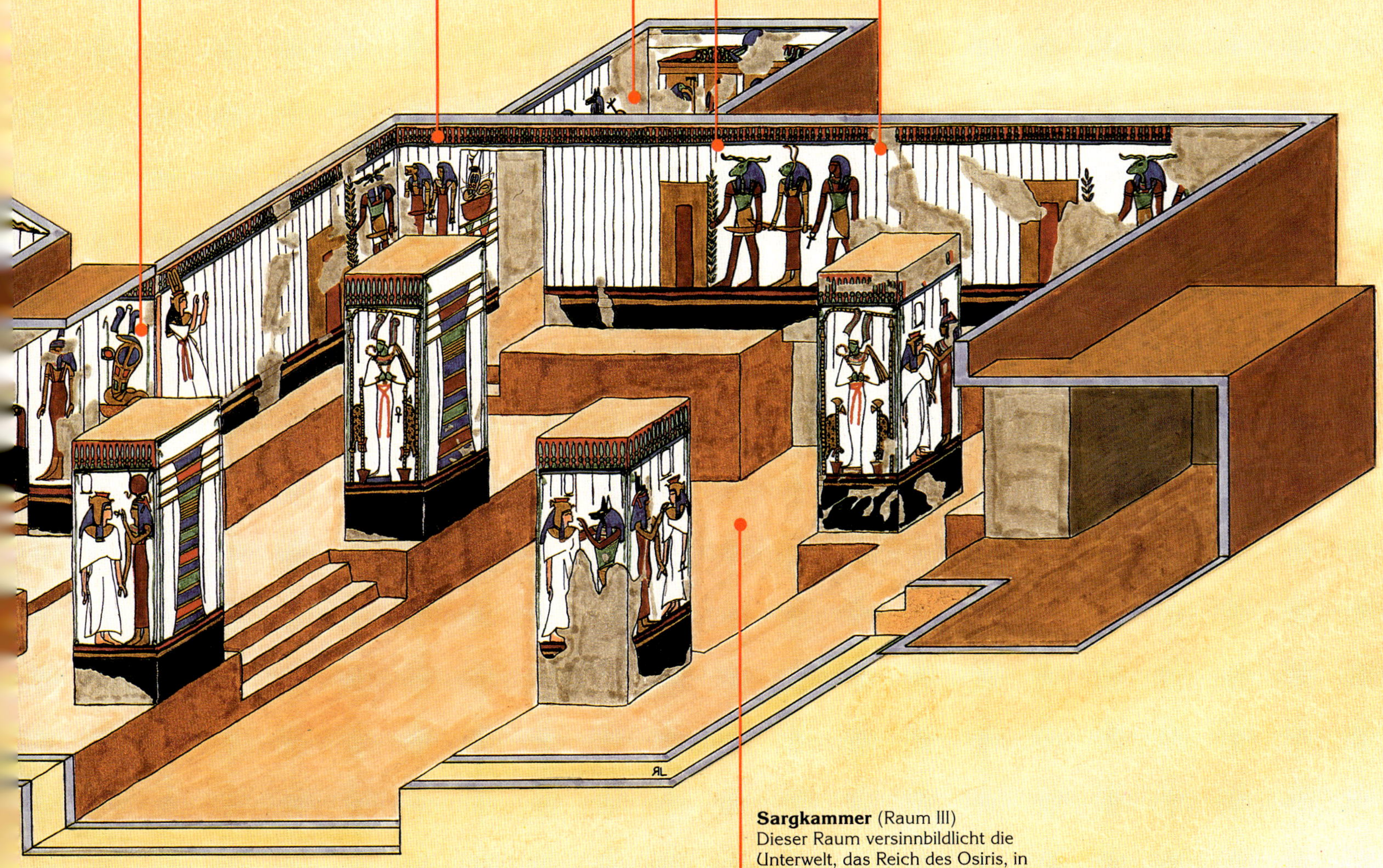
Cheker-Fries, oberer Wandabschluß in vielen Gräbern und Tempeln. Es ist eine stilisierte Darstellung von Pflanzenstengeln, die durch ein Band zusammengehalten werden.
Die drei Dämonen, die gemäß Tb-Kapitel 144 als „Wächter", „Torhüter" und „Anmelder" das zweite Tor zum Reich des Osiris bewachen.
Westlicher Nebenraum (Raum IV) Die seitlich abgehenden Nebenräume dienten vermutlich der Unterbringung der Grabausstattung.
Die Uräus-Schlange, die der Göttin Uto heilige Kobra, mit der *Atef*-Krone und dem *Was*-Szepter ist das Symbol der Königswürde.
Sargkammer (Raum III) Dieser Raum versinnbildlicht die Unterwelt, das Reich des Osiris, in dem sich das neue Leben der Königin gleichsam wie im Mutterleib entwickelt bis zu ihrer symbolischen Wiedergeburt.

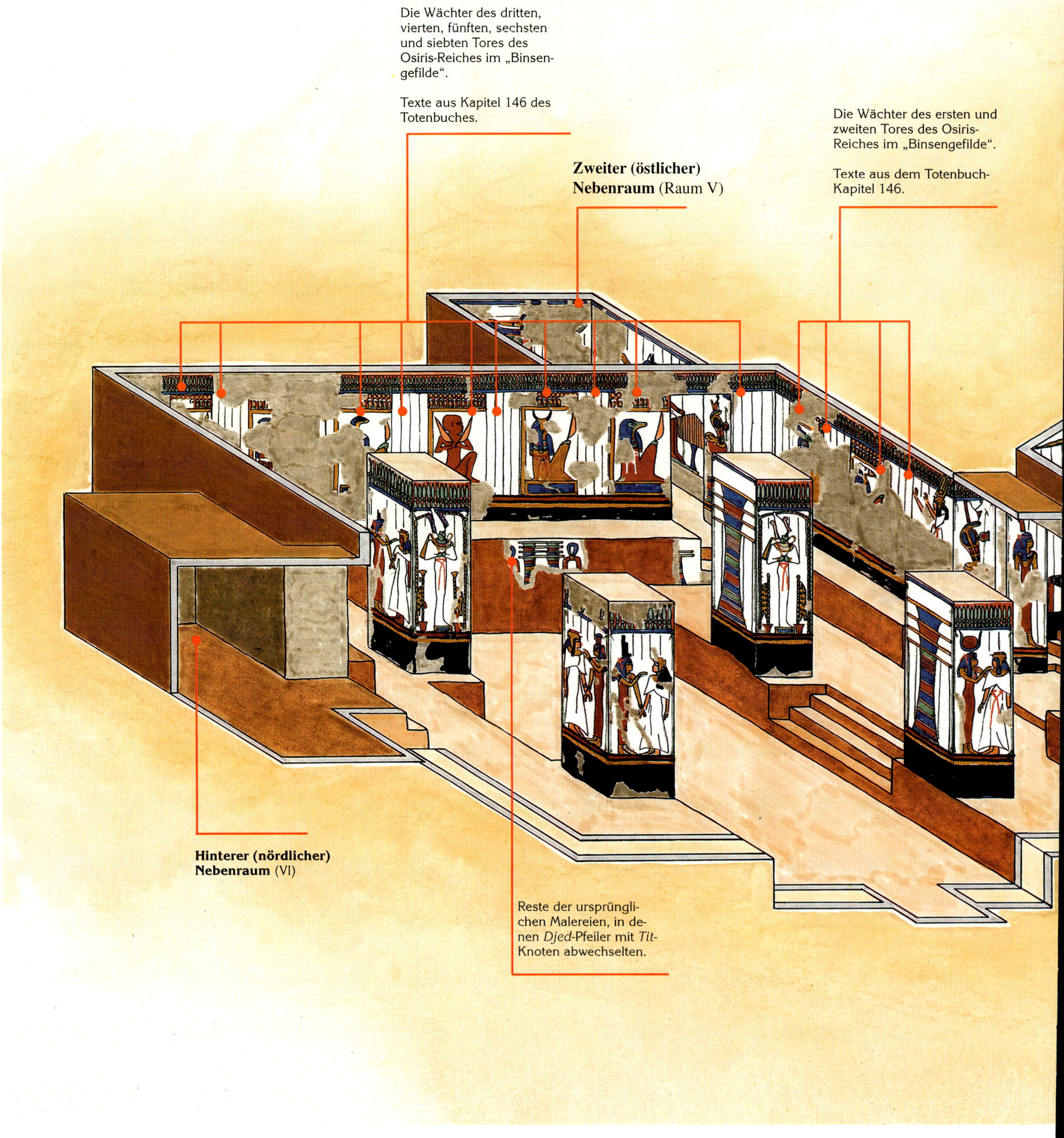

Die Wächter des dritten, vierten, fünften, sechsten und siebten Tores des Osiris-Reiches im „Binsengefilde".

Texte aus Kapitel 146 des Totenbuches.

Zweiter (östlicher) Nebenraum (Raum V)

Die Wächter des ersten und zweiten Tores des Osiris-Reiches im „Binsengefilde".

Texte aus dem Totenbuch-Kapitel 146.

Hinterer (nördlicher) Nebenraum (VI)

Reste der ursprünglichen Malereien, in denen *Djed*-Pfeiler mit *Tit*-Knoten abwechselten.

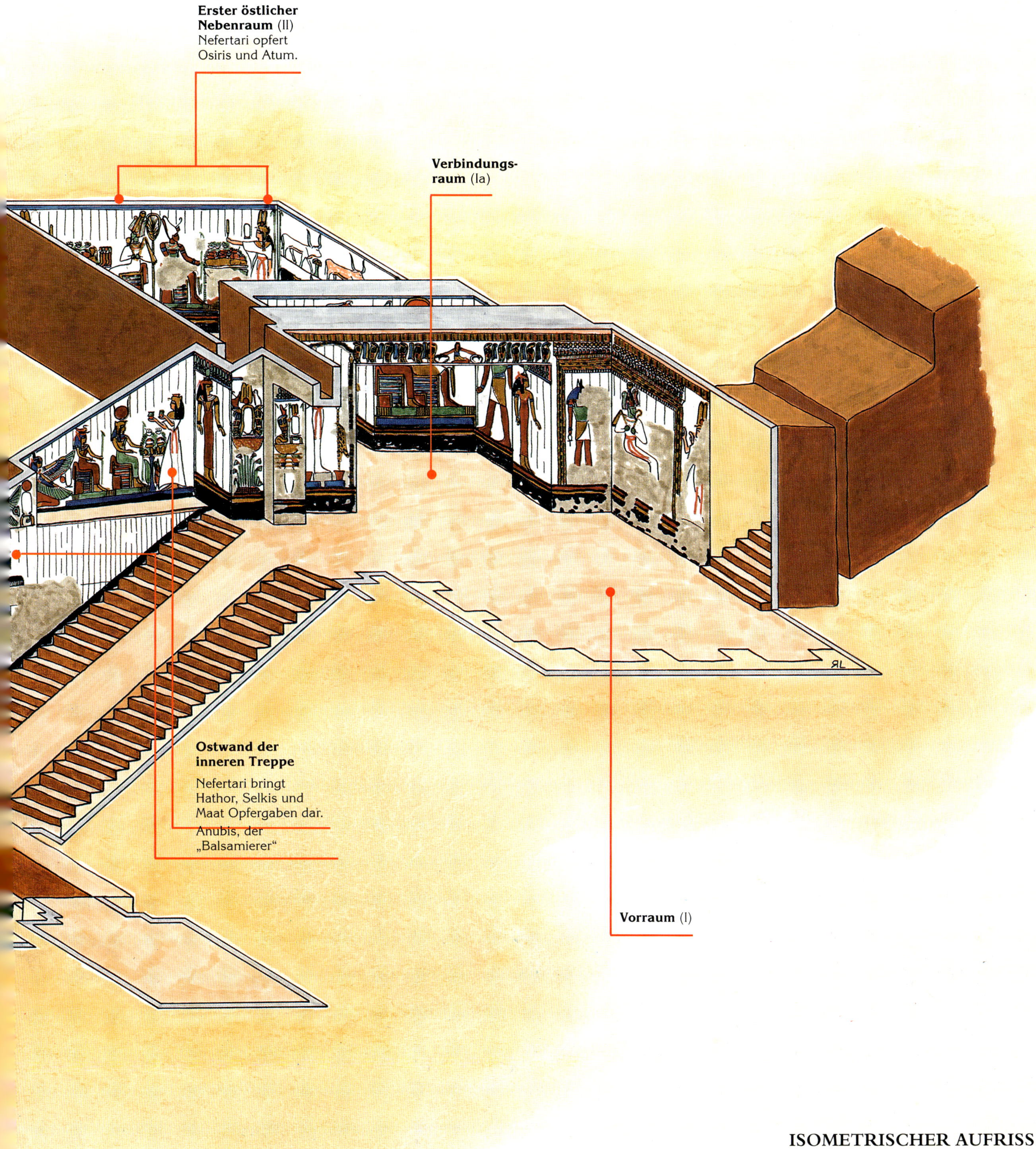

ISOMETRISCHER AUFRISS DES NEFERTARI-GRABES (VON WESTEN GESEHEN)

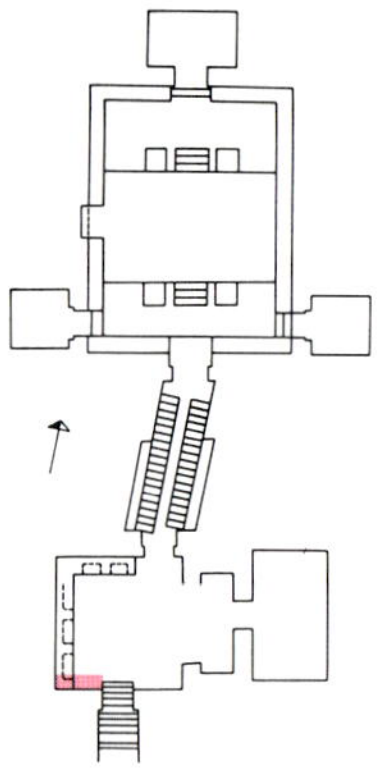

Der Abstieg in die Unterwelt

Die Südwand des Vorraums erscheint zunächst horizontal dreigeteilt: Die Bilder von Djed-Pfeilern, die mit „Isis-Knoten“ (beides Schutzamulette) abwechseln, sind im unteren Teil sehr stark beschädigt; im mittleren Register beginnt Totenbuch-Spruch 17, und über den Textkolumnen sind großartige erläuternde Illustrationen angeordnet. Zwischen diesen und der den Sternenhimmel darstellenden Decke liegt ein dreigeteilter rosa Fries, der ganz oben ein Muster mit roten Tupfen, in der Mitte mit senkrechten Streifen und unten mit horizontalen Streifen aufweist. Die Bilddekoration beginnt an der Südwand, links vom Eingang, mit einer Darstellung der auf einem hochlehnigen Sessel unter einem grünen Baldachin (vielleicht aus Rohr) sitzenden Königin beim Brettspiel (*Senet*), einem antiken Vorläufer unseres Damespiels. Die Königin spielt allein, hält in der rechten Hand ein Szepter und bewegt mit der linken die Figuren auf dem Spielbrett.

Die Inschrift daneben lautet:

«(Der) Osiris, die Große Königliche Gemahlin, die Herrin beider Länder, Nefertari Meri-en-Mut, gerechtfertigt bei Osiris, dem großen Gott.»

Das anschließende Bild zeigt die Königin in der Gestalt des menschenköpfigen *Ba*-Vogels mit dem Aussehen der Königin, sogar mit ihrer Frisur; die Vignette ist oberhalb einer Art Kapelle angebracht, die das Grab symbolisiert: Es handelt sich dabei um eine Darstellung der Seele der Königin, oder besser der *Ba*-Seele, die Bestandteil der Persönlichkeit und Lebensprinzip ist[156].
Die dazugehörige Inschrift lautet in Analogie zur vorhergehenden:

«(Der) Osiris, die Große Königliche Gemahlin, die Herrin der beiden Länder, Nefertari Meri-en-Mut, die Gerechtfertigte.»

In der dritten Darstellung ist Nefertari wieder in menschlicher Gestalt zu sehen, und zwar kniend mit betend erhobenen Händen.

Das Brettspiel (*Senet*) und der *Ba*-Vogel
Im Westteil der Südwand sitzt Nefertari in einer Laube auf einem Thronsessel und spielt *Senet*, eine antike Urform unseres Damespiels; die nächste Vignette stellt die Seele der Königin in Gestalt eines menschenköpfigen Vogels dar, der auf einer symbolischen Darstellung des Grabes sitzt: Es ist dies die *Ba*-Seele der Königin, integraler Bestandteil ihrer Persönlichkeit und Lebensprinzip. Die Bildfolge schließt mit einem Bild der knienden Nefertari in Gebetshaltung.

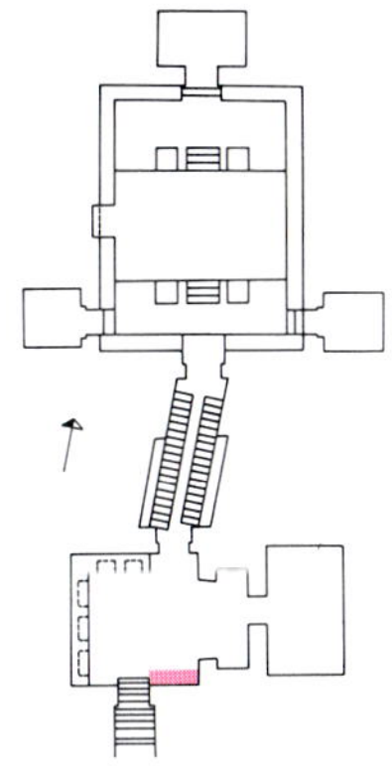

Die Königin betet Osiris an
Im Osttell der Südwand wird Nefertari in Anbetungshaltung vor Osiris, dem Herrscher des Totenreiches, dargestellt.

Der Text dazu lautet:
«(Der) Osiris, die Große Königliche Gemahlin, Herrin beider Länder, Nefertari Meri-en-Mut, gerechtfertigt bei Osiris, dem großen Gott, dem Herrn des Westens.»

Die vertikalen Textkolumnen enthalten den ersten Abschnitt des Totenbuch-Kapitels 17 in gegenläufiger Schreibweise (der von hinten nach vorn gelesen wird) und weist heute viele Lücken auf, die nur dank der Aufnahmen in ihrem früheren Zustand rekonstruiert werden konnten:

«Anfang des Papyrus über die Erhebungen und Verklärungen, das Herausgehen und Hinabsteigen im Totenreich, um verklärt zu sein im schönen Westen, um herauszutreten am Tage und jede gewünschte Gestalt anzunehmen, um Senet in der Halle (Laube) sitzend zu spielen; das Herausgehen als lebendiger Ba durch die Gnade des Osiris der Großen Königlichen Gemahlin, Herrin der beiden Länder, Nefertari Meri-en-Mut, gerechtfertigt, nachdem sie gestorben ist[157].
Es ist von Nutzen sowohl für den, der es auf Erden verwendet, als auch für den, der jede von Atums Lehren in die Praxis umsetzt.

„Ich bin Atum, der allein war in den Urgewässern (Nun).
Ich bin Ra bei seinem Erscheinen, der herrscht über das, was er geschaffen hat."

„Was bedeutet das: Es ist Ra, als er begann, über das zu herrschen, was er gemacht hatte? Der Anfang von Ra ist sein Erscheinen als König von dem, was er gemacht hat, als Wesen, das seinen Anfang nahm vor der Erhebung des Schu[158], als dieser noch auf seinem Hügel[159] in Hermopolis war, als er die Geschöpfe des Chaos vernichtet hatte."

„Ich bin der große Gott, der sich selbst gezeugt hat."

„Was bedeutet das?
[Der große Gott, der sich selbst gezeugt hat] ist das Wasser, ist Nun, der Vater aller Götter. Anders gesagt: Es ist Ra."

„[Ich bin] der Schöpfer des Namens für die Götterneunheit."

„Was bedeutet das?
Es ist Ra, als er die Namen seiner Glieder schuf[160], und so kamen diese Götter ins Leben als jene, die in Ras Gefolge sind."

„Ich bin der, dem sich keiner unter den Göttern widersetzen kann."

„Was bedeutet das?
Es ist Atum in seiner [Sonnen-]Scheibe. Anders gesagt: Es ist Ra, wenn er strahlt am östlichen Himmelshorizont."

„Ich bin das Gestern, und ich kenne das Morgen."

„Was bedeutet das?
Das Gestern ist Osiris, das Morgen ist Ra, von dem Tage an, an dem die Feinde des Weltenherrschers vernichtet wurden und sein [Sohn] Horus regiert. Anders gesagt: Von dem Tag an, an dem das Grab des Osiris von seinem Vater Ra bereitet wurde."

„Er (Ra) bereitet das Schlachtfeld der Götter vor, gemäß dem Befehl von Osiris, dem Herrn der westlichen Wüste[161]."

„Was bedeutet das?
Es ist der Westen. Er wurde für die Seelen der Götter gemacht, entsprechend seinem Befehl und

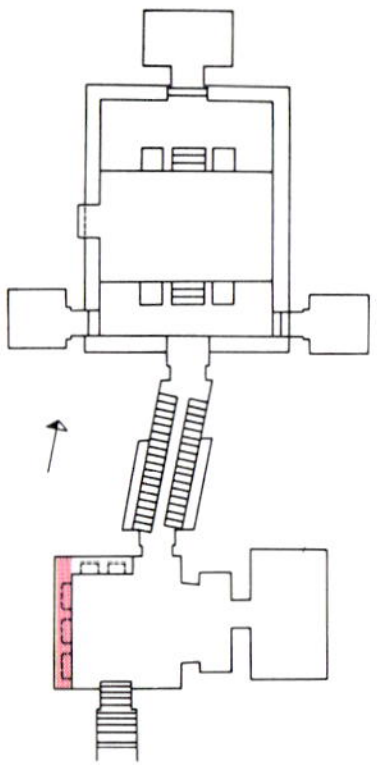

Die Mumie der Königin
Die beiden Göttinnen Isis und Nephthys in Falkengestalt behüten die Mumie der Königin in ihrem Grab. Darunter sind die senkrechten Textkolumnen mit dem Totenbuch-Spruch 17 zu sehen.

dem (Befehl) von Osiris, dem Herrn der westlichen Wüste. Anders gesagt: Es ist der Westen, zu dem Ra jeden Gott hinabsteigen läßt, und dann kämpft er dort für sie."

„(Der) Osiris, die Große Königliche Gemahlin, die Herrin beider Länder, Nefertari Meri-en-Mut, gerechtfertigt, [spricht]: ‚Ich kenne diesen Gott, der dort ist'."

„Was bedeutet das?
Es ist Osiris. ‚Der Ra preist', ist sein Name. ‚Seele des Ra' ist sein Name, der mit diesem seinen Anfang genommen hat."

„(Der) Osiris, die Große Königliche Gemahlin, die Herrin beider Länder, Nefertari Meri-en-Mut, die Gerechtfertigte, [spricht]: ‚Ich bin der Phönix, der in Heliopolis lebt, der prüft, was ist und was war'."

„Was bedeutet das?
Der, der prüft, was ist und was war – das ist sein Leichnam. Anders gesagt: Das ist die Ewigkeit und die Unendlichkeit.
Anders gesagt: Die Ewigkeit ist der Tag, die Unendlichkeit ist die Nacht."

„(Der) Osiris, die Große Königliche Gemahlin, die Herrin der beiden Länder, Nefertari Meri-en-Mut, die Gerechtfertigte, [spricht]: ‚Ich bin Min bei seinem Erscheinen, während ich zwei Federn auf mein Haupt stecke'[162]."

„Was bedeutet das?
Min und Horus, die Stütze seines Vaters[163]. Sein Erscheinen und seine Wiedergeburt; die beiden Federn auf seinem Kopf sind die Ankunft von Isis und Nephthys; sie haben (die Federn) auf seinen Kopf gesteckt wie Falken, und (so) blieben sie über ihm. Anders gesagt: [Die beiden Federn] sind die beiden großen Uräus-Schlangen am Kopfe meines Vaters Atum; anders gesagt: Seine beiden Augen sind die beiden Federn auf seinem Kopf."

„(Der) Osiris, die Große Königliche Gemahlin, die Herrin beider Länder, Nefertari Meri-en-Mut, – sie sei (immer) gerechtfertigt in ihrem Lande – nachdem sie aus ihrer (Geburts-)Stadt eingetroffen ist, [spricht]: ‚Ich bin in meinem Land, gekommen aus meiner (Geburts-)Stadt'."

„Was bedeutet das?
Es ist der Horizont meines Vaters Atum."

„Die Fehler sind ausgelöscht, die Sünden getilgt."

„Was bedeutet das?
Das ist das Durchtrennen der Nabelschnur des Osiris, der Großen Königlichen Gemahlin, der Herrin der beiden Länder, der Nefertari Meri-en-Mut, der Gerechtfertigten."

(Der Text läuft über auf die Nordwand. Fortsetzung siehe S. 128.)

Das Totenbuch

Als Totenbuch bezeichnet man die Sammlung von magischen Sprüchen unterschiedlicher Länge, die in Hieroglyphenschrift auf Papyrusrollen geschrieben und ab der 18. Dynastie im Gebiet von Theben den Mumien ins Grab gelegt wurden. Diese Sprüche gingen – zumindest teilweise – auf die Pyramidentexte (Sammlungen von religiösen Begleittexten zu den rituellen Beisetzungshandlungen auf den Wänden der Kammern im Inneren der Pyramiden ab dem Ende des Alten Reiches) und die Sargtexte (die sich an die obengenannten Texte anlehnten und in der Ersten Zwischenzeit sowie im Mittleren Reich in Hieroglyphenschrift auf die Särge nicht nur von Herrschern, sondern auch von Vornehmen und Würdenträgern geschrieben wurden) zurück. Die Totenbuch-Sprüche hatten die Aufgabe, den Verstorbenen mit

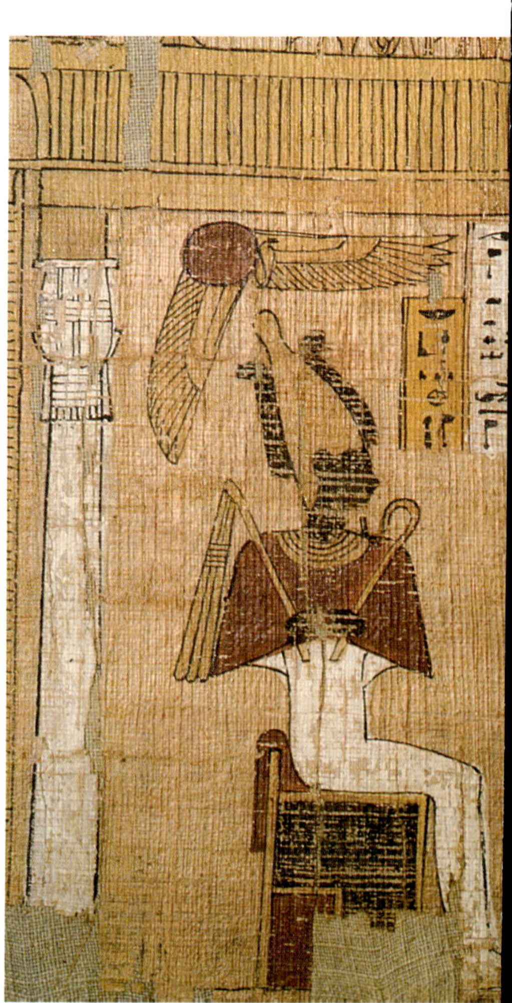

Das Totengericht des Osiris (1-2)
Einer der bekanntesten Totenbuch-Sprüche bezieht sich auf das Urteil des Osiris, dem sich der Tote unterwerfen muß.

1

allem zu versehen, womit er die Tore zum Jenseits öffnen und alle dort auftretenden Hindernisse überwinden konnte. Erst Jahrhunderte nach ihrem Auftauchen, in der saïtischen Periode, nahmen diese Texte eine vollständige und endgültige Form an. Damals wurde auch die Reihenfolge der Sprüche festgelegt, die damit eine Art „Buch"-Charakter annahmen.
(Die Bezeichnung „Totenbuch" wurde erstmals vom preußischen Ägyptologen Karl Richard Lepsius verwendet: Er veröffentlichte 1842 einen nahezu vollständigen Text dieser Spruchsammlung, die er auf einem Papyrus des Ägyptischen Museums in Turin gefunden und in 165 Kapitel oder Sprüche unterteilt hatte[164]. Vor ihm hatte Champollion, der anläßlich seines Besuches in Turin dasselbe Schriftstück untersucht hatte, die Ansicht vertreten, daß diese Texte die für die Beisetzung des Toten vorgeschriebenen rituellen Handlungen und Gebete enthielten,

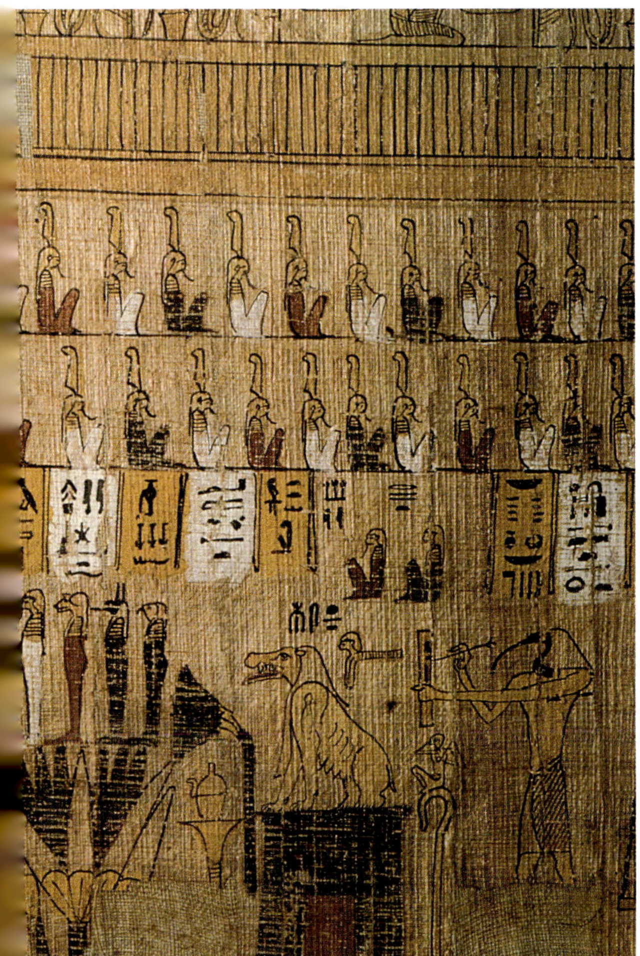
2

und sie als „rituel funéraire" bezeichnet. Im Jahre 1886 brachte der Schweizer Gelehrte Edouard Naville eine nahezu komplette Zusammenstellung von Papyrusrollen (aus der 18. bis 20. Dynastie) heraus, die auch als „Bibel der alten Ägypter"[165] bezeichnet wurden. 1898 gab der Engländer Wallis Budge eine um Texte bis zur ptolemäischen Epoche erweiterte, noch vollständigere Fassung des Totenbuches heraus, die er in 190 Kapitel unterteilte. Den Titel „Totenbuch", den das Buch seit Lepsius trug, ergänzte er noch um die von den alten Ägyptern verwendete Originalbezeichnung *Peret-em-heru*, d. h. „*Sprüche vom Herausgehen am Tage*"[166].)
Mit dem Anfang der 18. Dynastie begannen ägyptische Privatpersonen Schreiber damit zu beauftragen, die Spruchsammlungen auf Papyrusrollen zu schreiben, damit sie diese auf ihre Reise ins Jenseits mitnehmen konnten: Die Länge der Texte war äußerst unterschiedlich, weil der Auftraggeber die ihm am angebrachtesten und nützlichsten erscheinenden Sprüche auswählen konnte. Die Sprüche, von denen jeder eine Überschrift trug, waren meist in senkrechten Kolumnen geschrieben und von einer Reihe von Illustrationen begleitet, echten Miniaturen, die den Text optisch faßbar machen sollten. Am Anfang des Totenbuches standen die Worte: „Anfang der Sprüche vom Herausgehen am Tage".
Dieser merkwürdig erscheinende Titel bezieht sich auf die Wanderung, die die Seele des Verstorbenen im Jenseits vollbringen mußte und die in den Malereien des Grabes der Nefertari ganz besonders eindrucksvoll dargestellt wird. Da ja das letzte Ziel des Toten seine Vereinigung mit dem Sonnengott war, also seine Gleichsetzung und Verschmelzung mit Ra, mußte er dem Schicksalsweg der täglichen Wiedergeburt der Sonne folgen: zuerst durch seine Wiederbelebung und den Triumph über seine Widersacher; dann durch die Transfiguration, die sich vollzog, während er Ra in dessen Barke auf seiner Tagreise begleitete. Als letzte Etappe kehrte der Verstorbene in die Unterwelt zurück, um sich dort dem Urteilsspruch des Gottes Osiris und des aus 42 Göttern bestehenden Totengerichts zu unterwerfen. Dieses Urteil hatte rein formalen Charakter, denn der Verstorbene war ja bereits zum Zeitpunkt seines Todes „gerechtfertigt", d. h. freigesprochen von seinen irdischen Sünden und mit Osiris gleichgesetzt, um dann zu Ra zu werden, ohne jedoch seine Individualität einzubüßen.
Entsprechend diesem Glauben wurde das Totenbuch in die vier verschiedenen Teile untergliedert: Der erste Teil (Spruch 1-16) bezieht sich auf den Leichenzug zur Nekropole und die Ankunft des Toten im Westen, dem Totenreich. Zu ihm sollen die Sprüche 8-13 den Zutritt ermöglichen. Spruch 6 enthält die Zauberformel, damit die *Uschebtis* die schwersten Arbeiten im Jenseits anstelle des Toten verrichten.
Der zweite Teil (Spruch 17-63) beschreibt die Wiederbelebung des Toten. Er bekommt durch magische Vorgänge seine Sprache zurück, übersteht siegreich die Anfeindungen der Unterwelt und wird zu einem unangreifbaren Wesen, das der Götterspeise teilhaftig wird und mit Kräften ausgestattet ist, die ihm die Herrschaft über die Naturelemente ermöglichen.
Der dritte Teil (Spruch 64-129) steht in Zusammenhang mit der Transfiguration des Toten, die sich nach dessen Wiederbelebung vollzieht: Schließlich kann er sein Grab verlassen, um am östlichen Himmel als Ra hervorzutreten, nachdem er die zwölf Verwandlungen absolviert hat, die den verschiedenen Erscheinungsformen Ras am Tage entsprechen. Er nimmt dann Platz auf der Sonnenbarke, um über den Himmel zu ziehen, lernt die „Seelen" der heiligen Stätten (Hermopolis, Heliopolis, Buto und Hierakonpolis) kennen und kehrt in die Nekropole zurück, um vor dem Totengericht des Osiris zu erscheinen. Dort wird nach dem bekannten Totenbuch-Spruch 125, der das „Abwägen der Seele" (Psychostasie) beschreibt, das Urteil gefällt.
Der vierte Teil (Spruch 130-162) erzählt von der Fahrt des verklärten Toten in der Nachtbarke durch die Unterwelt und deren Geographie. Der Tote muß beweisen, daß er die Namen aller Götter, alle Namen des Osiris sowie die Namen der sieben Tore und der einundzwanzig Pforten, die den Zugang zum Totenreich bilden, sowie der dazugehörigen Bewacher kennt. Die letzten Kapitel sind dem Schutz des Toten und den Amuletten, die für seine Erlangung erforderlich sind, gewidmet.

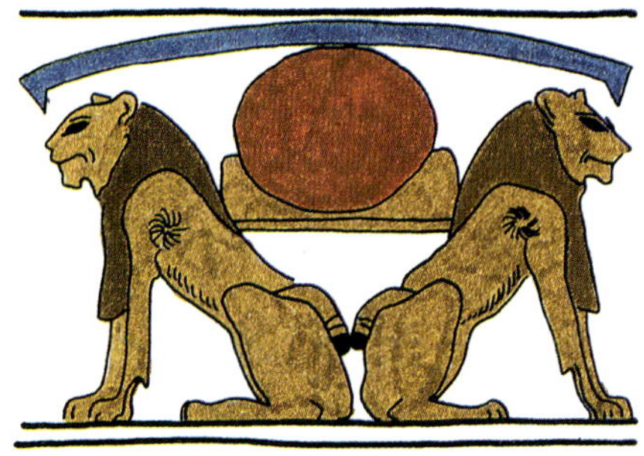

Isis und Nephthys wachen bei Nefertari

Eine Reihe von Illustationen begleitet den Text des 17. Kapitels des Totenbuches in Nefertaris Grab. Sie beginnt mit zwei Löwen, die das Zeichen für den Horizont tragen (Darstellung des Ruti), und dem *Benu*-Vogel, einer Inkarnation der Seele des Ra.

Ruti, „der mit dem Löwen und der Löwin", ist eine der Bezeichnungen für Atum, den Schöpfergott von Heliopolis und Vater des Löwen Schu sowie der Löwin Tefnut. Der *Benu*-Vogel in Gestalt eines langbeinigen Graureihers steht in enger Verbindung mit dem Hervortreten ans Tageslicht im zweiten Teil des Totenbuchs, denn er verkörpert Osiris bei seiner Wiedergeburt[167].

Die Mitte der Wand nimmt eine Darstellung der Königin ein, an deren Mumie die Göttinnen Isis und Nephthys in Gestalt zweier weiblicher Falken wachen. Es folgt ein knieender Dämon mit einem gebogenen Szepter in der Hand, der wohl auf die „ewige Zeit" verweist.

Die übrigen Szenen der Westwand sowie des Westteils der Nordwand sind jetzt weitgehend zerstört. Aufgrund der Dokumentation, die die Italienische Mission zum Zeitpunkt der Entdekkung des Grabes angefertigt hat, war uns deren Rekonstruktion möglich. Darauf zu erkennen ist – nach der ersten, knienden Gottheit mit der Jahresrispe – eine zweite, stehende Gottheit, deren seitlich ausgestreckte Hände auf je einem kleinen Viereck ruhen. Dann folgen eine Tür mit Wächter, als Anspielung auf das heilige Tor der Nekropole, sowie die Abbildung eines *Udjat*-Auges.

Auch diese Szenen sind – wie die übrigen im oberen Wandabschnitt des Vorraums – Illustrationen zum Tb-Spruch 17; auf der daran anschließenden Nordwand setzt sich die Dekoration mit einer Abbildung der Göttin Mehytaur (Mehetweret), der „Herrin der Gewässer", als Symbol für die Urgewässer, fort. Sie wird in Gestalt einer liegenden Kuh mit der Sonnenscheibe zwischen den Hörnern und einer *Menat*-Halskette dargestellt. Es folgen die Vier Horussöhne vor einer Kapelle, in der Anubis liegt.

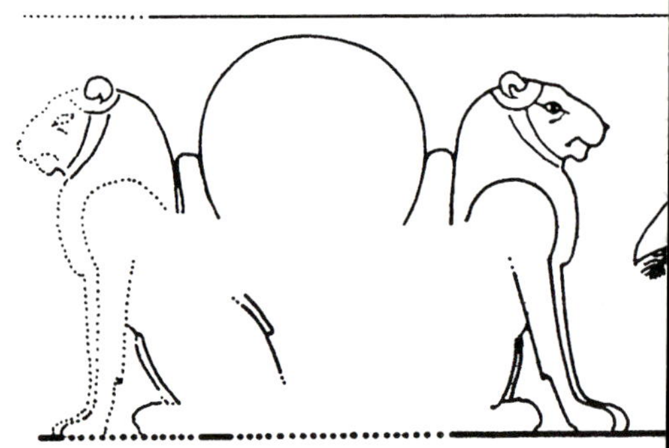

Rekonstruktion der Malereien auf der Westwand des Vorraums (1)
Ausgehend von der Dokumentation, die zur Zeit der Entdeckung des Grabes entstand, konnte eine Zeichnung der gesamten Westwand angefertigt werden. Zu erkennen sind (von links nach rechts): zwei sitzende Löwen mit der Sonnenscheibe in der Mitte, eine Darstellung des Ruti; der *Benu*-Vogel, eine Inkarnation der Ra-Seele; Nephthys und Isis in Falkengestalt, die an der Mumie der Königin wachen; eine kniende Gottheit mit der Jahresrispe in der Hand, Symbol für die Ewigkeit; eine zweite, stehende Gottheit neben einer Tür, die von einem Dämon bewacht wird und das Tor zur Nekropole versinnbildlicht; und eine Darstellung des *Udjat*-Auges.

2

Die wichtige Rolle der Bilddokumentation (2)
Die Westwand des Vorraums, wie sie bei der Entdeckung des Grabes aussah; die Wandmalereien enthielten damals noch viele Details, die in der Folge zerstört wurden.
(Foto: Italienische Archäologische Mission)

Westwand des Vorraums (3)
Diese Wand ist inzwischen weitgehend zerstört: Nur der Mittelteil hat sie sich in dem Zustand erhalten, in dem ihn Schiaparelli fotografiert hat.

Ruti, „der mit dem Löwen und der Löwin"
Der Name Ruti bzw. „Der mit dem Löwen und der Löwin" ist eine der Bezeichnungen für Atum, den Schöpfergott von Heliopolis, als Vater des Löwengottes Schu und der Löwengöttin Tefnut. Im Vorraum ist er in Gestalt der beiden sitzenden Löwen mit dem *Achet*-Zeichen (Symbol des Horizonts) auf dem Rücken abgebildet.

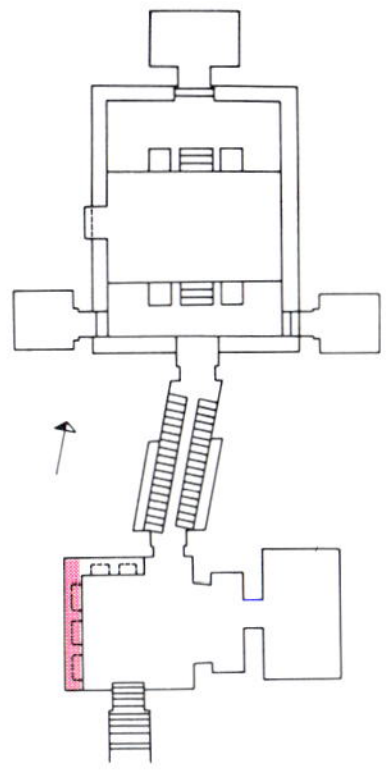

3

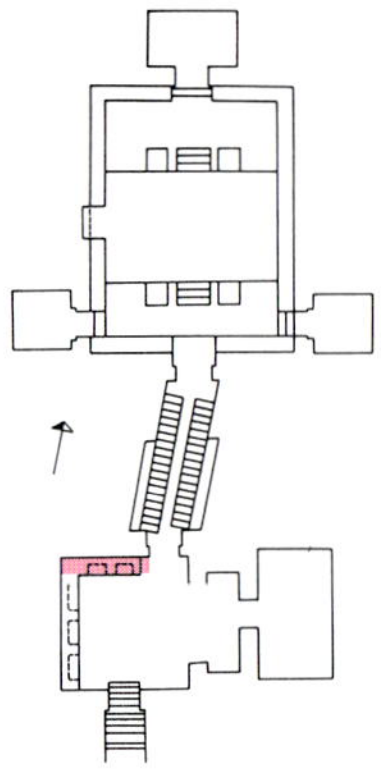

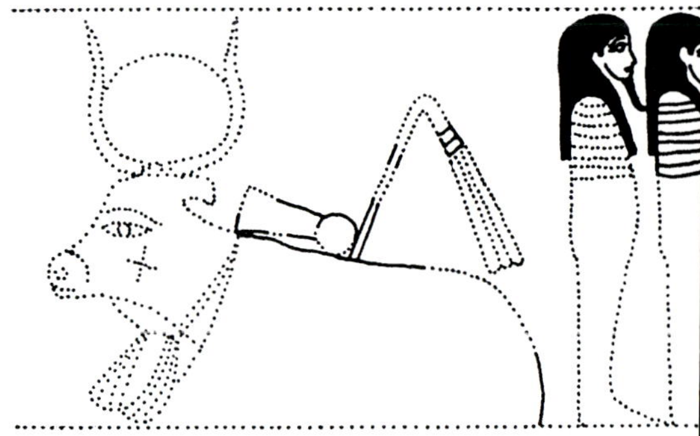

Nordwand des Vorraums
Fotografie des Zustands, in dem sich die Nordwand des Vorraums zum Zeitpunkt der Entdeckung befand.
(Foto: Italienische Archäologische Mission)

Hinter dem Tor zur Unterwelt

Immer noch im Vorraum sind im oberen Bereich des östlichsten Teils der Nordwand, im Anschluß an die Mehytaur-Vignette und nach der Anubis-Kapelle mit den Vier Horussöhnen, der falkenköpfige Horus und die Königin auf zwei altertümlichen Thronsesseln sitzend dargestellt. Darauf folgt eine zweite Darstellung von Horus mit Duamutef, Kebehsenuef, Hapi und Amset. Die Texte sind eine Fortsetzung von Totenbuch-Kapitel 17 auf der Westwand und beziehen sich auf die Transfiguration und das „Herausgehen am Tage" der Königin:

«Ferne ist jegliche Sünde, die in mir war.»
«Was bedeutet das?»

Diese beiden Texte stehen noch auf der Westwand (siehe S. 124).

«„Am Tage meiner Geburt wurde ich gereinigt in den zwei riesengroßen Seen von Herakleopolis, an dem Tage des großen Opfers, das das Volk dem großen Gott dort darbringt."

„Was bedeutet das?
Flüssige Unendlichkeit ist der Name des einen, Ozean der Name des anderen; es sind der Natron-See (die Reinigung) und der See der Maat[168]. Anders gesagt: Sperma der (Jahr-)Millionen ist der Name des einen, Ozean der Name des anderen. Aber was den großen Gott betrifft, der dort wohnt, – es ist Ra selbst."

„Ich wandle auf dem Weg, den ich kenne, vor mir liegt das Reich der Gerechten."

„Was bedeutet das?
Es ist Rosetau[169]. Das Südtor ist (in) Naref[170]. Das Nordtor ist der Hügel von Osiris. Was das Reich der Gerechten betrifft, das ist Abydos. Anders gesagt: Es ist der Weg, auf dem mein Vater Atum wandelt, wenn er zu den Feldern von Jaru geht."

„Wenn die Große Königliche Gemahlin, die Herrin beider Länder, die Gottesgemahlin, Nefertari Meri-en-Mut, die Gerechtfertigte, das Reich der Horizont-Bewohner erreicht, möge sie jenseits des Heiligen Tores weitergehen können[171]."

„Was bedeutet das?
Es ist das Feld von Jaru, das die Nahrung für die Götter an der Seite der Kapellen hervorbringt. Was das Heilige Tor betrifft, es ist das Tor der Schu-Pfeiler[172]."

„Aber was dieses Tor betrifft, was bedeutet es?
Die Flügel des Tores, die die Große Königliche Gemahlin, die Herrin der beiden Länder, Nefertari Meri-en-Mut, die Gerechtfertigte, durchschreitet, das ist das Tor der Unterwelt[173].»

Der letzte Teil des Textes bezieht sich auf die Vorstufen der Transfiguration des Toten, die zeitlich vor dem Zeitpunkt der Verwandlung liegen: Der Tote, nunmehr Osiris gleich geworden, geht ein in Ra. Es ist interessant festzustellen, wie der obere Wandabschnitt in zwei Teile geteilt wird, ohne daß es konkrete Trennungslinien gibt: Der erste Teil, der bis zu den beiden auf Thronsesseln sitzenden, nach links blickenden Gestalten von Horus und Nefertari reicht, gehört noch zu dem Tb-Kapitel 17; die anschließenden Darstellungen von Horus und seinen (nach rechts gewandten) Söhnen in der Nähe der Tür zur zweiten Treppe stehen in Beziehung zur Ostwand des Vorraums.

Rekonstruktion der Malereien auf der Nordwand des Vorraums
In der Ecke zur Westwand ist eine Abbildung der Mehytaur, der heiligen Kuh und „Herrin der Gewässer", zu sehen, von der im Tb-Kapitel 17 die Rede ist. Sie ist heute restlos zerstört. Auch die anschließende Szene ist heute praktisch nicht mehr zu erkennen: Es handelt sich dabei um eine Abbildung des in einem Schrein liegenden Anubis mit den Vier Horussöhnen. Es folgt eine Darstellung von Horus mit der Königin, die beide auf altertümlichen Thronsesseln sitzen, und eine weitere von Horus mit Duamutef, Kebehsenuef, Hapi und Amset.

Nordwand des Vorraums
Kebehsenuef und Amset, dahinter Horus und die Königin, beide auf altertümlichen Thronsesseln sitzend.

Die Hüter der Treppe
Die Vier Horussöhne – mit Horus selbst als Anführer – wachen über dem Durchgang zur zweiten Treppe: Von links nach rechts sind Duamutef (mit dem Schakalskopf), Kebehsenuef (mit dem Falkenkopf), Hapi (mit dem Paviankopf) und Amset (mit dem Menschenkopf) zu erkennen.

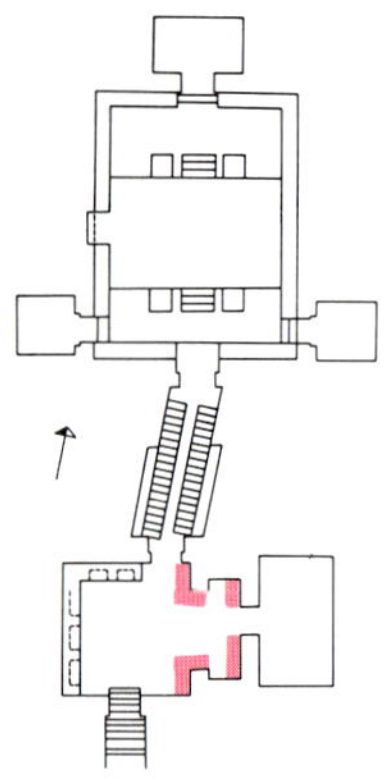

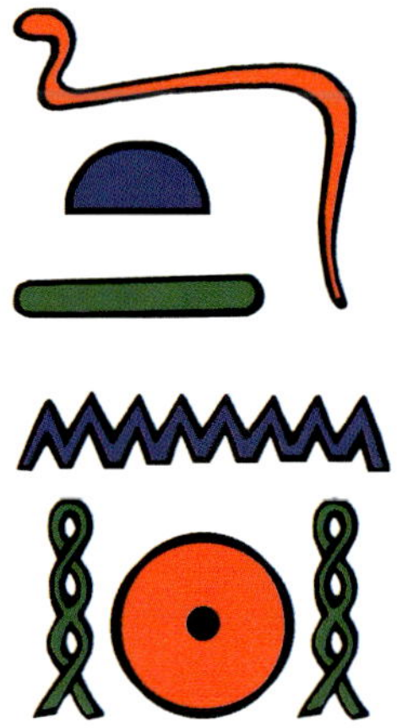

Die beiden Formen der Ewigkeit
Diese Hieroglyphen sind die Schreibungen der beiden Ewigkeitsformen *Djet* und *Nechech*.

Zwischen den Hauptgottheiten des Jenseits

Die Ostwand des Vorraums besteht aus zwei breiten Wandvorsprüngen, auf denen die zwei Hauptgottheiten des Jenseits abgebildet sind: rechts aufrecht stehend Anubis, „der Balsamierer, der Herr von Rosetau, der auf seinem Berg ist, der Herrscher des heiligen Landes", mit dem *Was*-Szepter und dem *Anch*-Zeichen in den Händen; links hingegen Osiris, „der Erste des Westens", auch er stehend, in der Mitte einer Laube mit gelbem Hintergrund, flankiert von zwei Tierbälgen; in den Händen hält er das *Heka*-Szepter und das Flagellum und auf dem Kopf trägt er die *Atef*-Krone. Der Begleittext lautet: «*Osiris, Erster des Westens, Wennefer, König der Lebenden, der große Gott, Oberster der Neunheit, Herr der Nechech-Ewigkeit, Fürst der Djet-Ewigkeit*[175]*, der im heiligen Land ist.*»
Die beiden Götter umrahmen den breiten Durchgang zum Nebenraum Ia (Verbindungsraum), über dessen Türsturz eine Reihe von elf Uräus-Schlangen mit neun Straußenfedern dazwischen abgebildet ist. In deren Mitte hält eine Gottheit ihre ausgebreiteten Arme schützend über zwei Ovale, die die beiden Grenzen der Ewigkeit (oder besser: der Zeit) versinnbildlichen, verschlüsselte Formen der Wörter *Nechech* und *Djet*.

Ostwand des Vorraums
Die Ostwand des Vorraums weist einen breiten Durchgang zum kleinen Raum Ia auf, den Schiaparelli als „Alkoven" bezeichnet hatte. Links und rechts von diesem Durchgang sind Abbildungen von Osiris und Anubis zu sehen; oberhalb des Durchgangs befindet sich ein Fries, der aus einer Abfolge von Uräus-Schlangen mit Straußenfedern dazwischen besteht. Sie umrahmen eine kniende Gottheit, die mit der Ewigkeit in Beziehung steht.

Ein „personifizierter" *Djed*-Pfeiler
An der Innenseite des Pfeilers, der den Vorraum vom Verbindungsraum trennt, ist zwischen Selkis und Nefertari ein personifizierter *Djed*-Pfeiler zu sehen, der ein *Heka*-Szepter und eine *Nechech*-Geißel in den Händen hält. Seinen Kopf ziert eine Krone aus zwei Straußenfedern über der Sonnenscheibe, die auf waagerecht nach außen geschwungenen Hörnern aufliegt. Der *Djed*-Pfeiler wird im Totenbuch-Kapitel 155 mit dem Rückgrat des Osiris identifiziert. Eine entsprechende Abbildung befindet sich auch auf der gegenüberliegenden Seite des Durchgangs.

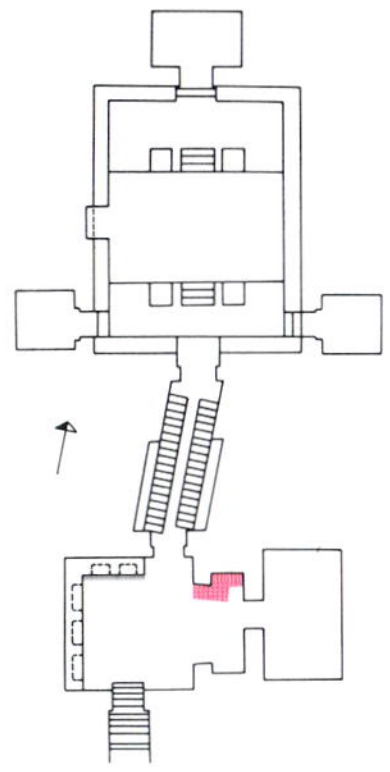

Die Götter empfangen Nefertari
Im Nordteil des Verbindungsraumes nimmt die Göttin Selkis – mit einem Skorpion als Namenszeichen auf dem Kopf – Nefertari in Empfang, die an der Hand von Isis vor das Angesicht von Chepri geleitet wird. Beide Göttinnen tragen ein enganliegendes, langes rotes Trägerkleid, Nefertari hingegen ein langes, fein plissiertes weißes Leinengewand, das in der Taille mit einer roten Binde gegürtet ist. Die beiden Enden der Binde hängen vorne lose herab.

Nefertari vor den Göttern

Der Verbindungsraum (Ia), der von Schiaparelli als „Alkoven" bezeichnet wurde und vom Vorraum durch die beiden Mauervorsprünge der Ostwand mit den Darstellungen von Anubis und Osiris getrennt wird, ist etwa gleich breit wie der Vorraum, aber nur 1,08 m tief. Die Bilder dieses Raumes zeigen Nefertari in Begleitung von Isis und Harsiese vor Hathor-Imentet und Ra-Harachte.

Im Durchgang zum Verbindungsraum sind auf den Wandvorsprüngen zwei Schutzgöttinnen dargestellt: Neith (rechts) und Selkis mit dem rot-gelben Wüstenskorpion auf dem Kopf (links), beide stehend, wie zur Begrüßung der Königin. Bekleidet sind sie mit einem langen, von zwei schmalen Trägern gehaltenen Gewand und einem breiten *Wasech*-Halskragen.

Ein schmales blaues Band mit Sternen darin, das den Himmel symbolisiert, läuft unter einem *Cheker*-Fries über dem Kopf der Göttinnen als oberer Abschluß der Szene quer über die Wand. Die Begleittexte zu den Bildern der Göttinnen lauten:

«So spricht Selkis, die Herrin des Himmels, Herrin aller Götter, zur Großen Königlichen Gemahlin, der Herrin der beiden Länder, Herrscherin über Ober- und Unterägypten, Nefertari Meri-en-Mut, gerechtfertigt bei Osiris, dem Gott, der in Abydos wohnt: „Ich gebe dir einen Platz im heiligen Land, indem du am Himmel erschienen bist wie Ra."

Schutz, Leben, Dauer, Kraft umgeben sie ewig wie Ra.»

«So spricht die große Neith, die Gottesmutter, die Herrin des Himmels, Herrin aller Götter: „Ich kam zu dir, Große Königliche Gemahlin, Herrin der beiden Länder, Herrscherin über Ober- und Unterägypten, Nefertari Meri-en-Mut, gerechtfertigt bei Osiris, dem Ersten im Westen, und ich gebe (dir) einen Platz in der Vorhalle von Igeret, indem du im Himmel erschienen bist, wie Ra."

Schutz, Leben, Dauer, Kraft umgeben sie ewig wie Ra.»

In den anschließenden Szenen geleitet die Göttin Isis – mit der in das Kuhgehörn eingelegten roten Sonnenscheibe wie bei Hathor und einem *Menat*-Halsschmuck – die Königin vor das Angesicht des Chepri, „der in seiner Barke wohnt, der große Gott", eine Erscheinungsform des morgendlichen Ra (links auf der Nordwand), dessen Gesicht durch das Symbol seines Namens, den schwarzen Skarabäus, ersetzt ist. Beide Gottheiten richten einen Willkommensgruß an Nefertari:

«Spruch der Isis: „Komm, Große königliche Gemahlin, Nefertari Meri-en-Mut, ich gebe dir einen Platz im heiligen Land."
Spruch [von Chepri]: „Ich gebe (dir) die Ewigkeit wie Ra."
Spruch: „Ich gebe (dir) das Erscheinen von Ra am Himmel."
Spruch: „Ich gebe (dir) einen Platz im heiligen Land".»

Auf der anderen Seite führt Harsiese (Horus, Sohn der Isis), dessen Kopf die dreigeteilte Perücke mit der Doppelkrone von Ober- und Unterägypten ziert, Nefertari zu Ra-Harachte, dem „großen Gott", und zu Hathor, „der Herrin von Theben, Gebieterin über alle Götter". Die Beischrift dazu lautet:

«Spruch des Harsiese: „Große Königliche Gemahlin, Herrin der beiden Länder, Nefertari Meri-en-Mut".»

Beide Gottheiten, wie im übrigen auch Chepri, der auf der anderen Seite der Ostwand im Verbindungsraum abgebildet ist, sitzen auf altertümlichen Thronen, die auf einer grünen Matte aus Papyrus stehen.
Ra-Harachte trägt auf dem Kopf eine große Sonnenscheibe, die von einer Uräus-Schlange umrahmt wird. In der rechten Hand hält er ein *Anch*-Zeichen, in der linken ein *Was*-Szepter. Der Text neben ihm lautet:

«Spruch: „Ich gebe (dir) einen Platz, der im heiligen Land ist."
Spruch: „Ich gebe (dir) die Dauer/Lebenszeit von Ra."
Spruch: „Ich gebe (dir) die Ewigkeit in bezug auf Leben, Dauer, Kraft".»

Die Göttin Hathor-Imentet steht neben Ra-Harachte und hält ihre Hand in Beschützergeste erhoben über den Gott. Über ihrem Kopf ist das Symbol des Westens – der Falke auf seiner Tragstange – zu erkennen.
Nefertari ist wunderschön dargestellt: Sie trägt in dieser Szene ein knöchellanges, plissiertes Kleid aus feinstem Leinen, das die Unterarme frei läßt und in der Taille von einer langen roten Schärpe gegürtet ist.
Die rosige Gesichtsfarbe der Königin wird auf den Wangen leicht verstärkt. Den Hals schmückt ein breiter *Wesech*-Halskragen, den Kopf eine dreigeteilte Perücke mit dem Geierbalg darauf; darüber ist ein Aufputz aus zwei hohen Federn mit einer Sonnenscheibe in der Mitte zu sehen. Zwei Armbänder an den Handgelenken und Ohrringe in Uräusform vervollständigen die festliche Kleidung.
Der Durchgang in der Mitte der Ostwand des Verbindungsraums führt zum ersten östlichen Nebenraum (Raum II). Über dem Türsturz ist auf beiden Seiten die geiergestaltige Göttin Nechbet mit zwei (als Schutzsymbole zu deutenden) *Schen*-Ringen in den Krallen abgebildet.

1

Die Göttin und die Königin (1)
Isis – deren Gesichtsfarbe im traditionellen Gelb wiedergegeben wird, wie es sich für Göttinnen geziemt – trägt eine dreigeteilte Perücke, von der zwei leierförmig geschwungene Hörner mit eingelegter Sonnenscheibe aufragen. Bei Nefertari sitzt auf einer Perücke gleichen Typs die Geierhaube mit einem Aufsatz, auf dem zwei hohe, die Sonnenscheibe umrahmende Federn stecken.
(Ausschnitt aus dem Bild S. 131)

2

Nefertari wird zu Chepri geführt (2)
Im Nordteil der Ostwand des Verbindungsraumes empfängt der auf einem altertümlichen Thron sitzende Chepri Nefertari. Sein Gesicht ist als schwarzer Skarabäus (das Schriftzeichen seines Namens) dargestellt. In den Händen hält er die klassischen Insignien der Gottheiten: das *Was*-Szepter und das *Anch*-Zeichen.

1

Nefertari und Harsiese (1)
Der falkenköpfige Gott Harsiese trägt die Doppelkrone von Ober- und Unterägypten und ein hoch hinaufreichendes, von Trägern gehaltenes Gewand. Nefertari ist genauso dargestellt wie auf der vorhergehenden Abbildung.

Nefertari wird zu Ra-Harachte und Hathor-Imentet geführt (2)
Analog zu den Bildern im Nordteil des Verbindungsraumes und im Durchgang dorthin zeigt auch die Dekoration im Südteil Nefertari, wie sie Gottheiten vorgestellt wird. Hier empfängt die Göttin Neith die Königin, die anschließend an der Hand von Harsiese (Horus, Sohn der Isis) zu Ra-Harachte und der Göttin Hathor-Imentet geführt wird.

Ra-Harachte und Hathor-Imentet (3)
Beide Gottheiten sitzen auf altertümlichen Thronen: Über dem Kopf von Ra-Harachte ist eine von der Uräus-Schlange umrahmte Sonnenscheibe zu sehen; Hathor-Imentet trägt das rote Trägergewand der Göttinnen und auf dem Kopf das Symbol des Westens, das Schriftzeichen ihres Namens.

2

3

Der „Raum der Stoffe" (II)
Über dem Eingang zum ersten östlichen Nebenraum, der auch als „Raum der Stoffe" bezeichnet wird, ist die Göttin Nechbet in Geiergestalt mit schützend ausgebreiteten Schwingen zu sehen. Den Durchgang zu Raum II schmückt zu beiden Seiten eine Darstellung der Maat als Sinnbild der Weltordnung, die Nefertari empfängt. Im Inneren von Raum II sind rechts und links neben dem Durchgang Isis und Nefertari abgebildet.

Untergang und Wiedergeburt der Sonne

An der 1,07 m dicken Wand im Durchgang zum ersten östlichen Nebenraum (Raum II) ist beidseitig die Göttin Maat abgebildet. Sie steht mit nach außen gerichtetem Blick, um die Königin zu empfangen. Von ihrem Kopf ragt die bekannte Feder auf, die das Gleichgewicht der Welt versinnbildlicht und auch das Schriftzeichen ihres Namens ist. Dazu gehört folgender Text:

«Spruch von Maat, der Tochter Ras: „Oh meine geliebte Tochter, Osiris, Große Königliche Gemahlin, Herrin der beiden Länder, Nefertari Meri-en-Mut, gerechtfertigt bei Osiris, dem großen Gott, dem Herrscher des heiligen Landes: Ich gebe dir einen Platz am Eingang zu Igeret." Schutz, Leben, Dauer, Kraft, Gesundheit umgeben sie wie Ra.»

Nefertari, die bis hierher von verschiedenen Gottheiten geleitet wurde, betritt diesen Raum allein und steht nun vor Osiris und Atum, Ptah und Thot.

Die Ostwand von Raum II wird durch den Durchgang (über dem auch innen die geiergestaltige Nechbet mit ausgebreiteten Schwingen und *Schen*-Ringen in den Krallen zu sehen ist) in zwei Hälften geteilt.

Im Südteil (also vom Durchgang aus rechts) ist eine Gruppe von Göttern mit dem widderköpfigen Ra-Osiris in der Mitte dargestellt. Seitlich von ihm stehen in Beschützerhaltung die Göttinnen Isis (rechts) und Nephthys (links), beide mit der charakteristischen *Chat*-Kopfbedeckung aus einem weißen, um den Kopf geschlungenen Kopftuch, über dem die Schriftzeichen ihrer Namen zu erkennen sind.

Ra-Osiris hat einen weißen, mumienförmig umwickelten Körper, der an der Taille mit derselben roten Binde umgürtet ist, wie sie auch die Kleidung von Nefertari aufweist. Der Widderkopf verweist auf die Gestalt von Ra bei seiner Fahrt durch die Unterwelt (*Dat*)[176]. Das Gesicht ist grün bemalt, d. h. in der Farbe der Wiederbelebung; auf den horizontal ausladenden

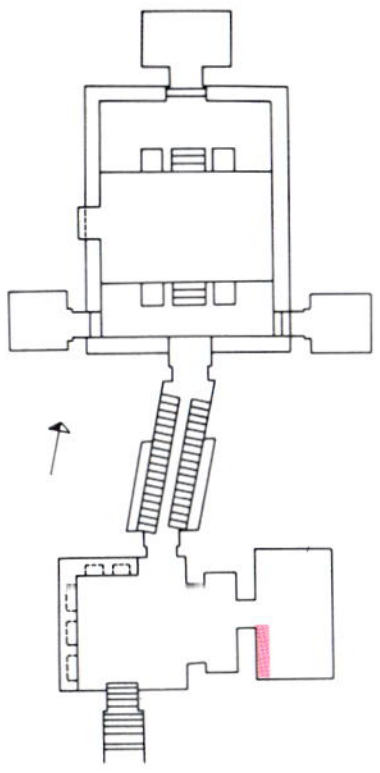

Die Vereinigung von Ra und Osiris
Im südlichen Teil der Westwand von Raum II, zwischen den Göttinnen Isis und Nephthys, ist eine widderköpfige Gottheit mit grün (in der Farbe der Wiedergeburt) bemaltem Gesicht dargestellt, die auf dem Kopf eine rote Sonnenscheibe und ein weißes (mumiengestaltiges) Gewand trägt, das um die Taille von einer roten Binde gegürtet ist, wie schon bei Nefertaris Kleidung als typisch beschrieben. Die Szene stellt Ra dar, der in Osiris eingeht: Das Grundthema ist die Sonne, die täglich stirbt und wiedergeboren wird. Der Text neben dem Bild lautet: *„Dies ist Ra, der in Osiris ruht; dies ist Osiris, der in Ra ruht.“*

Hörnern ruht die rote Sonnenscheibe. Der Begleittext daneben lautet:

«Das ist Ra, der in Osiris ruht; *Das ist Osiris, der in Ra ruht.»*

In dieser Szene geht Ra in Osiris ein, den Gott der Toten, und wird eins mit ihm, wie es im Totenbuch oft beschrieben wird. Wir haben es hier nicht so sehr mit einem Synkretismus-Phänomen zu tun, sondern mit einer Vereinigung und Trennung, die sich täglich vollziehen[177]: Diese Szene stellt die „Regeneration“ des Sonnengottes dar, der nach seinem täglichen „Sterben“ in den Herrscher der Unterwelt eingeht, ihn in sich aufnimmt und dadurch zur „Sonne der Nacht“[178] wird, um sich bei seinem morgendlichen Aufgang seiner früheren, äußeren Hülle zu entledigen, die er in der Unterwelt zurückläßt.
Auf diese Szene folgt – getrennt durch eine senkrechte gelbe Linie – eine Darstellung der Nefertari, die mit den auf der anschließenden Südwand abgebildeten Szenen in Zusammenhang steht, aber aus Platzgründen dort nicht untergebracht werden konnte: Die Königin, bekleidet mit dem bekannten weißen Festgewand, steht in Anbetungshaltung vor den „Sieben Himmelskühen“ und den „Vier Himmelsrudern“, die auf der nächsten Wand abgebildet sind (siehe S. 140–141).

Übergabe des Stoff-Opfers an Ptah
Im nördlichen Teil der Westwand von Raum II ist die Szene des Stoff-Opfers, das Ptah dargebracht wird, zu sehen. Der Gott ist in einem Naos stehend gemalt, mit grünem Gesicht und mit einem schwarzen Helm als Kopfbedeckung. Hinter ihm steht ein großer *Djed*-Pfeiler.

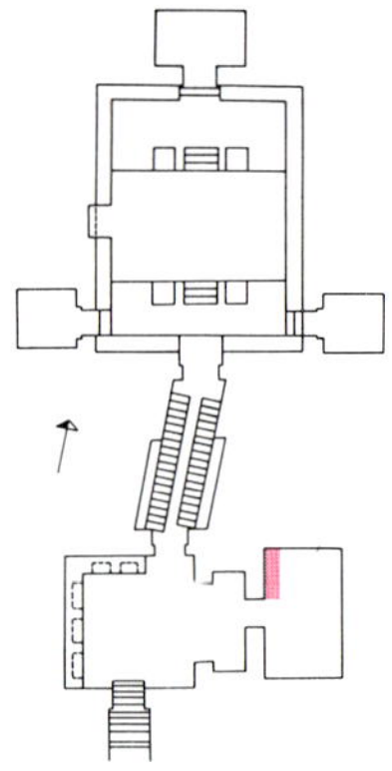

Vom Eingang aus gesehen links, im nördlichen Teil der Westwand, steht Nefertari in Opferhaltung. Sie trägt ein Tablett mit Stoffen (dargestellt durch die Hieroglyphe ⊥⊥); weitere Stoffe liegen vor der Königin auf einem Opfertisch vor Ptah, dem „Herrn der Maat, König der beiden Länder, dem Schöngesichtigen auf seinem großen Thron".

Die Hieroglyphentexte neben dieser Szene erläutern, was die Königin macht:

«Stoffe darbringen dem Herrn der Maat im heiligen Land.»

Ptah steht aufrecht in einem Schrein und hält in den Händen das für ihn charakteristische, mit einem *Djed*-Pfeiler und einem *Anch*-Zeichen kombinierte *Was*-Szepter. Sein Bild weist Analogien zu dem des Ra-Osiris im anderen Wandteil auf: Der weiße Körper ist mumienförmig dargestellt, das Gesicht grün angemalt. Seine Haare bilden eine Art grünschwarzen Helm, das Kinn ziert ein langer Bart gleicher Farbe. Um den Hals trägt der Gott eine breite *Menat*-Halskette, deren Gegengewicht auf den Rücken herunterhängt. Hinter Ptah steht ein großer *Djed*-Pfeiler.

Spruch, um den Wassernapf und die Palette des Schreibers zu erbitten
In der darauffolgenden Szene, die auf der Nordwand des Nebenraumes II abgebildet ist, spricht Nefertari vor Thot – dem Schreiber der Götter, der mit dem Wissen um die magischen Kräfte versehen ist – den Tb-Spruch 94 aus, um sich seine Schreibgeräte, Wassernapf und Palette, anzueignen, die der Toten magische Kräfte verleihen.

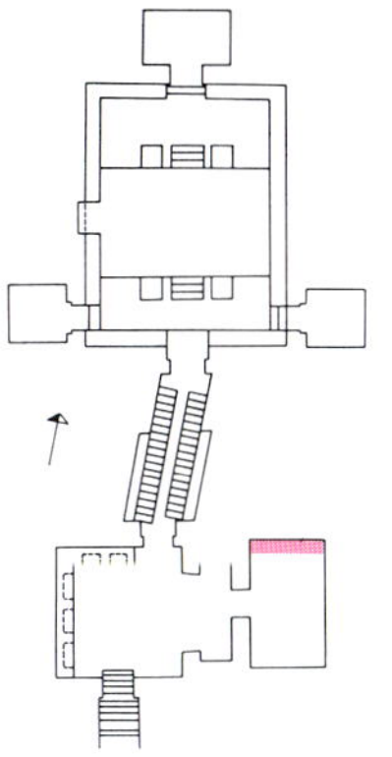

Die magische Kraft des göttlichen Schreibers

Die gesamte, 3,10 m lange Nordwand nimmt eine Szene ein, deren Inschrift den Anfang des Totenbuch-Kapitels 94 wiedergibt: «*Spruch, um Wassernapf und Schreibpalette zu erbitten.*»
In diesem Abschnitt des Totenbuches verwandelt sich der Verstorbene sofort nach seiner Wiederbelebung, um ans Licht herauszutreten, und macht sich dabei die an die Schreibpalette gebundene magische Kraft des Gottes Thot zunutze.
Nefertari befindet sich nun vor dem Angesicht Thots, des ibisköpfigen Schreibers der Götter, der auf einem altertümlichen Thron sitzend mit dem *Was*-Szepter und dem *Anch*-Zeichen abgebildet ist. Vor ihm steht ein hohes Gestell mit einem Wassernapf, der Palette des Schreibers[179] und einem Frosch, dem Sinnbild für die Wiedergeburt und Abbild von Heket, einer der Urgottheiten mit Beschützerrolle.
Die Beischriften beziehen sich auf Thot, den „Herrn von Hermopolis, den großen Gott, der im heiligen Land wohnt, der der Neunheit die Wahrheit enthüllt", und lauten:

«*Spruch: „Ich gebe dir das Erscheinen von Ra."*
Spruch: „Ich gebe dir einen Platz, der sich im Heiligen Land befindet".»

Der Text des Totenbuch-Spruchs 94 ist auf acht senkrechte Kolumnen hinter dem Rücken der Königin verteilt:

«*Spruch, um Wassernapf und Schreibpalette in der Nekropole von Thot zu erbitten; Worte zu sprechen durch den Osiris, die Große Königliche Gemahlin, die Herrin der beiden Länder, Nefertari Meri-en-Mut, gerechtfertigt:*

„Oh Großer, der anerkannt ist vo(n seine)m Vater, Hüter des Buches von Thot:
Siehe, ich bin gekommen, ich bin Geist und Seele, ich bin machtvoll und versehen mit den Schriften des Thot. Bring (sie) mir in Eile, Aker[180], der im Sumpf[181] ist, bring mir den Wassernapf, bring mir die Palette, das Schreibgerät des Thot und die damit zusammenhängenden Geheimnisse.[182]
Oh ihr Götter! Seht mich, ich bin (wahrlich) ein Schreiber, nachdem ich den Ausfluß des Osiris und die Schriften brachte. (Ich) werde die Worte des großen Gottes perfekt jeden Tag ausführen für Harachte durch die Fähigkeit, die du mir zugewiesen hast. Ich werde die Maat tun, ich werde die Maat bringen".»

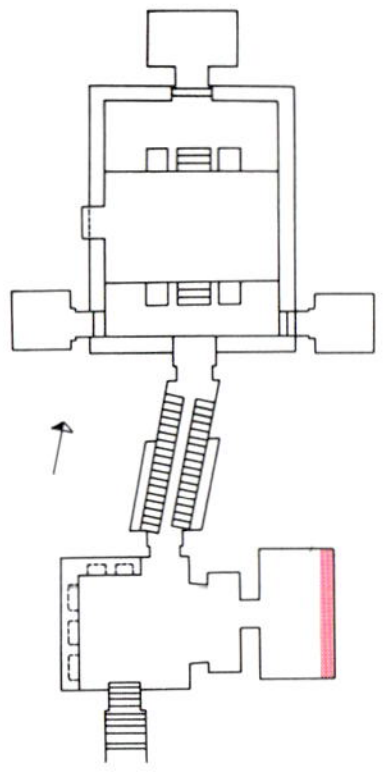

Die Ewigkeit als Gabe von Osiris

Auf der großen Ostwand des Raumes II bilden die Gestalten von Osiris und Atum den Mittelpunkt des Bildgeschehens. Beide Götter sitzen auf altertümlichen Thronsesseln. Sie werden durch eine Art großen Fächer voneinander getrennt, an dessen unterem Ende das *Schen*-Zeichen zu erkennen ist.

Osiris trägt ein langes, weißes Gewand und die *Atef*-Krone. In den Händen hält er – wie auch auf dem Bild im Vorraum – das *Heka*-Szepter und das *Flagellum*.

Osiris, „der Erste des Westens, Wennefer, Herrscher der Lebenden, der große Gott, Herrscher des heiligen Landes, Herr der Ewigkeit, Herrscher der Unendlichkeit", verspricht Nefertari Gaben mit den Worten:

«Spruch: „Ich gebe (dir) das Erscheinen von Ra am Himmel".

Spruch: „Ich gebe (dir) die ganze Ewigkeit bei mir".

Spruch: „Ich gebe (dir) die ganze Unendlichkeit bei mir".

Spruch: „Ich gebe (dir) alle Freude bei mir".»

Atum, „der Herr der beiden Länder, der in Heliopolis ist, der große Gott, Herrscher des heiligen Landes", trägt das charakteristische Trägergewand und hat rotbraune Gesichtsfarbe. In der rechten Hand hält er ein *Anch*-Zeichen und in der linken ein *Was*-Szepter. Auf dem Kopf trägt er die Doppelkrone *(Pschent)*.

Die zu Atum gehörigen Inschriften lauten:

«Spruch: „Ich gebe (dir) das Erscheinen von Ra am Himmel".

Spruch: „Ich gebe (dir) die Unendlichkeit in Leben, in Dauer und in Glück".

Spruch: „Ich gebe (dir) die Ewigkeit wie Ra".

Spruch: „Ich gebe (dir) jegliche Freude".»

Rechts und links von dieser Gruppe ist Nefertari mit dem *Sechem*-Szepter in der rechten Hand zu sehen, die den Göttern einen reich beladenen Gabentisch mit Weihrauchgefäßen darauf weiht.

Auch hier erläutert der Hieroglyphentext das Geschehen:

«Die Weihe des großen Opfers für Atum, den Herrn des heiligen Landes, durch die Königliche Gemahlin Nefertari Meri-en-Mut, gerechtfertigt bei dem großen Gott.»

Eine analoge Inschrift steht neben der Darbringung des Opfers an Osiris.

Zwischen dem Tisch mit den Opfergaben und der Gestalt des Osiris sind – auf einem Podest stehend – die Vier Horussöhne abgebildet.

Opfergaben für Osiris und Atum
Auf der langen Ostwand des ersten östlichen Nebenraumes (II) ist ein Doppelopfer für Osiris und Atum dargestellt.
Im Nordteil steht Nefertari vor Osiris mit grünbemaltem Gesicht; zwischen den beiden Gestalten ist ein großer Tisch mit Opfergaben zu sehen. Der Südteil zeigt eine Wiederholung der Szene, diesmal vor Atum, dem Schöpfergott von Heliopolis.
Osiris trägt die *Atef*-Krone, hat ein grünes Gesicht und hält seine Insignien – *Heka*-Szepter und *Flagellum* – in den Händen; Atum hingegen trägt eine *Pschent*-Krone und hält ein *Anch*-Zeichen und ein *Was*-Szepter in den Händen.

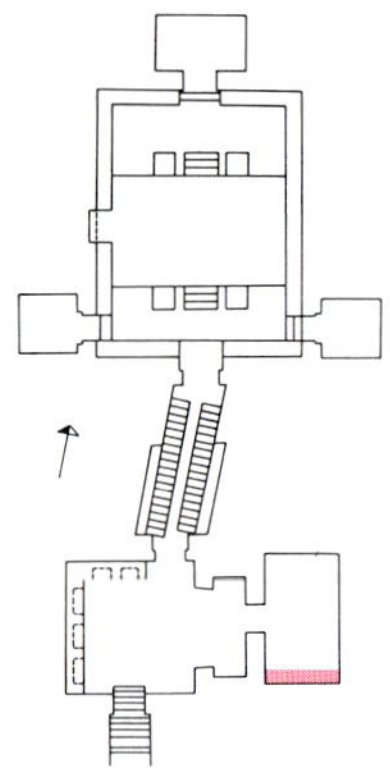

Der Stier und die „Sieben Himmelskühe“

Die ganze Südwand von Raum II wird beherrscht von einer einzigen großen Szene, die in drei Register unterteilt ist und auf das Totenbuch-Kapitel 148 Bezug nimmt. Dieses beginnt mit den Worten: „*Spruch, einen Verklärten im Totenreich zu speisen*“.

Wenn der – inzwischen zu Horus, Sohn des Osiris, gewordene – Verstorbene diesen Spruch am Tage des Neumonds rezitierte und die Namen und die Identität der nahrungsspendenden heiligen Kühe kannte, konnte er sich damit die für sein Überleben im Jenseits notwendige Nahrung sichern.

Die Kräfte, die die dingliche Welt beseelen und für die Existenzsicherung der toten Königin unabdingbar sind, versinnbildlichen in den oberen beiden Registern die „Sieben Himmelskühe“ unterschiedlicher Färbung sowie ein Stier: Stier und Kuh symbolisieren die der Entstehung von Leben zugrundeliegende Ordnung, deren zyklische Fortdauer durch die sieben Kühe dargestellt wird.

Sie stellen gleichzeitig die „Sieben Hathoren“ dar, die für jedes Kind bei der Geburt das Schicksal günstig beeinflussen sollten.

Im untersten Register sind die „Vier Himmelsruder“ zu sehen – Steuerruder, die mit der Anordnung der vier Himmelsrichtungen zu tun haben; auch sie gehören zu Tb-Kapitel 148.

Nefertari, die sich aus Platzgründen auf der anschließenden östlichen Eingangswand befindet, ist in Anbetungshaltung vor der Szene dargestellt. Dadurch erscheint die Verstorbene sozusagen eingerahmt zwischen den Darstellungen von Osiris und Ra zur Rechten sowie Atum und Osiris zur Linken. In diesem Zusammenhang verheißt die Abbildung der „Sieben Himmelskühe“ und der „Vier Himmelsruder“ ein günstiges Schicksal in Form der kosmischen Vereinigung mit Ra: Die nunmehr in Ra eingegangene Königin ist somit eingebunden in den kosmischen Zyklus der ewigen Himmelsbewegung sowie der „Vier Ruder“ und der „Vier *Udjat*-Augen“ (die jedoch in diesem Grab nicht dargestellt werden); sie versinnbildlichen den ewigen Lauf sowie die sich ständig erneuernde Ewigkeit. Neben jeder Abbildung stehen kurze Erläuterungstexte:

Die Sieben Himmelskühe[183]:

1: «*Haus der Kas[184] des Allherrn.*»

2: «*Imentet [die Verborgene], die vor ihrem Platz steht.*»

3: «*Die von Chemmis, die Gott adelt.*»

4: «*Himmelswolke, die die Götter trägt.*»

5: «*Die das Leben besitzt, die Buntgescheckte.*»

6: «*Die mit großer Beliebtheit, die Rothaarige.*»

7: «*Die, deren Namen Gewalt zu ihrer Rechten hat.*»

Hinter der siebten Kuh ist ein schwarzer Stier mit mächtigen Hörnern abgebildet. Dazu gehört die Inschrift:

«Der Stier der Kuhherde, der Obere, der im Bereich der Roten wohnt.»

Die Vier Himmelsruder:

1: «*Oh gute Macht, gutes Ruder des Nordhimmels [...].*»

2: «*Oh gutes Ruder des Osthimmels. Steh fest, wenn der Lenker der beiden Länder kreuzt [...].*»

3: «*Oh gutes Ruder des Südhimmels [...].*»

4: «*Oh gutes Ruder des Westhimmels [...].*»

Die oben beschriebenen Darstellungen des Nebenraums II im oberen Komplex des Grabes bilden den Abschluß des rituellen „Heraustretens am Tage“ der toten Königin.

Der Stier, die „Sieben Himmelskühe" und die „Vier Himmelsruder"
Auf der Ostwand des ersten östlichen Nebenraumes (II) sind die „Sieben Himmelskühe" zusammen mit einem Stier abgebildet und darunter die „Vier Himmelsruder". Die gesamte Szene ist als Abbildung zu Tb-Kapitel 148 zu verstehen, das von der Versorgung des Toten mit der für sein Weiterleben nötigen Nahrung handelt.

Eingang zur zweiten Treppe (1-2)
Am Eingang zur zweiten Treppe, die zur Sarkophagkammer hinabführt, sind die Seitenflächen des Durchgangs mit Lotusblüten- bzw. Papyrusbündeln bemalt, auf denen eine *Neb*-Hieroglyphe (Korb) ruht. Darauf ist jeweils eine Namenskartusche der Königin, flankiert von Nechbet und Uto, zu sehen.

Zur Sargkammer

Die Treppe, die zur Sargkammer hinabführt (und im folgenden als „Korridor" bezeichnet wird), weist auf den Seitenwänden symmetrische Bildmotive auf. Gleich am Anfang der Treppe sind zwei seitliche Nischen in Trapezform erkennbar.
Die Seitenflächen des Durchgangs sind mit Lotus- bzw. Papyrusbündeln bemalt. Oberhalb der Blüten ist jeweils eine Kartusche der Königin zu sehen, die von zwei Uräen flankiert wird. Die Schlangen repräsentieren die beiden Göttinnen Nechbet und Uto, die die rote Krone Unterägyptens bzw. die weiße Krone Oberägyptens auf dem Kopf tragen.
An der Innenseite (Nordseite) der Türpfeiler sind die Göttinnen Neith (rechts) und Selkis (links) in Lebensgröße stehend dargestellt. Sie führen die Königin zu den in den Seitennischen abgebildeten Gottheiten. Die Inschriften neben den Göttinnen lauten:

«So spricht Neith die Große, die göttliche Mutter, die Herrin des Himmels, die im heiligen Land wohnt: „Es kam zu mir der Osiris, die Große Königliche Gemahlin, seine Geliebte, Herrin der beiden Länder, Nefertari Meri-en-Mut, bei Osiris gerechtfertigt".»

Eine gleichlautende Inschrift steht auf der gegenüberliegenden Seite neben Selkis.
Die Seitennischen enthalten je eine Darstellung von Nefertari, vor einem Opfertisch stehend, mit zwei Weinkrügen in den Händen. Auf der rechten Seite sind es Hathor, Selkis und die geflügelte Maat, denen die Königin ein Trankopfer darbringt. Hathor, „die Erste von Theben, die Herrin des Himmels, Herrscherin über alle Götter", richtet folgende Worte an die Königin:

«Ich gebe dir das Erscheinen von Ra am Himmel. Ich gebe dir die Ewigkeit wie (die des) Ra.»

Die Inschrift neben Nefertari lautet:
«Die Große Königliche Gemahlin, Herrin der beiden Länder, die reich an Zauber und süß an Liebe ist, die Herrscherin über Ober- und Unterägypten, der Osiris Nefertari Meri-en-Mut, gerechtfertigt bei Osiris, dem Vorderen des Westens.

1

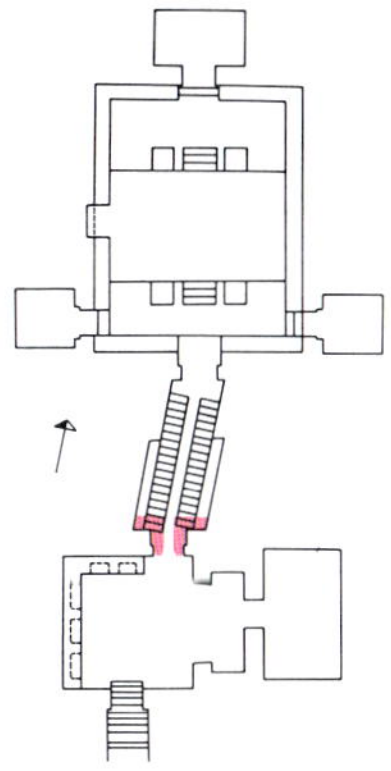

Die Kartusche der Königin (1)
Die beiden Kobras, die auf den Seitenwänden des Durchgangs zum Korridor abgebildet sind, tragen die Kronen Ober- und Unterägyptens auf dem Kopf und flankieren die Kartusche der Königin. Oberhalb der Kartusche sind zwei Federn mit einer Sonnenscheibe in der Mitte zu sehen.

Schutz, Leben, Dauer, Stärke, Gesundheit und jegliche Freude seien um sie wie Ra, jeden Tag.»

Auch Selkis, die „Herrin des Himmels, Herrscherin über das heilige Land", richtet ihren Glückwunsch an Nefertari:

«Ich gebe dir die Ewigkeit wie mein Vater Ra. Mögest du ohne Ende ruhen.»

Analog zu Selkis wendet sich auch Maat an die Königin mit den Worten:

«Spruch der Maat, der Tochter des Ra, Herrscherin über das heilige Land, wie sie ihre Tochter, die Große Königliche Gemahlin, Nefertari Meri-en-Mut, schützt.»

Links, also an der Westwand, opfert Nefertari den Göttinnen Isis, Nephthys („Herrin des Himmels, Herrscherin über beide Länder") und wiederum Maat (der „Tochter des Ra, Herrin des Himmels, Herrscherin über beide Länder"). Der zu Isis („der Großen, Gottesmutter, Herrin des Himmels, Herrscherin über alle Götter") gehörende Text lautet: *«Ich gebe dir die Ewigkeit wie Ra.»*
Die hinteren Schmalseiten des kleinen Mauerrücksprungs schließen ab mit zwei personifizierten *Djed*-Pfeilern, deren Arme je zwei *Was*-Szepter tragen. Als Sinnbildern für das Prinzip der Stärke und die Löwengöttin Tefnut, die Tochter des Atum, kommt ihnen eine Beschützerrolle in bezug auf den *Djed*-Pfeiler zu.

3

2

Westwand des Korridors, Seitennische (1-2-3)
Nefertari steht vor einem Opfertisch und bringt in den rituellen *Nu*-Opfergefäßen Hathor und Nephthys ein Trankopfer dar (1). Hinter den beiden Göttinnen schließt sich eine Abbildung der knienden Maat an, die ihre Flügel schützend über die Namenskartusche der Königin breitet (2). Auch die anschließende Uräus-Schlange mit ausgebreiteten Flügeln beschützt die Kartusche der Königin (3).

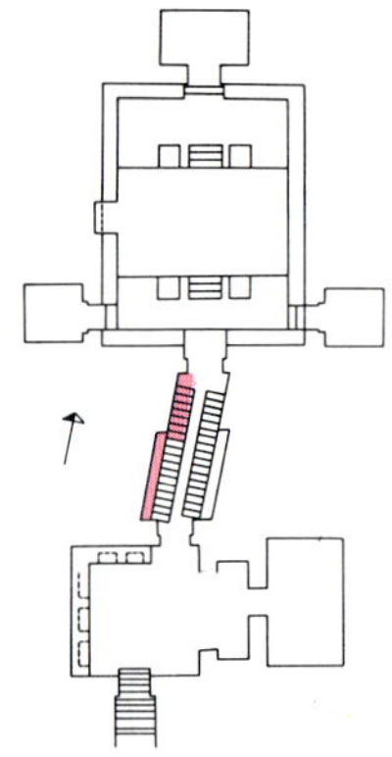

Wenn man in Richtung Sargkammer hinuntergeht, sind die Seitenwände des Korridors mit langen Grabinschriften bedeckt. Sie sind in senkrechten Registern angeordnet und werden jeweils von drei Figurengruppen unterbrochen: oben einer geflügelten Schlange, die die Kartusche der Königin beschützt; in der Mitte Anubis, „der Balsamierer, der große Gott, der im heiligen Land wohnt", dargestellt als schwarzer, auf einem Grab liegender Schakal mit einer roten Binde um den Hals und einem Flagellum knapp vor den Hinterbeinen; unten die beiden Göttinnen, Nephthys auf der Ostwand und Isis auf der Westwand, mit dem *Schen*-Ring in den Händen und auf einer riesigen Hieroglyphe für „Gold" kniend. Der Hieroglyphentext an der Westwand des Korridors (also in Richtung zur Sargkammer links) lautet:

«So spricht Anubis, der Balsamierer, der große Gott, der im heiligen Land wohnt:
„Komm zu mir, oh Große Königliche Gemahlin, Herrin der beiden Länder, Herrscherin über Ober- und Unterägypten, (der) Osiris, Große Königliche Gemahlin Nefertari Meri-en-Mut, gerechtfertigt bei Osiris, dem großen Gott, dem Ersten des Westens. Wenn du zu mir kommst, gebe ich dir einen Platz im heiligen Land, nachdem du im Himmel erschienen bist wie mein Vater Ra; nachdem du den Kopfschmuck angelegt hast und deine Mutter Isis sowie Nephthys zu dir gekommen sind; sie geben (dir) Schönheit wie die deines Vaters. Mögest du am Himmel erscheinen in seiner Gestalt. Igeret wird erhellt sein von deinen Strahlen, und die große Versammlung der Götter auf Erden möge einen Platz für dich bereiten. Nut, deine Mutter, begrüßt dich wie Harachte. Die Seelen von Buto[185] und die Seelen von Hierakonpolis[186] jubeln über dich wie über meinen Vater, der im Westen wohnt. Die große Götterversammlung auf Erden beschütze deine Glieder; begib dich zu deiner Mutter.
Mögest du ruhen auf dem Thron von Osiris, möge der Herrscher des heiligen Landes dich aufnehmen, mögest du ewig fröhlich sein – oh Große Königliche Gemahlin, Herrin der beiden Länder, Herrscherin über alle Länder, Nefertari Meri-en-Mut, gerechtfertigt bei Osiris, dem Vorderen des Westens".»

1

Isis, „die Große, Gottesmutter, Herrin des Himmels, Herrscherin über alle Götter", empfängt Nefertari mit den Worten:

«Gekommen zu mir ist die Große Königliche Gemahlin, Herrin der beiden Länder, Herrscherin über Ober- (und Unter-)Ägypten, der Osiris, Herrin der beiden Länder, Nefertari Meri-en-Mut, gerechtfertigt bei Osiris, dem großen Gott, Herrn der Ewigkeit. Ich gebe dir einen Platz (im) heiligen Land in der Gegenwart von Wennefer. Mögest du wie die Sonne am Himmel erscheinen ohne Ende.»

«So spricht Isis die Große, die Mutter des Gottes, Herrin des Himmels, Herrin aller Götter: „Nachdem du zu mir kamst, Große Königliche Gemahlin, Herrin der beiden Länder, Herrscherin über Ober- und Unterägypten, der Osiris Nefertari Meri-en-Mut, gerechtfertigt bei Osiris, dem Ersten des Westens, dem großen Gott, dem Herrn der Ewigkeit. Ich gebe dir einen Platz in der Nekropole, nachdem du am Himmel erschienen bist wie mein Vater Ra, nachdem Igeret von deinen Strahlen erleuchtet ist".»

4

Anubis und Isis (4)
Im unteren Teil der Korridor-Westwand sind Anubis und Isis dargestellt.

Anubis, der „Balsamierer" (5)
Auf beiden Wänden des Korridors ist Anubis, „der Balsamierer", als schwarzer, auf einem Schrein ruhender Schakal mit einem *Flagellum* am Hinterbein abgebildet.

Isis, die „Herrin des Himmels" (6)
Die Westwand enthält eine Darstellung der Göttin Isis, die auf einem riesengroßen *Nub*-Zeichen kniet und – in schützender Funktion – die Hände auf ein *Schen*-Zeichen legt. Auf dem Kopf trägt sie eine *Chat*-Kopfbedeckung aus weißem Leinen mit dem Hieroglyphenzeichen für „Thron", dem Zeichen ihres Namens, darauf.

2

3

5

6

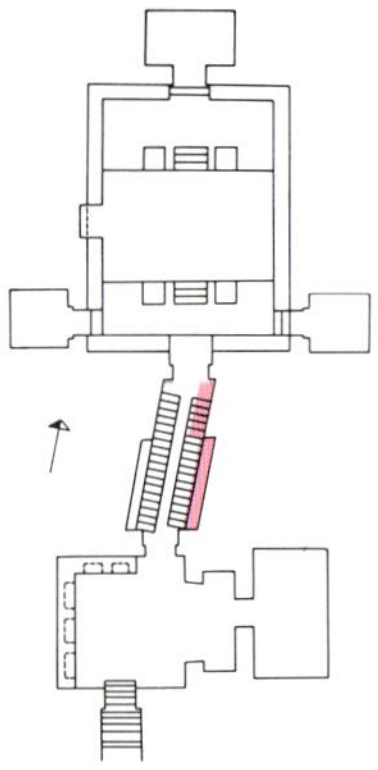

Auf der Ostwand wiederholt sich die gleiche Szene, doch nimmt hier Nephthys – in gleicher Haltung – den Platz von Isis ein. Auch die Texte sind ähnlich, mit einigen Varianten:

«So spricht Anubis, der Balsamierer, der große Gott, der auf seinem Berg ist: „Es kommt zu mir die Große Königliche Gemahlin, Herrin der beiden Länder, Herrscherin über Ober- und Unterägypten, Nefertari Meri-en-Mut, gerechtfertigt bei Osiris, dem Ersten des Westens. Wenn du zu mir kommst, gebe ich dir einen Platz, der sich im heiligen Land befindet. Mögest du am Himmel erscheinen wie dein Vater Ra, nachdem du den Kopfschmuck empfangen hast und deine Mutter Isis sowie Nephthys zu dir gekommen sind und dir Schutz geben (wie den deines) Vaters Ra. Mögest du am Himmel erscheinen in seiner Gestalt. Igeret werde erleuchtet von deinen Strahlen, und die große Versammlung der Götter, die im heiligen Land sind, möge dir einen Platz bereiten. Deine Mutter Nut begrüßt dich, wie sie Harachte begrüßt. Die Seelen von Buto und von Hierakonpolis jubeln über dich wie (über) deinen Vater, der im Westen herrscht. Die Neunheit beschütze deine Glieder; begib dich zu deiner Mutter Isis. Mögest du ruhen auf dem Thron von Osiris, mögen die Herren des heiligen Landes dich aufnehmen, mögest du ewig fröhlich sein – oh Große Königliche Gemahlin, Herrin der beiden Länder, Herrscherin über alle Länder, Nefertari Meri-en-Mut, gerechtfertigt bei Osiris, dem Ersten des Westens. Der große Gott, der in Busiris[187] wohnt, Wennefer, der Herrscher (über alle Lebewesen), möge er seiner geliebten Tochter, der Großen Königlichen Gemahlin, (Herrin der beiden Länder), dem Osiris, (Herrscherin über beide Länder) Nefertari Meri-en-Mut, der Gerechtfertigten, Leben, Dauer (und Stärke) verleihen. Möge sie auf ihrem Platz in der Nekropole in der Gegenwart ihres Vaters Wennefer ruhen, während die große Versammlung derer, die im heiligen Land sind, einen Platz für sie bereitet".»

Eine zweite Gruppe von Textkolumnen umrahmt die Anubis-Darstellung:

«So spricht Anubis, der Herrscher am Ort der Einbalsamierung, der große Gott, der auf dem Berg wohnt, Herr der Nechech-*Ewigkeit, Gebieter der* Djet-*Ewigkeit: „Wenn zu mir kommt, die unter (meinem) Schutz steht, die Große Königliche Gemahlin, Herrin der beiden Länder, Nefertari Meri-en-Mut, gerechtfertigt bei Osiris, dem Herrscher über den Westen, gebe ich dir das Erscheinen von Ra am Himmel, damit Igeret von deinen Strahlen erleuchtet werde und du ewig fröhlich sein mögest wie dein Vater Ra, alle Tage".»*

Neben Nephthys, „der Herrin des Himmels, Herrscherin über alle Götter, die in der westlichen Wüste wohnen", sind zwei – zum Teil zerstörte – Textgruppen angeordnet. Sie lauten:

«Spruch der Nephthys: „Wenn zu mir kommt die Große Königliche Gemahlin, Herrin der beiden Länder, Herrscherin über Ober- (und Unterägypten) [...]".»

«[...zur] Herrin der beiden Länder, dem Osiris (Nefertari Meri-en-Mut), gerechtfertigt bei Osiris, dem Vorderen des Westens: „Ich gebe dir einen Platz (im) heiligen Land. Mögest du erscheinen (am Himmel) wie dein Vater Ra, möge Igeret erleuchtet werden von deinen Strahlen, und mögest du fröhlich sein wie dein Vater Ra".»

Anubis und Nephthys
Im unteren Teil der Korridor-Ostwand sind Anubis und Nephthys abgebildet.

Ostwand des Korridors, Seitennische
Die Szene ist symmetrisch zur entsprechenden auf der gegenüberliegenden Seite angeordnet, nur daß hier Nefertari Hathor und Selkis opfert. Dahinter sind Maat und die geflügelte Uräus-Schlange mit der Kartusche der Königin zu sehen.

Das rituelle Trankopfer der Königin
Dieser Ausschnitt aus dem oberen Teil der Ostwand läßt die feine Malweise der Grabdekoration erkennen. Nefertari steht vor einem Opfertisch und bringt den Gottheiten ein Trankopfer in zwei rituellen *Nu*-Gefäßen dar.

Eingang zur Sarkophagkammer (Hauptraum III)
Die Außenseite des Eingangs zur Sarkophagkammer weist über dem Türsturz eine Darstellung der Göttin Maat mit ausgebreiteten Flügeln auf, also als Beschützerin der Namenskartusche der Königin. Auf den Türpfosten sind die Kartuschen der Königin abgebildet mit der Inschrift: *«Ich beschütze meine Tochter, die Große Königliche Gemahlin, Nefertari Meri-en-Mut, die Gerechtfertigte.»*

Über dem Türsturz des Durchgangs zur Grabkammer ist ein großes Bild der Göttin Maat mit – zum Zeichen des Schutzes – ausgebreiteten Flügeln zu sehen. Sie begrüßt die Königin mit den Worten:

«So spricht Maat, die Tochter des Ra: „Ich beschütze (meine) Tochter, die Große Königliche Gemahlin, Nefertari Meri-en-Mut, die Gerechtfertigte".»

Auf beiden Außenseiten der Türpfosten erscheinen Name und Titulatur der Königin:

Rechts *«(Der) Osiris, die Große Königliche Gemahlin, Herrin der beiden Länder, Nefertari Meri-en-Mut, gerechtfertigt bei Osiris, dem großen Gott»* und links *«(Der) Osiris, die Große Königliche Gemahlin, die Herrin der beiden Länder, Nefertari Meri-en-Mut, gerechtfertigt bei Osiris»*.

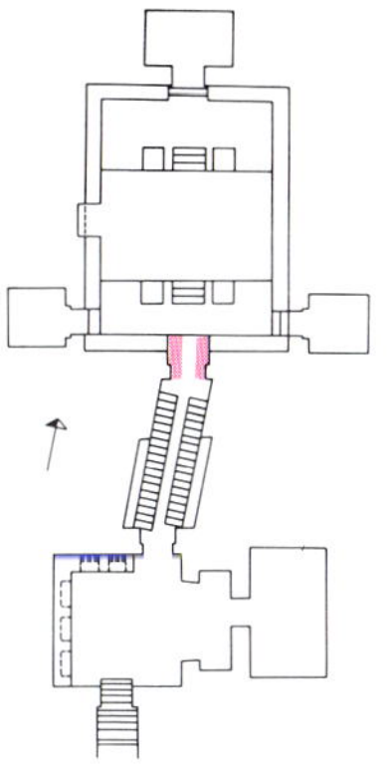

Seitenflächen im Durchgang zur Sargkammer
Im Durchgang zur Sargkammer sind an beiden Seitenflächen die Göttin Maat und zwei Kobras (Nechech und Uto, einmal mit der Doppelkrone von Ober- und Unterägypten, einmal mit der *Atef*-Krone) auf zwei *Djed*-Pfeilern abgebildet.

Die „Regeneration" vor der Wiedergeburt

Die große (10,5 x 8,30 m) Sargkammer (Raum III) stellt symbolisch das Reich des Osiris dar, wo die Königin die „Regeneration", also die Zeit der Neuwerdung vor ihrer Wiedergeburt, zubringt. Am Eingang weisen die Seitenflächen der Türpfosten Abbildungen der Kronengottheiten Uto und Nechbet in Gestalt von Uräus-Schlangen mit *Was*-Szepter und *Schen*-Ring auf: Nechbet, „die Weiße von Nechen" (links), und Uto, „die Herrin von Buto, Herrin des Himmels" (rechts), tragen die *Atef-* bzw. die *Pschent*-Krone, die Doppelkrone von Ober- und Unterägypten.

Ursprünglich waren alle Wände der Sargkammer mit Texten aus zwei Totenbuch-Kapiteln – in der Westhälfte Kapitel 144, in der Osthälfte Kapitel 146 – mit den dazugehörigen Vignetten bedeckt. Beide Kapitel behandeln die kultische Geographie des Totenreiches und die Hilfsmittel, die der Verstorbene einsetzen kann, um die Schwierigkeiten zu überwinden, die ihm auf seinem Weg begegnen. Dafür mußte er nämlich die Namen aller Götter, all die verschiedenen Namen von Osiris, die Namen der Tore im Totenreich sowie ihrer Wächter kennen.

Totenbuch-Kapitel 144 bezieht sich auf die Tore, die zum Reich des Osiris führten: Es waren sieben, und jedes Tor wurde von drei Dämonen bewacht (die als „Wächter", „Torhüter" und „Anmelder" bezeichnet werden), die sowohl männlichen als auch weiblichen Geschlechts sind. Der erste trug meist, aber nicht immer, einen Zweig und ein Messer, der zweite zwei Messer und der dritte zwei *Anch*-Zeichen.

Die ersten beiden waren durch ihre Attribute als feindselige Wesen charakterisiert, während der dritte als Bote zwischen zwei aufeinanderfolgenden Toren fungierte.

Kapitel 146 hingegen handelt von den einundzwanzig Pforten und den «*Sprüchen für das Eintreten durch die geheimnisvollen Pforten des Osiris-Reiches im Binsengefilde*»; jede Pforte hat nur einen einzigen Wächter, und der Verstorbene mußte bei seiner Ankunft den Namen der Pforte sowie den ihres Hüters laut aussprechen, zusammen mit dem Spruch:

«*Gib mir den Weg frei! Ich kenne dich,*
ich kenne deinen Namen, und ich kenne den,
der in dir ist».

Die Wandmalereien in der Sargkammer weisen heute große Lücken auf, denn dieser Raum befindet sich im tiefsten und nördlichsten Teil der Grabanlage, und daher sind hier die schlimmsten Schäden durch eindringendes Wasser aufgetreten. Die durch das Wasser gelösten Salze haben dazu geführt, daß große Flächen des Verputzes heruntergefallen sind – ein Phänomen, das nicht erst in jüngster Zeit aufgetreten ist. Schiaparelli hielt nämlich bereits zum Zeitpunkt der Entdeckung des Grabes in seinen Aufzeichnungen fest, daß die Wandmalereien in der Sargkammer in sehr schlechtem Zustand und lückenhaft waren:

„[Die Sargkammer] war in ihrer gesamten Größe mit Figuren, Szenen und Inschriften bemalt, die jedoch nun in beachtlichem Ausmaß heruntergefallen sind, und zwar durch die Einwirkung des Wassers, das durch die Gesteinsschichten in diesen tiefstgelegenen Teil des Grabes mehrmals eingedrungen sein muß. Als wir nämlich hineingingen, fanden wir den Boden von einer dikken Lehmschicht bedeckt, angeschwemmt vom Regenwasser, das mehrmals den Raum überschwemmt haben muß [...]. Vom Sarkophag aus rotem Granit von Syene [Assuan], der in der Kammer gestanden hatte, war nichts übrig außer dem Deckel, von dem wir auf dem Boden der Sargkammer drei große und viele kleine Bruchstücke fanden[188]. Aus der Form des Dekkels läßt sich schließen, daß der Sarkophag rechteckig und nicht sehr groß war, gleich geformt wie die Königssarkophage der 18. Dynastie, von denen großartige Beispiele in den – von Davis entdeckten – Sarkophagen von Thutmosis I., Makara und Haremhab erhalten sind. Diesen entsprach er wohl auch in bezug auf die Inschriften, soweit sich das aus den davon erhaltenen Resten auf den Fragmenten beurteilen läßt"[189].

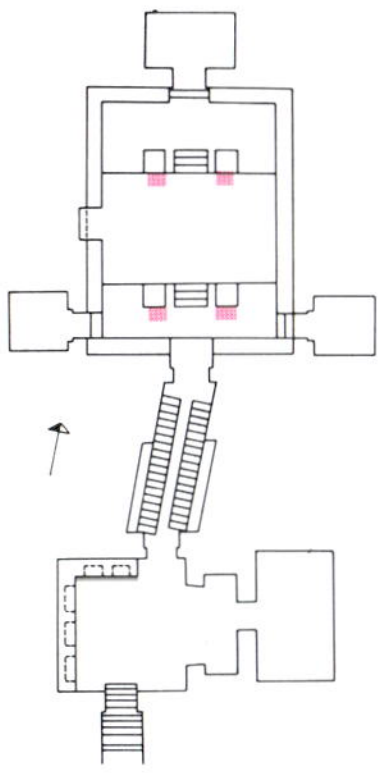

Das „Goldhaus" (Ansicht von Süden)
Die Sargkammer (Raum III), auch als „Goldhaus" bezeichnet, im Grab der Nefertari, von Süden her gesehen, also vom Ende des Korridors aus. Auf den beiden vorderen Pfeilern erkennt man links Horus-Junmutef („Horus, Stütze seiner Mutter") und rechts Horus-Nedjheritef [Harendotes](„Horus, der Beschützer seines Vaters"): Es handelt sich hier um zwei Erscheinungsformen von Horus in priesterlicher Funktion. Beide Gestalten tragen eine kurze Perücke mit einem Uräus an der Stirn sowie ein Leopardenfell; eine der Hinterpfoten des Fells halten sie in der Hand.

Sargkammer, Ansicht von Südwest
Auf dem ersten Pfeiler sind Horus-Nedjheritef und Osiris abgebildet, der Herrscher im Jenseits, das dieser Raum symbolisch darstellt.

Sargkammer, Ansicht von Nordwest
Auf dem Pfeiler (es ist derselbe wie auf der Abbildung links) ist der Gott Osiris zwischen zwei Tierbälgen dargestellt. Er trägt ein langes, weißes Gewand, das um die Taille mit einer roten Binde gegürtet ist, ganz ähnlich wie bei Nefertari. Und tatsächlich identifiziert sich die Königin hier bereits mit Osiris, bevor sie sich mit Ra vereinigt. Auf der anderen Pfeilerseite ist der *Djed*-Pfeiler abgebildet, der das Rückgrat von Osiris darstellt und das „Mark der Auferstehung“ enthält.

Das Modell des Nefertari-Grabes
Nachbildung der Sargkammer im Modell des Nefertari-Grabes, das zur Zeit Schiaparellis angefertigt wurde und im Ägyptischen Museum von Turin besichtigt werden kann.

Wandnische in der Westwand der Sargkammer. Sie sollte vermutlich die Kanopengefäße aufnehmen. Auf ihrer Rückwand ist die Göttin Nut zu erkennen.

Norwest-Pfeiler

Osiris, „der Erste des Westens".

Südwest-Pfeiler

Südost-Pfeiler

Nefertari steht vor Isis, „der Herrin des Himmels".

Nordost-Pfeiler

Nefertari steht vor Anubis.

Der Sarkophag der Königin
Der aus Bruchstücken zusammengefügte Deckel des Sarkophages aus rotem Granit, der im Ägyptischen Museum von Turin aufbewahrt wird.
(*Foto: Missione Archeologica Italiana*)

Osiris, „der Erste des Westens“
Auf den Innenseiten der vier Pfeiler der Sargkammer ist Osiris, „der Erste des Westens“, in einem Naos stehend abgebildet, bekleidet mit einem langen, weißen Gewand, das um die Taille mit einer roten Binde gegürtet ist. Auf dem Kopf trägt der Totengott die *Atef*-Krone, in den Händen das *Was*-Szepter und die *Nechech*-Geißel.

Vier Pfeiler umgaben den Sarkophag

Vier an allen vier Seiten bemalte Pfeiler tragen die Decke und grenzen den Mittelteil des Raumes ab, in dem ursprünglich der Sarkophag stand. Den oberen Randabschluß der Pfeiler bildet ein *Cheker*-Fries; alle abgebildeten menschlichen oder göttlichen Gestalten werden von zwei *Was*-Szeptern umrahmt.
Die Innenseiten aller Pfeiler, die der Süd-Nord-Hauptachse zugewendet sind, weisen vier Darstellungen des Gottes Osiris auf, während die der (quer dazu verlaufenden) Ost-West-Achse zugewendeten Seiten mit vier *Djed*-Pfeilern bemalt sind, die symbolisch das Rückgrat des Osiris mit dem „Mark der Auferstehung“ darin darstellen. Oberhalb und zu beiden Seiten der *Djed*-Pfeiler sind Kartuschen und die Titulatur der Königin abgebildet. Die Begleitinschriften wiederholen sich mit kleinen Variationen:

«(Der) Osiris, die Große Königliche Gemahlin, Nefertari Meri-en-Mut, gerechtfertigt» und «Der Osiris, die Große Königliche Gemahlin, Herrin der beiden Länder; Herrscherin über Ober- und Unterägypten, Nefertari Meri-en-Mut, gerechtfertigt bei Osiris».

Osiris ist – wie im Vorraum – in einem gelben Naos zwischen zwei Tierbälgen (sog. Osirisfetischen) stehend dargestellt, mit grünem Gesicht, weißer Mumienhülle und der *Atef*-Krone. Ein bedeutsames Detail springt hier ins Auge: Die rote Binde um die Taille des Gottes ist genau dieselbe wie bei Nefertari. Das ist ein Sinnbild dafür, daß Nefertari nun voll den Körper des Gottes angenommen hat und ab nun dessen Schicksal – die Wiederbelebung – teilt.
Die Inschriften der vier Abbilder des Gottes lauten – auch hier mit geringen Abweichungen:

«Osiris, der Erste des Westens, Wennefer, Herrscher des heiligen Landes, der große Gott, Herrscher der Neunheit».

Diese Inschriften erläutern die jeweilige Rolle, die Osiris in bezug auf Nefertari, die nun in das heilige Land aufgenommen ist, spielt:

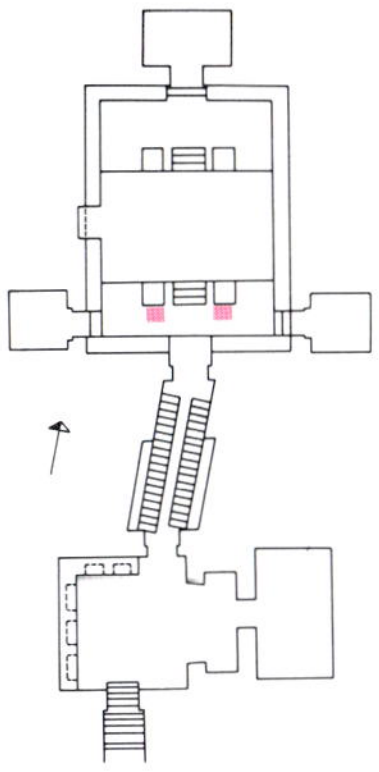

«*Ich gebe dir das Erscheinen von Ra am Himmel*» (Südwest-Pfeiler) oder «*Ich gebe dir einen Platz im heiligen Land*» (Südost-Pfeiler).

Auf den beiden südlichen Pfeilern, und zwar auf den dem Eingang zugewendeten Seiten, sind zwei stehende Gestalten abgebildet, die mit einem Leopardenfell (mit herabhängenden Pranken und Schweif) bekleidet sind. Sie tragen eine kurze Perücke mit einer breiten Seitenlocke. Es sind Horus-Nedjheritef („der Beschützer seines Vaters"; rechts) und Horus-Junmutef („die Stütze seiner Mutter"; links), zwei Horusformen, die mit der Funktion des *Sem*-Priesters und mit dem Mundöffnungsritual in Verbindung standen. Die Inschriften auf diesen beiden Seiten der südlichen Pfeiler lauten:

«*So spricht Horus, der Beschützer seines Vaters: „Ich bin dein Sohn, dein geliebter, der aus deinen Gliedern hervorgegangen ist. Ich bin gekommen und habe deine Glieder für dich wieder zusammengesetzt. Ich habe dir dein Herz gebracht, oh mein Vater, der im Westen ist. Gewähre du der Großen Königlichen Gemahlin, der Herrin der beiden Länder, Nefertari Meri-en-Mut, der Gerechtfertigten bei der Neunheit, die in der Nekropole ist, deinen Schutz."*
Schutz, Leben, Dauer, Stärke, Heil umgeben sie.»

«*So spricht Horus, die Stütze seiner Mutter: „Ich bin dein Sohn, den du liebst, mein Vater Osiris! Der Beschützer ist zu dir gekommen. Ich habe für dich deine Feinde geschlagen – (man sagt) viermal – ewig, für immer.*
Mögest du veranlassen, daß deine Tochter, deine geliebte, der Osiris, die Große Königliche Gemahlin, Herrin der beiden Länder, Nefertari Meri-en-Mut, gerechtfertigt, ruhen möge im Inneren der großen Götterneunheit, die im Gefolge des Osiris ist, und daß sie die Herren des heiligen Landes aufnehmen."
Schutz, Leben, Dauer, Glück.»

Auf den äußeren (Ost- und West-)Seiten derselben Pfeiler ist Nefertari einmal mit der Göttin Isis zu sehen, die ihr ein *Anch*-Zeichen (Symbol für ewiges Leben) reicht (Ostseite), das andere Mal mit der Göttin Hathor, „der Ersten des Westens, Herrin des Himmels", die sie umarmt (Westseite). Isis, „die Herrin des Himmels", wird mit der für Göttinnen charakteristischen gelben Hautfarbe abgebildet; sie trägt das bekannte altertümliche, enge rote Trägergewand, das unterhalb der Brust beginnt und bis zu den Knöcheln reicht. Den Kopf bedeckt eine dreigeteilte Perücke mit einem hinten geknüpften, schmalen roten Haarband mit weißen Rändern. Darüber ragt das Kuhgehörn mit eingelegter roter Sonnenscheibe empor. Die Göttin Hathor weist entsprechende Attribute auf.

Nefertari hingegen ist mit dem bereits vertrauten rosigen Teint, dem langen, weißen, plissierten Leinengewand (dessen Durchsichtigkeit der Maler äußerst geschickt wiederzugeben wußte), mit der roten Binde gegürtet und mit der dreigeteilten Perücke abgebildet, jedoch weist die Geierhaube darüber nun nicht mehr die hohen Federn auf, die typisch für die Abbilder der Königin in den äußeren Grabkammern waren.

Die beiden nördlichen Pfeiler zeigen an den Außenseiten (Ost- bzw. Westseite) Nefertari mit Anubis (rechts) und Isis (links); auf den Nordseiten ist rechts (Ostseite) Nefertari mit der Göttin Hathor, die das Zeichen des Westens auf dem Kopf trägt, zu sehen, und links (Westseite) Isis, mit dem Hieroglyphenzeichen für „Thron" (*set*), von dem sich ihr Name (Iset, griechisch Isis) ableitet, auf dem Kopf.

Zwei Horusformen in Verbindung mit dem Bestattungsritual
Horus-Junmutef (links) und Horus-Nedjheritef (Harendotes) (rechts) sind zwei Horusformen, die in alter Zeit mit dem Amt des Totenpriesters in Verbindung gebracht wurden. Beide Götterfiguren sind mit Leopardenfellen bekleidet.

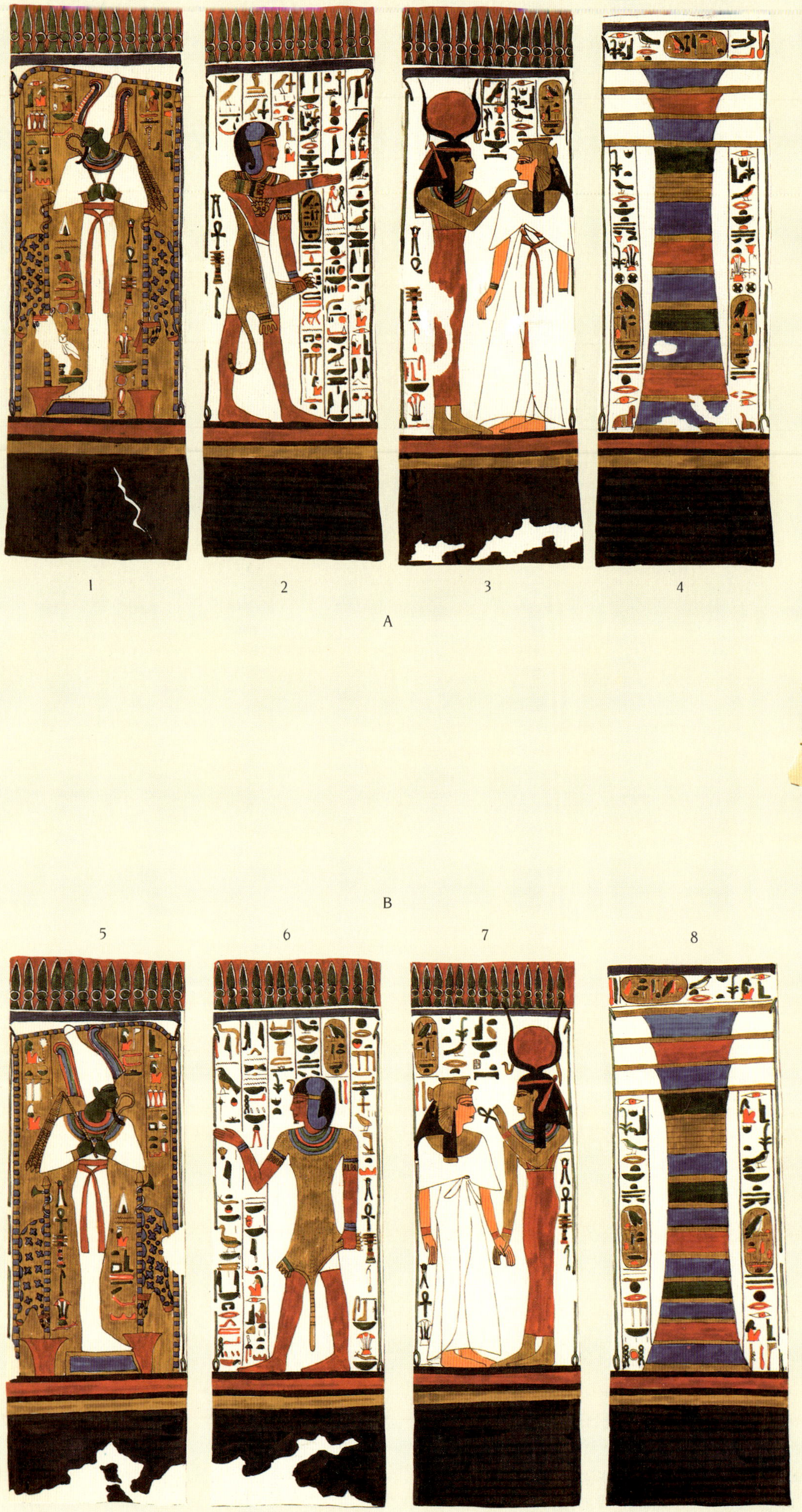

Die vier Pfeiler der Sargkammer

A - Südwest-Pfeiler
1 - Osiris
2 - Horus-Junmutef
3 - Nefertari und Hathor
4 - *Djed*-Pfeiler

B - Südost-Pfeiler
5 - Osiris
6 - Horus-Nedjheritef
7 - Nefertari und Isis
8 - *Djed*-Pfeiler

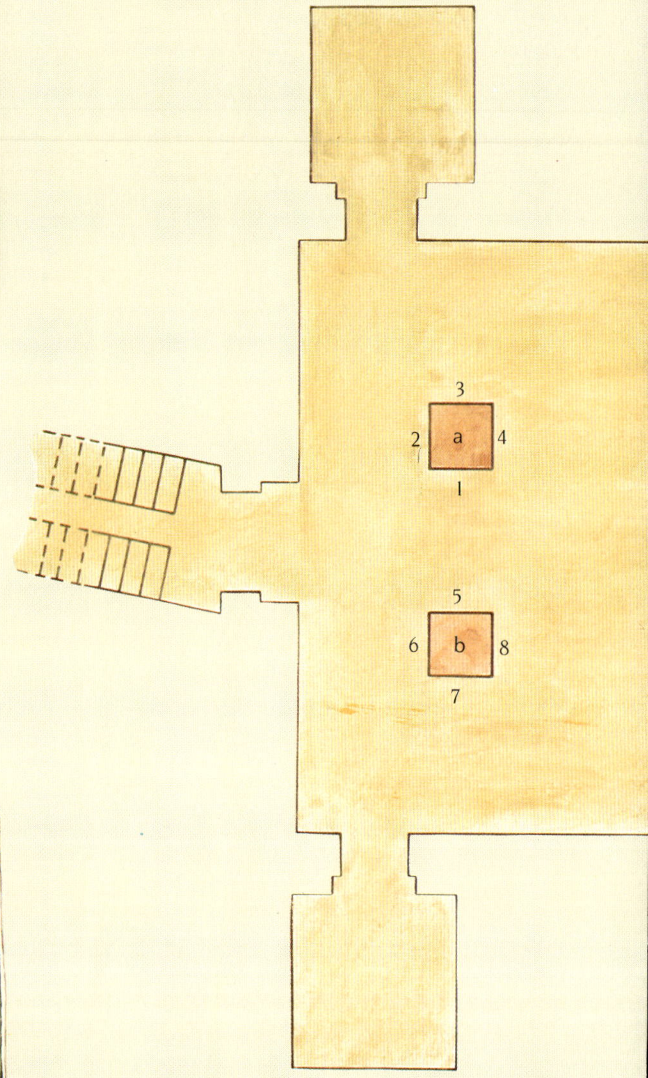

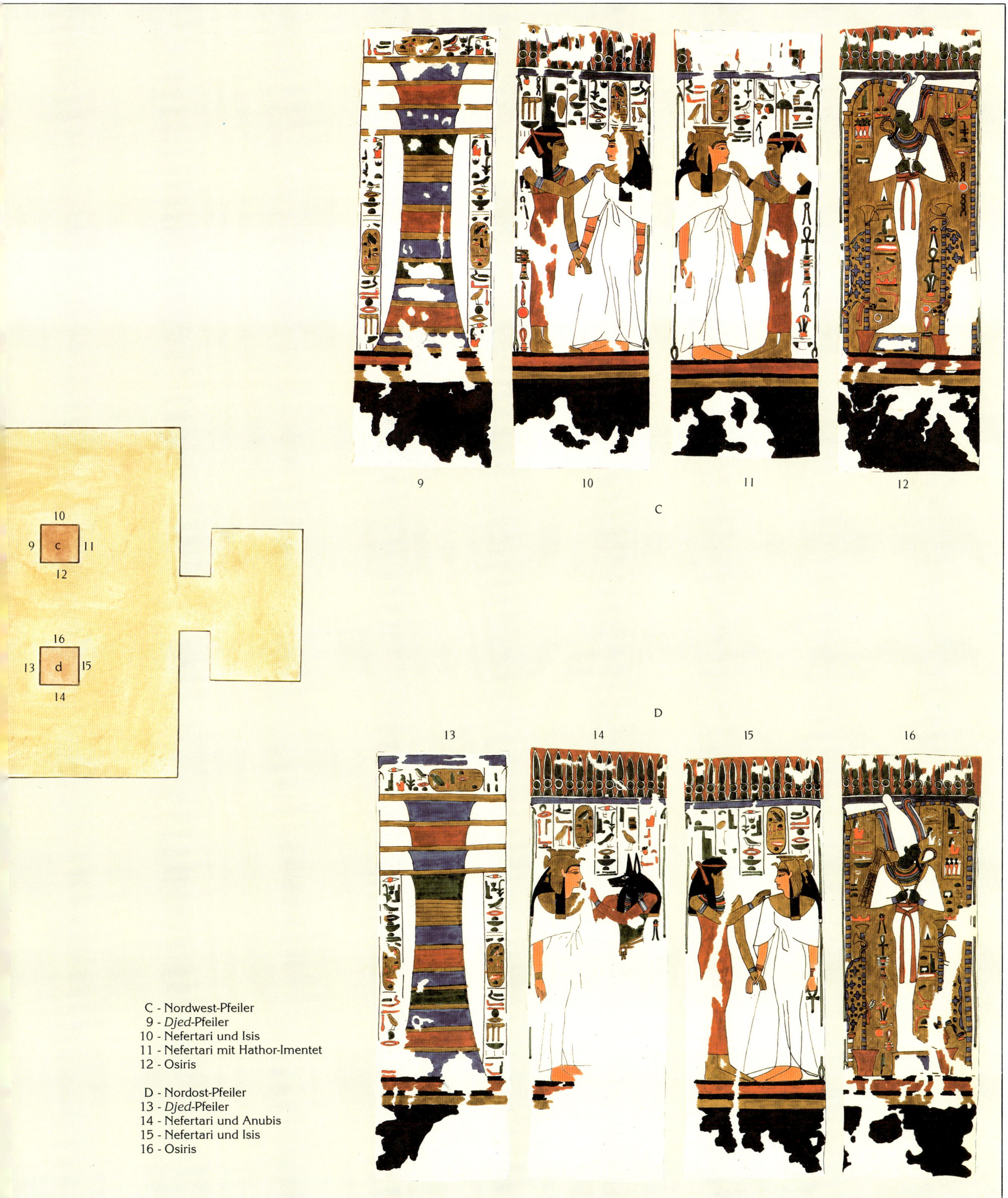

C - Nordwest-Pfeiler
9 - *Djed*-Pfeiler
10 - Nefertari und Isis
11 - Nefertari mit Hathor-Imentet
12 - Osiris

D - Nordost-Pfeiler
13 - *Djed*-Pfeiler
14 - Nefertari und Anubis
15 - Nefertari und Isis
16 - Osiris

Das erste Tor des Totenreiches
Im Westteil der Südwand ist Nefertari in Anbetungshaltung abgebildet, in der bereits bekannten Aufmachung und mit der hohen Federkrone. Sie wendet sich den drei Dämonen zu, die das erste Tor zum Reich des Osiris bewachen und im Tb-Kapitel 144 beschrieben werden: Der erste davon ist der „Wächter", dem (auf der anschließenden Westwand) der „Torhüter", ein weibliches Wesen mit Nilpferdkopf, sowie der „Anmelder", ein nicht weiter differenziertes Wesen mit weiblichen Zügen, folgen. An den „Wächter" wendet sich Nefertari mit den Worten: *«Ich bin die, die rechten Charakter hat ...».*

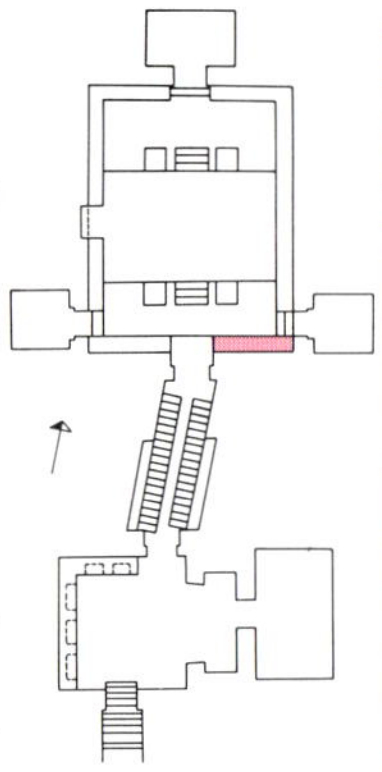

An den Toren zum Reich des Osiris

Die Südwand wird durch den Eingang in zwei Hälften geteilt. Die Bilddekoration beginnt mit der westlichen Hälfte, wo Nefertari in Anbetungshaltung vor Seched-her-ascha-iru („der mit dem nach unten gekehrten Gesicht, der Vielgestaltige") steht, dem „Wächter" des ersten Tores, dargestellt mit Widderkopf und waagerechten, gedrehten Hörnern. Hinter ihm folgen der „Torhüter" Teket-mesedjer („die mit den entzündeten Ohren"), ein weibliches Wesen mit Nilpferdkopf und zwei Messern in den Händen, sowie eine weitere weibliche Gestalt (als „Anmelder" bezeichneter dritter Dämon), die keine spezifischen Merkmale aufweist, beide auf der anschließenden Westwand, dargestellt.
Die Inschrift, die zur Königin gehört, lautet:

«Die Große Königliche Gemahlin, Herrin der beiden Länder, Herrscherin über Ober- und Unterägypten, Nefertari Meri-en-Mut, gerechtfertigt bei Osiris, dem großen Gott. Schutz, Leben, Dauer, Stärke, Gesundheit, jegliche Freude sei um sie wie Ra».

Die auf senkrechte Register verteilten Inschriften geben Abschnitte des Tb-Kapitels 144[190] wieder, das sich auf die Tore zum Reich des Osiris bezieht, wie aus dem Textbeginn hervorgeht:

«Spruch des Kennens der Tore des Reiches des Osiris im Westen und der Götter, die in ihren Höhlen [zu den Türdurchgängen gehörig] sind, wie man sich an sie wendet auf Erden. Spruch des Osiris, der Großen Königlichen Gemahlin, Herrin der beiden Länder, Nefertari Meri-en-Mut, gerechtfertigt bei Osiris».

Der rückläufig geschriebene Text, der zum ersten Tor gehört, lautet:

«Erstes Tor. „Der mit dem nach unten gekehrten Gesicht, der Vielgestaltige" ist der Name seines Wächters. „Die mit den entzündeten Ohren" heißt sein Türhüter, „Die mit der lauten Stimme" seine Anmelderin. So spricht der Osiris, die Große Königliche Gemahlin, Herrin der beiden Länder, Nefertari Meri-en-Mut, die Gerechtfertigte, wenn sie sich den Toren nähert: „Ich bin die, die rechten

Die erste und die zweite Pforte im Reich des Osiris in den Feldern von Jaru
An der Osthälfte der Südwand (also rechts vom Eingang, wenn man hereinkommt) beginnt das Tb-Kapitel 146, das sich auf die Pforten im Reich des Osiris in den Feldern von *Jaru* (dem „Binsengefilde") bezieht. Jede Pforte wird von einem einzigen Dämon bewacht. Nefertari wendet sich den Bewachern der ersten und der zweiten Pforte zu, die als Wesen mit einem Geier- bzw. mit einem Mäusekopf dargestellt sind.

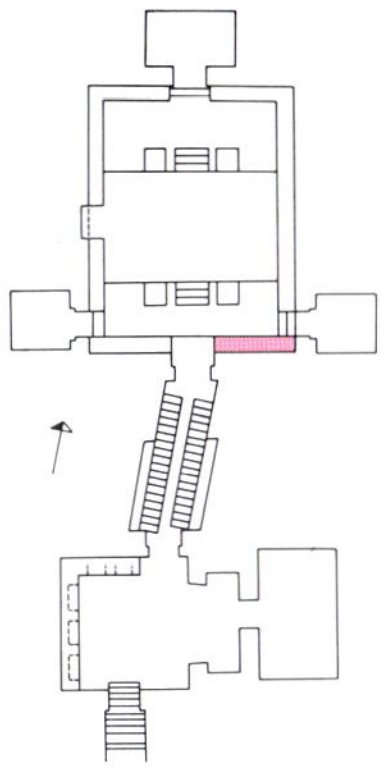

Charakter hat[191]*, die das Jenseits erhellt, wenn ich zu dir komme, Osiris, der du im Westen herrschst, der dich preist, der (dich) von allen Unreinheiten und allen Beleidigungen gereinigt hat. Ich werde meinen Namen aufrichten in Rosetau. Heil dir, Osiris, in deiner Macht und deiner Stärke in Rosetau. Wie du dich aus dir selbst gesammelt hast, oh Osiris, mit deiner Macht und deiner Stärke, bin ich mächtig in Rosetau und stark in Abydos. Du ziehst über den Himmel und stellst dich vor Ra. Du siehst die Menschheit, einziger Herr, der Ra durch diese hindurch folgt".*
Höre, Osiris sagte: „Ich bin der Edle", und ich habe gesagt: „Das soll sein. Ich soll nicht behindert werden von den schwarzen Mauern der Durchgänge des Tores von dem, der das nach unten gekehrte Gesicht hat, der Osiris, die Königliche Gemahlin, Herrin der beiden Länder, Nefertari Meri-en-Mut".»

Auf der anderen (östlichen) Wandhälfte beginnt hingegen Totenbuch-Kapitel 146, das sich auf die Pforten im Reich des Osiris in den Feldern von *Jaru* bezieht.
Auch hier ist die Königin (symmetrisch zur vorherigen Darstellung) vor Unterweltsgöttern und den Hütern der ersten und der zweiten Pforte abgebildet; von letzteren sind nur noch Gesichtszüge erhalten, doch waren sie ursprünglich als Geier bzw. Maus dargestellt.
Der Text dazu weist mehrere Lücken auf. Er lautet:

«So spricht der Osiris, die Große Königliche Gemahlin, Nefertari Meri-en-Mut, gerechtfertigt. Sie spricht: „Ich bin zu dir gekommen, Osiris, Erster des (Westens) [...]. Ich allein werde geehrt und geliebt von allen [...]. (Ich tat) die Wahrheit, ich habe keine Sünden begangen [...]".»

«Erste Pforte: [...] der du zu Hilfe kommst dem, der ausgeplündert wurde.»

«Zweite Pforte: Herrin des Himmels, Herrscherin über beide Länder, die du Teil der beiden Länder bist, Herrin der ganzen Menschheit, verschieden von (jedermann) (ist dein Name). Der Name deines Hüters (ist) „Schöpfer".»[192]

„Die mit den entzündeten Ohren"
Im südlichen Teil der Westwand sind die anderen beiden Dämonen abgebildet, die noch zum ersten Tor im Totenreich gehören: der „Torhüter" Teket-mesedjer, „die mit den entzündeten Ohren", und der „Anmelder", der hier weibliche Züge trägt. Rechts vom Eingang zum westlichen Nebenraum (Raum IV) beginnen die Inschriften, die zum zweiten Tor gehören.

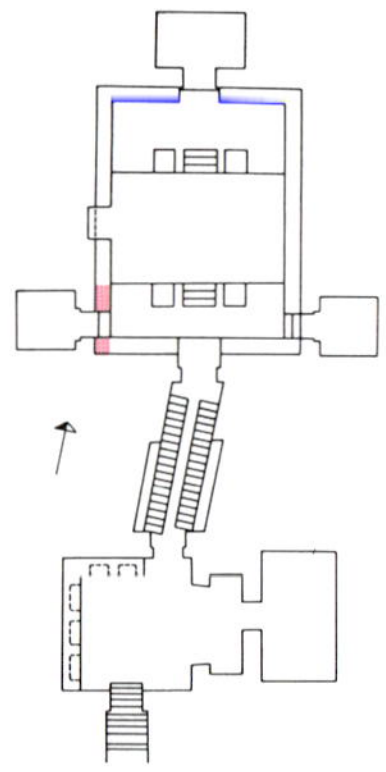

Drei Dämonen bewachen den Eingang

Auf der Westwand, beginnend in der Ecke zur Südwand und bis zum Durchgang in den westlichen Nebenraum (Raum IV), sind die anderen beiden zum ersten Tor gehörenden Dämonen abgebildet: der „Torhüter" Teket-mesedjer mit dem Kopf eines Nilpferds und zwei Messern sowie der „Anmelder" mit menschlichem Antlitz. Nach dem Durchgang schließen sich die Texte zum zweiten Tor an, gefolgt vom Bild dieses Tors mit seinen drei Dämonen: dem „Wächter" Wenhat-sen („Öffner ihrer Stirnen") mit Widderkopf und waagerechten, gedrehten Hörnern; dem „Torhüter" Ked-her („der seinen Kopf nach hinten wendet") mit dem Kopf einer Löwin und zwei aufgerichteten Schlangen darauf; und Imsus, dem „Anmelder" in Menschengestalt. Die zur Königin gehörende Inschrift lautet:

«So spricht der Osiris, die Große Königliche Gemahlin, Herrin der beiden Länder, Herrscherin über Ober- und Unterägypten, Nefertari Meri-en-Mut, die Gerechtfertigte, wenn sie sich diesem Tor nähert und wenn sie wachsam sitzt in Erwartung des Urteilsspruchs als Gegenüber des Thot. Die Rechtfertigung des Osiris, der Großen Königlichen Gemahlin, Herrin der beiden Länder, Nefertari Meri-en-Mut, der Gerechtfertigten dank der Rechtfertigung des Thot: „Sei nicht müde, wenn (die Toten) ihre irdischen Geheimnisse vortragen in ihren Jahren in der Wahrheit", Osiris, Große Königliche Gemahlin, Herrin der beiden Länder, Nefertari Meri-en-Mut, gerechtfertigt bei Osiris, der in einem Augenblick die Schwierigkeit beiseite räumt, der seinen Weg mit einer Flamme bereitet gegen die Beleidiger des Osiris, der Großen Königlichen Gemahlin, Herrin der beiden Länder, der Gerechtfertigten.
„Ich habe den Weg bereitet, erlaube du mir, hindurchzugehen und mich zu entfernen. Möge ich immer sehen, daß Ra […]".»

Es folgen die Texte, die zum dritten Tor gehören, bei dem nur der Widderkopf eines der Dämonen zu erkennen ist; die Bilder der anderen sind zum Großteil ganz verschwunden (siehe S. 163).

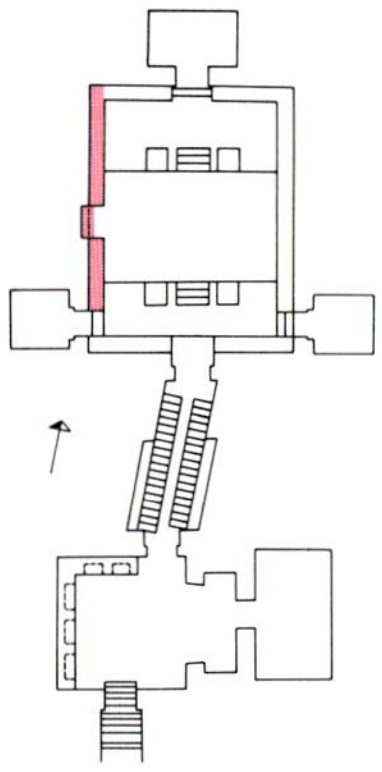

Das zweite Tor im Reich des Osiris
Die drei Dämonen, die das zweite Tor im Reich des Osiris bewachen (Tb-Kapitel 144): der „Wächter" Wen-hat-sen, der „Torhüter" Ked-her („der seinen Kopf nach hinten dreht") und der „Anmelder" Imsus.

Dasselbe gilt für die anschließenden Wächter des vierten und fünften Tores. Die Texte und die Vignetten zum sechsten und siebten Tor wurden aus Platzmangel weggelassen.

In der Mitte der Westwand befindet sich eine kleine Wandnische, die vielleicht zur Aufnahme der Kanopengefäße bestimmt war. An ihrer Südseite zeigt sie drei mumienförmige Gottheiten, die durch ihre Köpfe als Amset, Anubis, „der Balsamierer", und Kebehsenuef, „der große Gott", zu identifizieren sind; an der Westseite die geflügelte Göttin Nut mit zwei *Anch*-Zeichen in den Händen; an der (stark beschädigten und unvollständigen) Nordseite weitere drei mumienförmige Gottheiten, die sich als Hapi, Anubis und Duamutef identifizieren lassen.

Neben der Göttin mit den ausgebreiteten Flügeln steht eine zweispaltige Inschrift:

«So spricht Nut:
„Wenn zu mir kommt (der) Osiris, die Große Königliche Gemahlin, Herrin der beiden Länder, Nefertari Meri-en-Mut, die Gerechtfertigte".»

Das dritte Tor im Reich des Osiris (1-2)
Die Texte zum dritten Tor weisen große Lücken auf. Der erste Dämon (Wächter) mit Widderkopf ist fast völlig erhalten, der Kopf des männlichen Dämons hinter ihm fehlt. Die Texte und die Vignetten zum vierten und fünften Tor sind vollständig zerstört, während ihre Entsprechungen für das sechste und siebte Tor aus Platzmangel überhaupt weggelassen wurden.

Die Göttin in der Nische (3)
Die kleine Wandnische, die sich im unteren Register in der Mitte der Westwand befindet, schmückt eine Darstellung der geflügelten Göttin Nut.

1

2

3

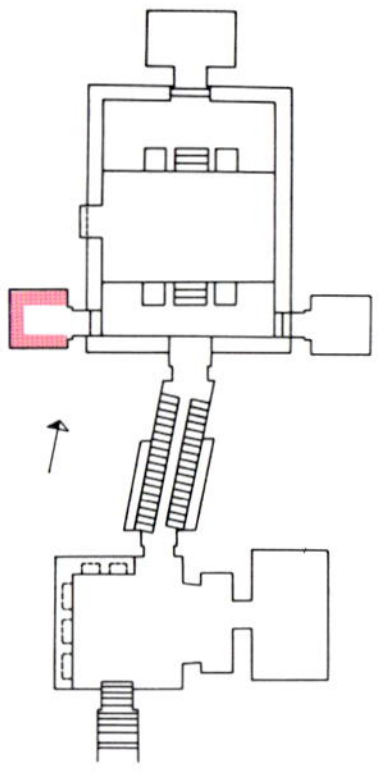

Der westliche Nebenraum (Raum IV) und seine Rekonstruktion
Auf der Südwand, deren Malereien zum Großteil zerstört sind, waren drei Gottheiten mit großen *Anch*-Zeichen abgebildet: Amset, Duamutef und Isis (a).
An der mittleren Wand (Westwand) ist ein großes Gebäude mit fünf Säulen zu erkennen, das an eine Tempelfassade erinnert – ein Verweis auf das Osiris-Grab in Abydos; es wird flankiert von zwei ibisköpfigen Geistern, die zwei der Vier Winde versinnbildlichen (b).
Auf der – ebenfalls stark beschädigten – Nordwand sind weitere drei Gottheiten mit *Anch*-Zeichen in den Händen dargestellt: Nephthys, der falkenköpfige Kebehsenuef sowie Hapi mit dem Paviankopf (c).

Im Grab des Osiris

Die Seitenflächen des Durchgangs zum westlichen Nebenraum (IV) sind mit je einer Uräus-Schlange auf einem Korb, der auf zwei *Djed*-Pfeilern steht, bemalt.
Die Uräus-Schlange auf der Nordseite (siehe S. 166) trägt die weiße Krone von Oberägypten. Dazu gehört die Inschrift:

«*Spruch der Nechbet, der Weißen, Herrin des Himmels, Herrscherin über die Götter: „Mögen Leben, Beständigkeit, Stärke, Gesundheit in Fülle um dich sein“.*»

Die Uräus-Schlange auf der gegenüberliegenden Durchgangsseite ist ebenso dargestellt, trägt aber die Doppelkrone. Die Inschrift dazu lautet:

«*Spruch der Uto, der Herrin von Buto, Herrin des Himmels, Herrscherin über alle Götter: „Ich gebe dir Leben, Dauer, Stärke, Gesundheit in Fülle um dich herum“.*»

Auf dem anschließenden südlichen Türpfosten ist eine Textkolumne mit der Titulatur der Königin zu sehen:

«*(Der) Osiris, die Große Königliche Gemahlin, Herrin der beiden Länder, Gebieterin über Ober- und Unterägypten, Nefertari Meri-en-Mut, gerechtfertigt beim großen Gott.*»

Der links an den Durchgang anschließende Teil der Ostwand ist mit einem *Djed*-Pfeiler bemalt, dessen beide Arme zwei *Was*-Szepter tragen. An den Handgelenken hängen zwei *Anch*-Zeichen. Der Text dazu lautet:

«*(Der) Osiris, die Königliche Gemahlin, Herrin der beiden Länder, Nefertari Meri-en-Mut (gerechtfertigt).*»

Rechts neben dem Durchgang, nach der Abbildung der mumienförmigen Königin, steht einer der üblichen Glückwunschtexte:

«*Schutz, Leben, Beständigkeit und Stärke umgeben sie.*»

Auf der – weitgehend zerstörten – Südwand sind drei Gottheiten mit großen *Anch*-Zeichen abgebildet: Amset mit dem Kopf eines Mannes,

a

b

Duamutef mit Schakalkopf und Isis mit Frauenkopf. Der dazugehörige Begleittext ist heute nicht mehr lesbar, enthielt aber die Anrufung der Gottheiten:

«*Spruch des Amset: „Willkommen! Sei unter meinem Schutz, und ich werde dein Haus gedeihen lassen in Ewigkeit“.*»

«*Spruch des Duamutef: „Oh Osiris, (Herrin der beiden Länder), Nefertari Meri-en-Mut, gerechtfertigt bei dem großen Gott“.*»

Der zu Isis gehörende Text hingegen ist vollständig zerstört, ebenso wie die Texte zwischen den Figuren, die deren Gaben beschreiben.
Die Westwand weist zwar viele Lücken auf, läßt aber doch eine Dekoration erkennen, die entfernt an eine Tempelfassade erinnert. Es ist eine Darstellung des Osiris-Grabes in Abydos. Zu erkennen ist ein Giebelfeld, das mit zwei Uräus-Schlangen geschmückt ist, und ein Architrav, der auf fünf Säulen aufliegt: Zwischen den Säulen standen vier Gottheiten. Die beiden ibisköpfi-

c

gen Wesen links und rechts außen versinnbildlichen zwei der Vier Winde. Sie tragen Stangen mit dem Himmelszeichen darauf, die das Aufbrechen der Himmelsöffnungen versinnbildlichen; dies ermöglichte dem Verstorbenen, wieder zu atmen.

Die beiden Gottheiten in der Mitte haben einen Schakal- bzw. Menschenkopf und stellen Anubis bzw. Amset dar.

Auf der Nordwand sind weitere drei Gottheiten in gleicher Weise wie auf der gegenüberliegenden Südwand dargestellt: Es handelt sich hier um Nephthys und die beiden anderen Horussöhne, Hapi mit Pavianskopf und Kebehsenuef mit Falkenkopf. Auch neben diesen Göttern stehen mehrzeilige Begleittexte:

«Spruch des Hapi:
„Oh Osiris, Große Königliche Gemahlin, Herrin der beiden Länder, Nefertari Meri-en-Mut, gerechtfertigt: Ich gebe dir einen Platz in Igeret“.»

«Spruch des Kebehsenuef:
„Willkommen! Ich bin dein Schutz, Osiris, Große Königliche Gemahlin, Nefertari Meri-en-Mut. Ich gebe dir Ewigkeit im heiligen Land“.»

«Spruch der Nephthys, der Herrin des Himmels, Herrscherin über alle Götter, Auge des Ra, die ohnegleichen ist, Herrscherin über die beiden Ufer des Horus (d. h., Ägypten; Anm.d.Red.), deren Platz im Gebiet des Westens ist: „Ich gebe dir […]“.»

Der erhaltene Text bricht hier ab.

Die Überreste der Malereien (1)
Auf der Westhälfte der Nordwand, die sich auf die vierte und fünfte Pforte bezieht, ist die gesamte Bilddekoration heute unwiederbringlich zerstört. In der Mitte dieser Wand öffnet sich der Durchgang zum nördlichen Nebenraum (Raum VI); auch in diesem Teil der Grabanlage sind die Malereien restlos verschwunden.

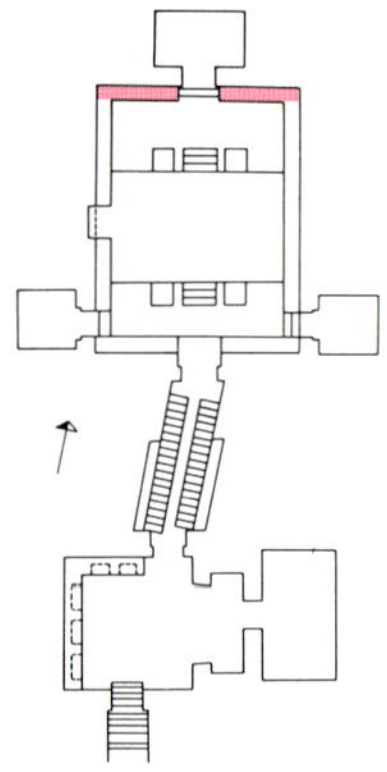

Die Pforten im Reich des Osiris

Die Nordwand wird durch den Durchgang zu Raum VI in zwei Hälften geteilt. Der Westteil (links) stellt die Fortsetzung der Westwand (mit Abbildungen zu Tb-Kapitel 144, siehe auch S. 158) dar und enthielt die Figuren der drei Bewacher des vierten Tores sowie die Texte zum fünften Tor; sie sind heute restlos verschwunden. Die Wandmalereien des Nebenraumes VI sind ebenfalls fast vollständig zerstört. Nur ein paar kleine Stücke des Verputzes sind auf den rohen Felswänden erhalten geblieben.
Der Ostteil der Nordwand in der Sargkammer (rechts neben dem Durchgang zu Nebenraum VI) zeigt Nefertari in Anbetungshaltung vor dem Gott des Totenreiches, Osiris, „dem Ersten des Westens, dem großen Gott". Osiris sitzt auf einem Thron zwischen den beiden Gestalten der Göttin Hathor-Imentet (mit dem Zeichen des Westens auf dem Kopf) und des Anubis. Vor der Königin, „dem Osiris, der Großen Königlichen Gemahlin, Nefertari Meri-en-Mut, gerechtfertigt bei Osiris", steht ein hoher Ständer mit einem Schnabelkrug, während vor Osiris die Vier Horussöhne, die Beschützer der Kanopengefäße, auf einem Traggestell abgebildet sind.
Der daran anschließende Teil der Nordwand (bis zur Ostecke) gehört – wie die Ostwand – zu Tb-Kapitel 146, das die Pforten im Reich des Osiris im Binsengefilde beschreibt; die Vignette dazu stellt die zehnte Pforte mit ihrem krokodilköpfigen Bewacher dar. Der Begleittext lautet: «*Zehnte Pforte: die mit der lauten Stimme.*»

Ostteil der Nordwand (2)
Östlich (rechts) des Durchgangs zum Raum VI ist Nefertari zu sehen, die in Anbetungshaltung vor Osiris, Hathor-Imentet und Anubis steht. Rechts von der Königin schließt die letzte Vignette (die zur zehnten Pforte im Reich des Osiris gehört) des Totenbuch-Kapitels 146 an, dessen Illustrationen in der Osthälfte der Südwand beginnen und die ganze Ostwand einnehmen (siehe auch S. 168-169). In der Ostecke der Nordwand ist der Hüter der zehnten Pforte zu erkennen.

Der Herrscher im Jenseits (3-4)
Im Ostteil der Nordwand schließt sich unmittelbar an den Durchgang zu Nebenraum VI eine Abbildung der Nefertari an, die den Hauptgottheiten des Totenreichs – Osiris, Hathor-Imentet und Anubis – Opfer darbringt.

1

2

3

4

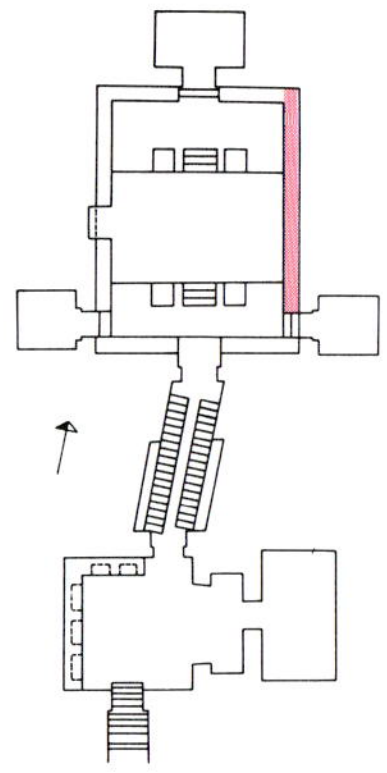

An der Ostwand setzen sich die Darstellungen zum Tb-Kapitel 146 fort, doch weisen sie im nördlichen Teil eine große Lücke auf. Die zerstörten Flächen müssen die Vignetten zur neunten, achten und siebten Pforte enthalten haben. Im mittleren Teil der Ostwand, der ebenfalls sehr lückenhaft und stark beschädigt ist, ist noch ein Teil der sechsten Pforte sowie deren Bewacher Semati („der von der Totenstadt"), von dem nur ein Teil des Kopfes erhalten ist, zu erkennen. Es folgt die Abbildung der fünften Pforte mit ihrem Wächter Sehenti-reku („der den Übeltäter zurücktreibt"), dargestellt als nacktes Kind mit zwei großen Messern; dann die der vierten Pforte mit einem rinderköpfigen Dämon als Bewacher und folgender Inschrift:

«Vierte Pforte: Machtvoll mit dem Messer, Herrin der beiden Länder, die du die Feinde derer vernichtest, deren Herz nicht mehr schlägt, die du Wünsche erfüllst, frei von Sünden (ist dein Name). Der Name ihres Hüters lautet: „der Bulle".»

Daran schließt sich die dritte Pforte mit ihrem krokodilköpfigen Wächter an:

«Dritte Pforte: Herrin der Altäre, reich an Gaben, die du jeden Gott erquickst am Tage der Fahrt flußaufwärts nach Abydos (ist dein Name). Der Name deines Wächters lautet: „Der ein neues Herz gibt", Freund des großen Gottes, der flußaufwärts nach Abydos segelt.»

Die großen Lücken der Ostwand (1)
Auch im Nordteil der Ostwand sind die Malereien nicht erhalten. Großflächige Lücken sind heute dort, wo sich früher die Abbildungen zur neunten, achten und siebten Pforte befanden. Der Text der fünften Pforte ist praktisch vollständig, der der dritten weitgehend zerstört.

Die Pfortenwächter (2-3-4-5)
Die Wächter der sechsten, fünften, vierten und dritten Pforte im Reich des Osiris in den Feldern von *Jaru* (2) aus Tb-Kapitel 146 sind wie folgt dargestellt: Semati, „der von der Totenstadt", mit Schlangenkopf; Sehenti-reku „der den Übeltäter zurücktreibt", als Kind (3); ein Dämon namens „der Bulle" mit Rinderkopf (4); und ein krokodilköpfiger Dämon (5).

1

2

3

4

5

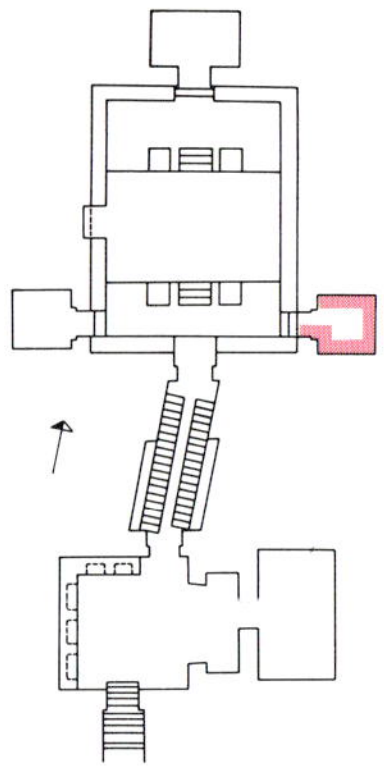

Nach dieser Abbildung öffnet sich der Durchgang zum zweiten östlichen Nebenraum (V), dessen Seitenflächen und Türpfosten identische Dekorationen wie die des Durchgangs zum westlichen Nebenraum (IV) in der gegenüberliegenden Westwand aufweisen.
Im Inneren des Nebenraums V sind an der Westwand, rechts und links neben dem Durchgang, zwei *Djed*-Pfeiler zu sehen: Der rechte hat zwei Arme und trägt ein *Heka*-Szepter sowie eine *Nechech*-Geißel, der linke die Kartusche der Königin und scheint die nunmehr in Osiris eingegangene Verstorbene darzustellen.
Die Malereien an der Nordwand des zweiten östlichen Nebenraumes (V) sind weitgehend abgebröckelt. Sie enthielten früher eine Darstellung der Königin in Adorationshaltung vor der Göttin Hathor in Kuhgestalt. Die Dekoration der Ostwand, ursprünglich eine Abbildung der geflügelten Maat, ist heute vollständig zerstört, die der anschließenden Südwand hingegen erhalten geblieben: Hier ist die Königin in Anbetungshaltung vor Anubis, „dem Ersten am Ort der Einbalsamierung, dem großen Gott, Herrn der Wahrheit", und vor Isis, „der Großen, Herrin des Himmels, Herrscherin [...]", zu sehen. Beide Gottheiten sitzen auf einem Thron und sind mit den klassischen Attributen der Götter – *Anch*-Zeichen und *Was*-Szepter – dargestellt.
Die zu Nefertari gehörende Inschrift lautet:

«(Der) Osiris, Große Königliche Gemahlin, Gottesgemahlin, Herrscherin über Ober- und Unterägypten, Herrin beider Länder, Nefertari Meri-en-Mut, gerechtfertigt bei dem großen Gott, dem Herrscher des Westens.»

a

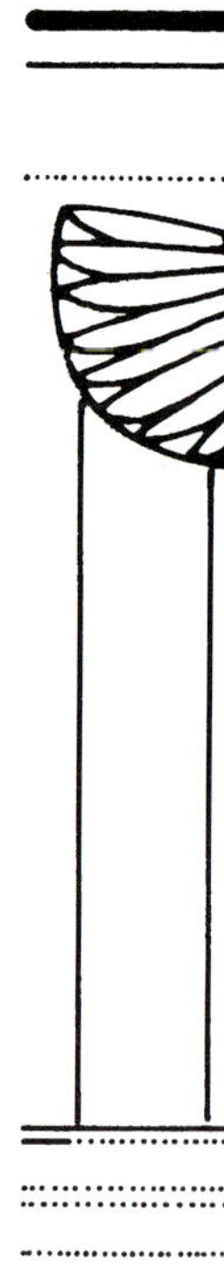

b

Der Durchgang zum östlichen Nebenraum (V)
Die Seitenfläche des Durchgangs zum zweiten östlichen Nebenraum (V) schmückt eine Uräus-Schlange mit Krone, ebenso wie auf der entsprechenden Fläche des gegenüberliegenden Durchgangs zum Nebenraum IV.

Rekonstruktion der östlichen Nebenkammer (V)
Eine Abbildung der geflügelten Maat nimmt die dem Eingang gegenüberliegende Ostwand ein (b). Die Dekoration der Südwand zeigt eine Szene, in der Nefertari in Anbetungshaltung vor Anubis und Isis steht (c). Die Abbildung der Königin vor der Göttin Hathor in Kuhgestalt, die früher die Nordwand schmückte, ist heute zum Großteil abgebröckelt (a).

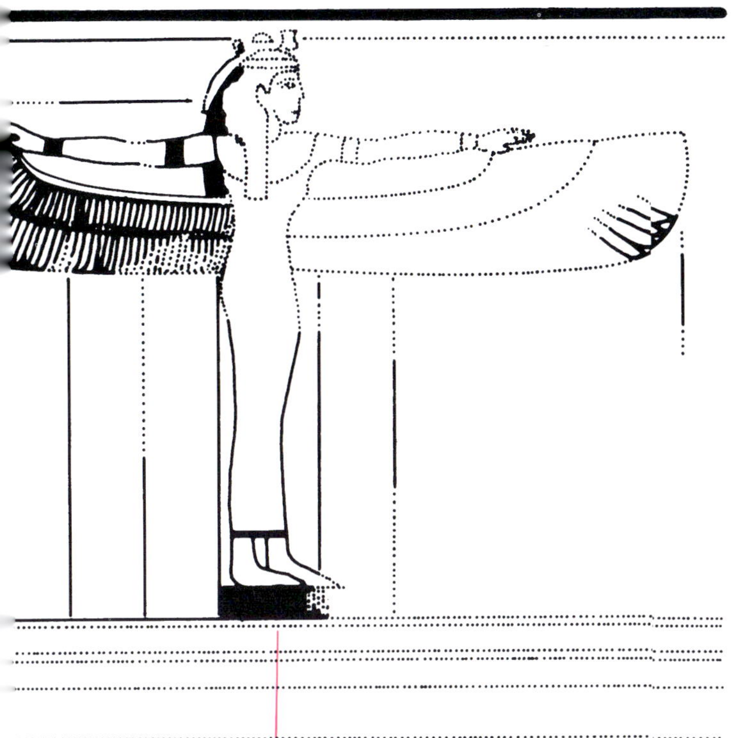

c

Anubis, „der Balsamierer“
Der häufig als schwarzer Hund oder Schakal dargestellte Gott Anubis geleitet die Toten ins Jenseits. Über seinem Kopf ist die Kartusche der Königin zu sehen.

Wiedererweckung durch die Sonne
Diese Abbildung auf der Unterseite des Türsturzes am Eingang zum Vorraum des Nefertari-Grabes stellt den Sonnenaufgang am östlichen Himmelshorizont dar – Sinnbild für „das Herausgehen am Tage“ der mit Ra vereinigten und durch ihn wiedererweckten Königin.

Der tiefere Sinn der Symbole

Aus der Betrachtung der Bilddekoration und der Inschriften in den verschiedenen Teilen der Grabanlage läßt sich die tiefe symbolische Bedeutung erschließen, die diese für die alten Ägypter hatten.

Die Wandmalereien des Grabes sind nicht bloß Schmuckelemente, sondern Darstellungen eines spirituellen Weges. Sie zeigen uns den langen Jenseitsweg, den die Seele der Königin durchläuft: Zuerst geleiten die wichtigsten Gottheiten sie zu Osiris, dem Herrscher des Totenreiches, wo sie eine Wiederbelebung und Umwandlung erfährt, um nach ihrer Vereinigung mit Ra am östlichen Himmelshorizont zu erscheinen. Nach mehr als drei Jahrtausenden sind zwar die sterblichen Überreste der Königin und ihre prächtigen Grabbeigaben verschwunden, die Wandmalereien ihres Grabes jedoch blieben erhalten. Sie stellen ein unersetzliches Dokument der Kunst, aber auch der gesamten religiösen Welt und der Glaubensvorstellungen der Ägypter im Neuen Reich dar.

Der Verfall des Grabes und seine Restaurierung

Als Schiaparelli das Grab der Nefertari erstmals betrat, fand er die Wandmalereien an mehreren Stellen bereits stark beschädigt vor, auch wenn aus den damals von den Mitarbeitern der Italienischen Mission gemachten Aufnahmen klar hervorgeht, daß sich ihr Zustand seither ständig weiter verschlechtert hat.

Zahlreiche Gräber im Tal der Königinnen (vor allem die in den Nordhang des Hauptwadis geschlagenen) trugen bereits in der Antike Schäden davon wegen der gravierenden Probleme, die mit den hydrogeologischen und petrologischen Gegebenheiten in diesem Gebiet zusammenhängen.

Die Arbeiter, die vor über drei Jahrtausenden die Gräber anlegten, waren sich der Tatsache durchaus bewußt, daß sie es mit Fels minderer Qualität zu tun hatten. Das zwang sie zu bestimmten technischen Kunstgriffen wie der massiven Verwendung der *muna* und weitgehendem Verzicht auf Reliefdekoration zugunsten von Wandmalereien.

Manchmal war der Fels sogar so schlecht zu bearbeiten, daß die Baumeister der Antike lieber die Arbeit abbrachen und an einer geeigneteren Stelle neu begannen. Damit läßt sich auch eine Erklärung für die große Anzahl unvollendet gebliebener Gräber in diesem Tal finden.

Außerdem wurde im Zuge der jüngsten französisch-ägyptischen Grabungen im Tal der Königinnen eine Schicht aus feinstem Lehm (die auch den Boden einiger Gräber bedeckte) vorgefunden, deren Vorhandensein ein Beweis für sintflutartige Regenfälle in nach-ramessidischer Zeit ist.

Auch das Grab der Nefertari hat sowohl wegen seiner Lage als auch wegen des weichen Gesteins nicht nur in dieser Periode starker Regenfälle, sondern auch durch ähnliche Witterungseinflüsse in späterer Zeit erkennbar Schaden genommen. Wir wissen beispielsweise aus den Berichten von G. B. Belzoni, daß im Jahre 1818 eine gewaltige Überschwemmung um ein Haar das gerade von ihm entdeckte Grab Sethos' I. zerstört hätte, wenn das beherzte Eingreifen seiner Frau Sarah dies nicht in letzter Minute verhindert hätte.

Die langwierige und schwierige Restaurierung (*vorhergehende Seite*)
Nach jahrelangen Untersuchungen und Überlegungen startete im Jahre 1987 das „Projekt Nefertari", ein Gemeinschaftsprojekt der Egyptian Antiquities Organization (EAO) und des Paul Getty Conservation Institute (GCI). Die eigentlichen Restaurierungsarbeiten wurden im darauffolgenden Jahr in Angriff genommen und im April 1992 abgeschlossen.

Salzkristalle (1)
Ein riesiger Salzkristall (Natriumchlorid), der sich an der Decke des nördlichen Nebenraums (Raum VI) hinter der Sarkophagkammer gebildet hat.

Es bilden sich Salzkristalle

Das in die Felswände eindringende Sickerwasser führt Mineralsalze mit und bewirkt die Bildung von Salzkristallen. Diese wachsen nach außen und heben dadurch die bemalte Putzoberfläche vom Fels ab.

Die Zerstörung des Bilderschmucks im Grab der Nefertari begann zwar vermutlich bereits in der Antike, bald nach der Fertigstellung der Bauarbeiten, beschleunigte sich aber nach der Entdeckung durch Schiaparelli deutlich, so daß der Restaurator Alexandre Stoppelaëre im Jahre 1942 eine ganze Reihe gravierender Schäden feststellte und zu dem Schluß kam, daß „die in den anderen thebanischen Gräben auftauchenden Probleme in diesem Grab allesamt vorzufinden sind."[194] Das Grab wurde dann für Besucher gesperrt, während einige mißglückte Restaurierungsversuche die Situation eigentlich nur verschlechterten.

1

Im Jahre 1970 veröffentlichte die UNESCO einen ersten Bericht über den Zustand des Grabes. Ihm folgten 1978 der Bericht des ICCROM, 1980 einer der Universität Kairo sowie 1981 ein kanadischer und 1983 ein italienischer Bericht. Erste Notmaßnahmen zur Erhaltung wurden im September 1986 auf Initiative der Ägyptischen Altertümer-Verwaltung (EAO) und des Getty Conservation Institute (GCI) ergriffen und bezweckten die provisorische Fixierung der Malereien auf etwa 20% der Wandflächen.

2

Das Mikroklima im Grab (2)
In der großen Grabkammer beträgt die Raumtemperatur maximal 37°C, die Luftfeuchtigkeit um 35%. Mikroklimatische Untersuchungen haben jedoch ergeben, daß bereits die Anwesenheit kleiner Besuchergruppen die Luftfeuchtigkeit deutlich erhöht. Die Meßdaten belegen, daß die Sperrung der Anlage für den Massentourismus unumgänglich war.

Mechanische Faktoren der Zerstörung von Wandmalereien in Grabanlagen (3)
Die Feuchtigkeit in den Wänden transportiert Mineralsalze (NaCl) aus dem Untergrundgestein, die nach außen auskristallisieren und dabei den bemalten Verputz abheben, so daß er schließlich abbröckelt.

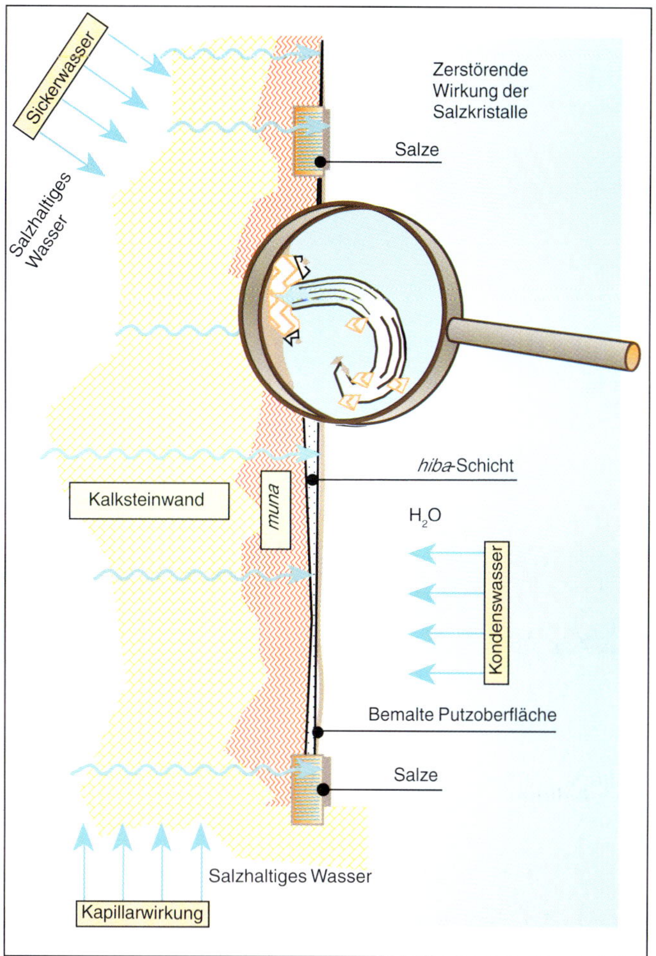

3

Die Gefahr droht vom Wasser (4-5)
An der Decke des nördlichen Nebenraumes der Sargkammer (Raum VI) sind die Salzkristalle sowie ihre zerstörende Wirkung auf den Verputz besonders gut zu sehen. Die durch den Salzbefall entstehenden Probleme tauchen nicht nur im Grab der Nefertari, sondern auch in vielen anderen thebanischen Gräbern auf.

Mehr als 10 000 Streifen aus Baumwollgaze und Japanpapier wurden so auf den Wandmalereien befestigt, daß ihr prekärer Zustand sich nicht mehr verschlechtern konnte. Aber es blieb noch viel zu tun: Die Bilddekoration benötigte eine umfassende Restaurierung, die nur von Wissenschaftlern und Restauratoren durchgeführt werden konnte und Schritt für Schritt dokumentiert werden mußte, um so die Anwendung modernster Konservierungstechniken sowie die Optimierung der nachfolgenden Arbeitsschritte zur Pflege und Kontrolle des Bildschmucks durch die EAO zu ermöglichen. Im Bewußtsein dieser Problematik versammelten sich die Vertreter des GCI und der EAO im November 1987 und verstän-

4

5

Die Ablösung der Malereien (1)
In dieser Darstellung der Vier Horuskinder an der Nordwand der Sargkammer haben die Salzkristalle die Ablösung der Farbschicht bewirkt.

Die Notmaßnahmen (2)
Die mit Ägyptischblau bemalte Decke, die das Himmelsgewölbe darstellt und mit fünfzackigen goldgelben Sternen übersät ist, wurde – ebenso wie die Wände – an vielen Stellen provisorisch mit kleinen Streifen aus Gaze oder Japanpapier überklebt, um ein Abbröckeln der Farben zu verhindern.

digten sich auf eine Restaurierung des Grabes in großem Stil, bei der die in der ersten Phase (Notprogramm) festgelegten und versuchsweise angewandten Konservierungsmaßnahmen zu Ende gebracht werden sollten. Das Projekt sah die Fixierung der abblätternden Malereien sowie deren Reinigung von Staub, die Befestigung des abbröckelnden Verputzes, die Fixierung des Felsens in der Wand, wo große Lücken entstanden und einige Schichten verlorengegangen waren, sowie die Entfernung von Salzkristallen und das Wiedereinsetzen abgefallener Verputzpartien vor. Es wurde auch beschlossen, daß die Ausbesserung und die Rekonstruktion verlorengegangener Bildteile auf ein Mindestmaß beschränkt werden sollten.

Vor den eigentlichen Restaurierungsarbeiten wurden gründliche biologische, geologische und mineralogisch-kristallographische Untersuchungen mit modernsten technischen Verfahren durchgeführt. Daran schlossen sich kalorimetrische Analysen mit nicht-destruktiver Ultraschalltechnik, die elektronische Speicherung der Bilddaten sowie fotografische Multispektralanalysen an. Auch das Raumklima im Grab wurde ständig mit Hilfe von Mikrosensoren und Monitoren überwacht.

Um die Geologie des Geländes, in dem das Grab angelegt wurde, sowie deren Auswirkung auf den Verfall der Anlage einschätzen zu können, wurden im gesamten Gebiet geologische und hydrographische Untersuchungen angestellt.

Ein internationales, aus ägyptischen und ausländischen Spezialisten vieler Fachgebiete zusammengesetztes Team (u. a. Naturwissenschaftler, Restauratoren, Archäologen, Historiker sowie Ingenieure) befaßte sich mit den Tests und mit der Überwachung der Umweltbedingungen, um die Ursachen für den Salzbefall herauszufinden und ein geeignetes Verfahren zum Schutz vor mechanischer Absprengung der Bildflächen durch Salzkristalle zu entwickeln.

1

2

Die Stabilisierung der Wände
An der Westwand der Grabkammer hat sich eine große Fläche bemalten Putzes teilweise (a) oder vollständig (b) vom Fels abgelöst. Im Zuge der Notmaßnahmen wurden gefährdete Wandstellen mit Polyamid-Gazestücken überklebt (c), um sie so bis zur endgültigen Restaurierung zu stabilisieren.
(Foto: P. Mora)

Vor und nach der Restaurierung
Aus den vor und nach der Restaurierung gemachten Aufnahmen geht der unterschiedliche Zustand der Bilder deutlich hervor: Auf dem Foto unten sind die Farbpartien bereits wieder auf dem Verputz befestigt.
(Foto: P. Mora)

Erfolgreiche Restaurierung

Zum Leiter der Restaurierungsarbeiten wurde Paolo Mora bestellt, der auch schon die Oberaufsicht über die vorangegangenen Notmaßnahmen gehabt hatte.

Im Februar 1988 begann also die zweite Phase der Rettungsaktion für das Nefertari-Grab: Zuerst kam das Verfestigen der Putzschichten durch Injektionen von Kunstharzen – in Form von Lösungen in unpolaren, d. h. sich nicht mit Wasser mischenden Lösungsmitteln oder von Emulsionen – mit minimalem Wasserzusatz in den Fällen, in denen der Verputz etwas „weicher" gemacht werden mußte.

Danach ging man an das Wiedereinsetzen abgelöster Putzbrocken, wobei die Wand mit einem dünnen Polyamid-Gewebe überklebt wurde. Wo der Verputz noch an Ort und Stelle, aber lose war, wurde er zunächst abgehoben. Dafür überklebte man ihn mit Polyamid-Gewebe und einer Verstärkungsschicht aus verschäumtem Polyurethan. Anschließend fügte man ihn an seinem ursprünglichen Platz mit Hilfe eines speziell komponierten Mörtels, der dem der alten Ägypter sehr ähnlich war, wieder ein.

Danach wurden die Malereien von verschiedenartigen Verschmutzungen gereinigt: von Staub mit Hilfe eines schwachen Druckluftgebläses; vom schwärzlichen Ruß der Petroleumlampen mit einem ganz feinen Gummi; von den Fingerabdrücken der Touristen (die auch an vielen Stellen zu Farbveränderungen geführt hatten) mit unpolaren Lösungsmitteln und speziellen Gemischen, die nur die Fettpartikel beseitigten, ohne jedoch die Farben anzugreifen.

Außerdem wurden die früheren unsachgemäßen Ausbesserungen beseitigt und durch einen Spezialmörtel ersetzt, der in jeder Hinsicht dem zur Zeit der Pharaonen verwendeten entsprach, ja sogar die gleiche Körnung und Oberflächenstruktur aufwies.

Während dieser Restaurierungsarbeiten fand man in Frühjahr 1988 ein Fragment eines goldenen Schmuckstücks, das der Königin Nefertari gehört haben könnte. Es ist ein ca. 3,5 cm langes Stück Goldblech mit einer Hierogly-

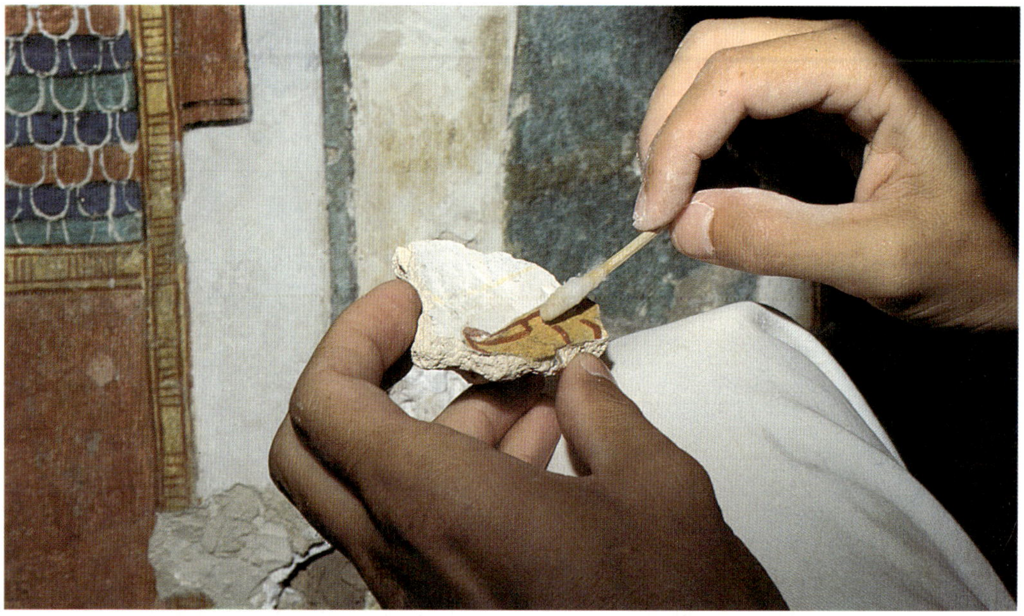
1

2

3

Die Rettung des Grabes
Einige Details der schwierigen Restaurierungsarbeit: Kleine Stücke des bemalten Putzes, die sich von den Wänden gelöst haben, werden sorgfältig gereinigt und an ihrem ursprünglichen Platz wiedereingesetzt (1); mit einem feinen Skalpell werden die Spuren früherer Ausbesserungen beseitigt (2); bleibende Befestigung lockerer Partien durch Kunstharzinjektionen an der Ostwand des Korridors (3); mit einem unpolaren (d. h. sich mit anderen vorhandenen Substanzen nicht verbindenden) Lösungsmittel gefüllter Pinsel, der für die Reinigung der prachtvollen farbigen Reliefs von Schmutzspuren aller Art verwendet wird (4); die Reinigung mit dem Pinsel und unpolaren Lösungsmitteln macht es möglich, Schmutzspuren vorsichtig zu entfernen, ohne die Farben darunter zu beschädigen (5, 6); mancher Schmutz läßt sich ganz einfach mit einem besonders weichen Gummi entfernen (7).

4

5

6

7

Teamarbeit für die Erhaltung des Grabes (1)
Christian Leblanc, Alberto Siliotti und Mohammed el-Bialy, Inspektor der Altertümer-Verwaltung, posieren mit Teamkollegen des „Projekts Nefertari" für ein Gruppenfoto.

1

pheninschrift, das von einem der Restauratoren im Grab gefunden wurde. Erste Untersuchungen ergaben, daß das Fragment Spuren eines für die Einbalsamierung verwendeten Harzes aufweist, daß es vermutlich zu einem Schmuckstück – einem Armband oder -reifen – gehörte und daß es gewaltsam vom Leichnam der Königin entfernt worden war, worauf auch das Wort *maa-cheru*, d. h. „die Gerechtfertigte", hinzudeuten scheint, das in Hieroglyphenschrift auf dem Fragment zu lesen ist.

Nach mehr als 20 Jahren des Herumprobierens, der falschen Ansätze und enttäuschten Hoffnungen sowie nach sechsjähriger, schwieriger und anspruchsvoller Restaurierungsarbeit kann man heute sagen, daß die Wandmalereien im „Haus für die Ewigkeit" der Lieblingsfrau Ramses' II. gerettet sind.

Doch die Grundprobleme bleiben bestehen: Der empfindliche, brüchige Verputz macht die endgültige Schließung des Grabes für den Massentourimus unerläßlich, denn zu viele Besucher würden das mühsam aufrechterhaltene Raumklima verändern und dadurch die bereits geleistete Arbeit zunichte machen. So kann dieses bedeutende Zeugnis des kulturellen Erbes, das das alte Ägypten der Welt von heute hinterlassen hat, für künftige Generationen besser erhalten werden.

Restauratoren bei der Arbeit (2)
Dieses Foto zeigt Restauratoren bei der Arbeit im Vorraum und im Korridor (innere Treppe). Die Mitarbeiter des Restaurierungsteams arbeiteten gleichzeitig in verschiedenen Bereichen des Nefertari-Grabes. Sie fingen in der Sargkammer an und arbeiten sich von dort zum Eingang vor.

Die Leiter des Projekts (3)
Die umfangreichen Restaurierungsarbeiten am Grab der Nefertari leitete von den ersten Notmaßnahmen an das Konservatorenpaar Paolo und Laura Mora.

2

3

ANHANG

Die wichtigsten Gräber im Tal der Königinnen

GRAB Nr. 30

Zuordnung Nebiri
Lage Hauptwadi, Südhang
Epoche 18. Dynastie – Regierungszeit Thutmosis' III.
Grundrißtyp Typ A1
Titulatur des Grabinhabers Stallmeister
Wichtigste Funde Vier Kanopengefäße, heute im Museo Egizio, Turin (MT Inv. 19003 und 19006 = Suppl. 51010, 5113)
Literaturverweise Schiaparelli 1924, 35-39; Bruyère 1924-25, 33; Dolzani 1982, 18-19

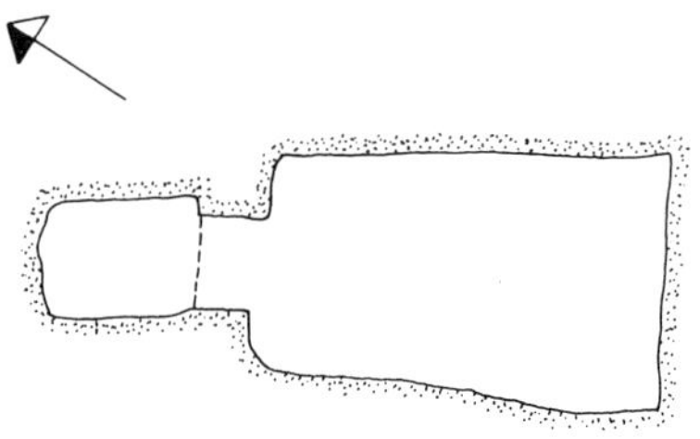

GRAB Nr. 31

Zuordnung ungeklärt
Lage Hauptwadi, Südhang
Epoche 19. Dynastie
Grundrißtyp Typ I
Titulatur der Grabinhaberin Königstochter; Große Königliche Gemahlin; Herrin der beiden Länder; Herrscherin über Ober- und Unterägypten
Frühere Numerierungen Champollion Nr. 9; Lepsius Nr. 15; Wilkinson Nr. 21
Literaturverweise Rosellini Ms. 284, H33; Champollion 1844, 396-397; Lepsius 1897-1913, 326

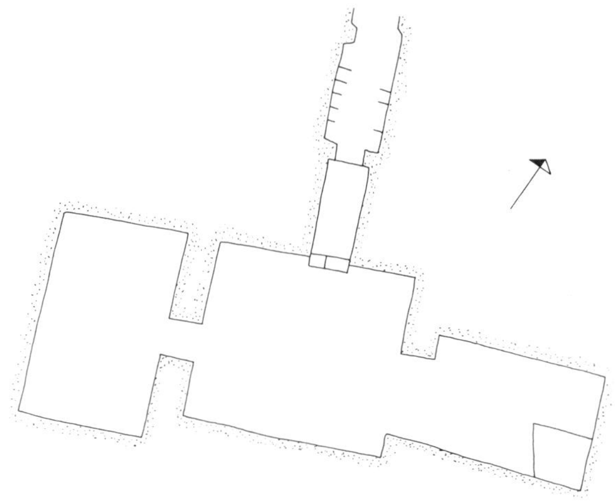

GRAB Nr. 33

Zuordnung Tanedjemet
Lage Hauptwadi, Südhang
Epoche 19. Dynastie
Grundrißtyp Typ I
Titulatur der Grabinhaberin Königstochter; Königliche Gemahlin; Herrscherin über Ober- und Unterägypten
Frühere Numerierungen Lepsius Nr. 14
Bemerkungen Vermutlich Gemahlin Sethos' I.
Literaturverweise Porter und Moss 1964, 751; Hari 1965, 238-240; Thomas 1967, 161-163; Leblanc 1980[a], 32-49; Leblanc und Hassanein 1985, 27-28

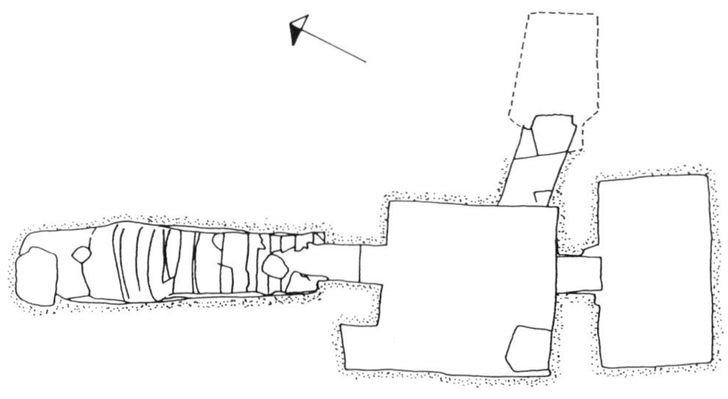

GRAB Nr. 36

Zuordnung ungeklärt
Lage Hauptwadi, Südhang
Epoche 19. Dynastie
Grundrißtyp Typ I
Titulatur der Grabinhaberin Königstochter
Literaturverweise Ballerini o.J., 9-11; Schiaparelli 1924, 110-11; Loyrette und Mohammed Sayed (im Druck)

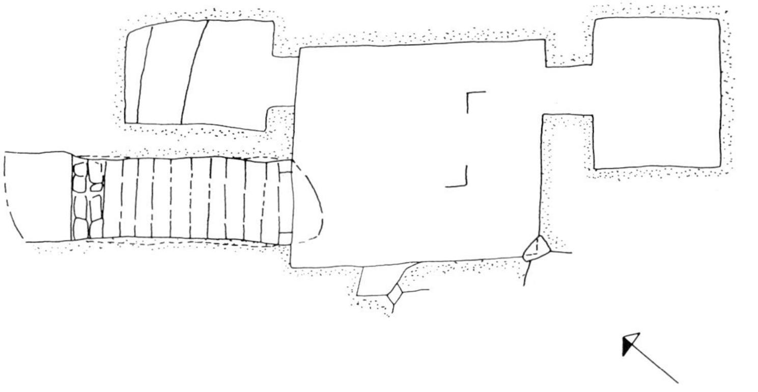

GRAB Nr. 38

Zuordnung Sat-Ra
Lage Hauptwadi, Südhang
Epoche 19. Dynastie
Grundrißtyp Typ I
Titulatur der Grabinhaberin Königliche Gemahlin; Königsmutter; Herrin der beiden Länder; Herrscherin über Ober- und Unterägypten; Gottesgemahlin; Gottesmutter
Frühere Numerierungen Champollion Nr. 7; Lepsius Nr. 13; Wilkinson Nr. 19
Literaturverweise Champollion 1844, 394-395; Lepsius 1897-1913, 235-236; Ballerini o.J., 7-9; Schiaparelli 1924, 105-107; Porter und Moss 1964, 750-751; Franco und El-Fikri 1990

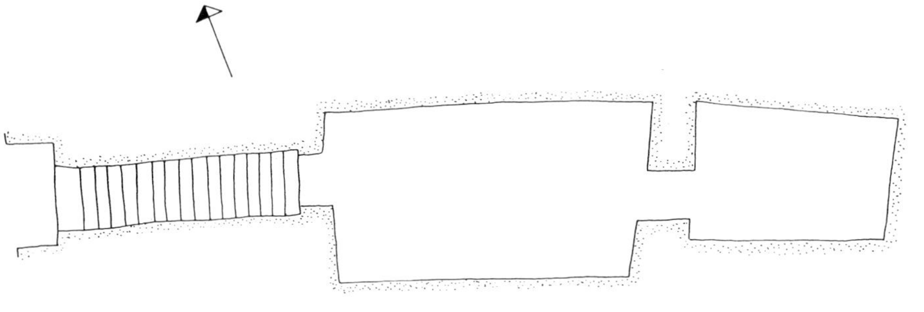

GRAB Nr. 40

Zuordnung ungeklärt
Lage Hauptwadi, Südhang
Epoche 19. Dynastie
Grundrißtyp Typ I
Titulatur der Grabinhaberin Königstochter; Große Königliche Gemahlin; Herrin der beiden Länder; Herrscherin über Ober- und Unterägypten
Frühere Numerierungen Champollion Nr. 6; Lepsius Nr. 12; Wilkinson Nr. 18
Bemerkungen Unbenutzt
Literaturverweise Hay of Linplum *Ms.* 29821, 139-140; Champollion 1844, 391-4; Lepsius 1897-1913, 235; Schiaparelli 1924, 108-109; Porter und Moss 1964, 750-752; Desroches-Noblecourt und Antelme (in Vorbereitung)

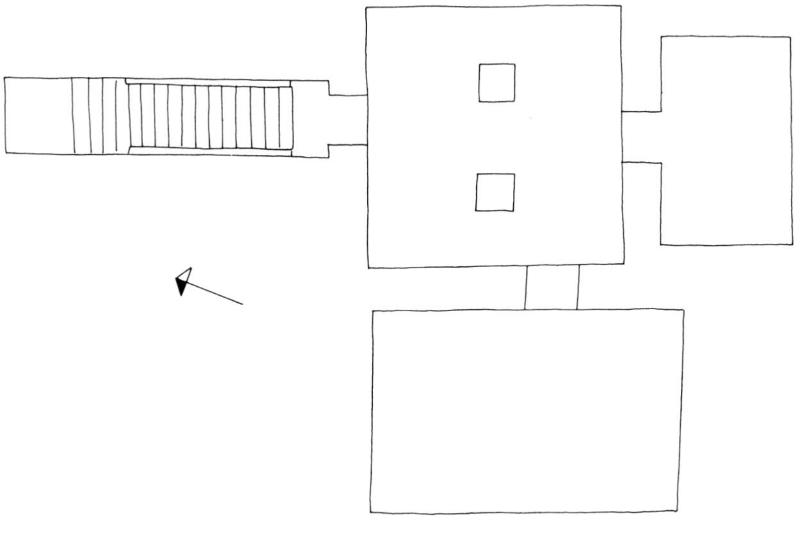

GRAB Nr. 42

Zuordnung Pa-Ra-her-wenemef
Lage Hauptwadi, Südhang
Epoche 20. Dynastie - Ramses III.
Grundrißtyp Typ III
Titulatur des Grabinhabers Königssohn, der Erste Seiner Majestät; Wagenlenker des großen Marstalls des Königs Ramses-*heka-Junu*
Frühere Numerierungen Champollion Nr. 8; Lepsius Nr. 11; Wilkinson Nr. 16; Hay of Linplum Nr. 1
Wichtigste Funde Anthropomorpher Frauensarkophag aus rotem Granit, heute im Museum von Turin (MT Inv. Suppl. 5435) mit Deckelfragment, der vielleicht der Mutter oder Gemahlin des Prinzen gehörte
Bemerkungen Sohn Ramses' III.
Literaturverweise Hay of Linplum *Ms.* 29821, 151; Champollioni 1844, 395-6; Lepsius 1897-1913,234-5; Schiaparelli 1924, 121-123; Bruyère 1924, 157-159; Pillet 1930, 109; Porter und Moss 1964, 750, 752-753; Kitchen 1972, 186-189; Cerny 1973, 10; Hassanein 1978, 44-5/232-86/357-61; Grist 1985, 73-81

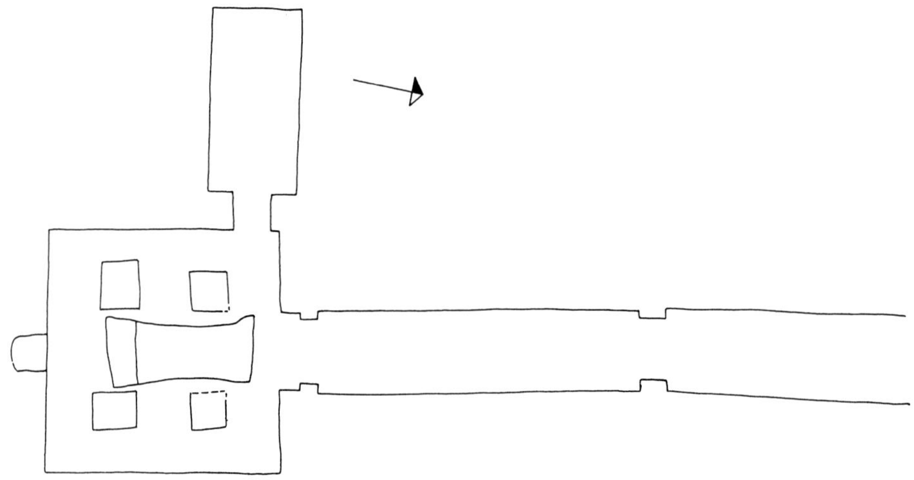

GRAB Nr. 43

Zuordnung Seth-her-chepeschef
Lage Hauptwadi, Südhang
Epoche 20. Dynastie - Ramses III.
Grundrißtyp Typ III
Titulatur des Grabinhabers Königssohn; Sohn des Königs Ramses-*heka-Junu*; Sohn des Königs, der Erste Seiner Majestät; Erstgeborener Königssohn; Wagenlenker des großen Marstalls von Usermaatra-Meriamun; (Erster) Vorsteher der Kavallerie Seiner Majestät Ramses-*heka-Junu*

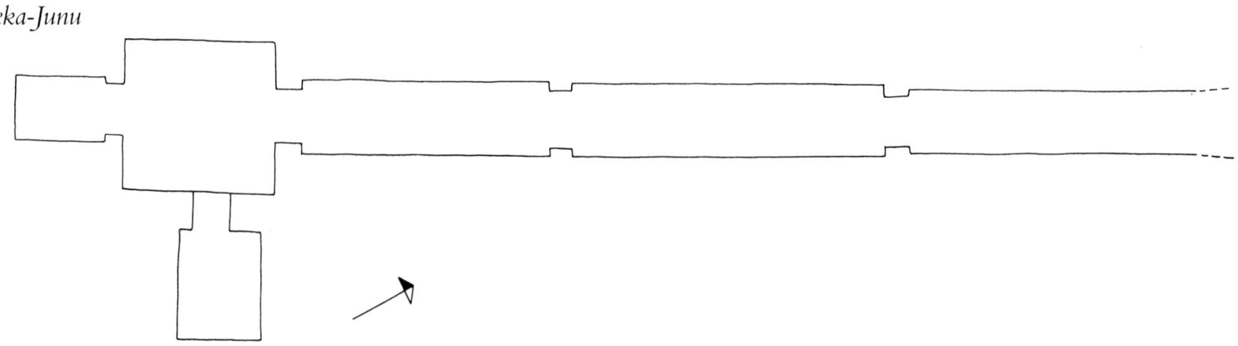

Wichtigste Funde Ostrakon aus Kalkstein mit dem Abbild des Prinzen (MT Inv. Suppl. 5637) und der Inschrift: «Der Sohn des Königs, von ihm gezeugt und geliebt, Seth-her-chepeschef» ; Särge aus der 22. - 26. Dynastie
Bemerkungen Sohn Ramses' III.
Literaturverweise Ballerini o. J., 14-17 und 19-22; Schiaparelli 1924, 124-32; Bruyère 1924, 159-60; Pillet 1930, 108-9; Kitchen 1972, 186-189; Hassanein 1978, 32-3/187-231/352-6; Grist 1985, 73-81

GRAB Nr. 44

Zuordnung Chaemwaset
Lage Hauptwadi, Südwesthang
Epoche 20. Dynastie - Ramses III.
Grundrißtyp Typ III
Titulatur des Grabinhabers Königssohn; Erstgeborener leiblicher Sohn des Königs; Ältester Sohn des Königs; *Sem*-Priester des Ptah
Wichtigste Funde Oberteil des Sarkophagdeckels aus rotem Granit (MT Inv. Suppl. 5215); darauf ist in Hochrelieftechnik ein Mann in einer mumienfömigen Hülle abgebildet; vollständiges Totennetz mit dem geflügelten Käfer und dem Bild der Vier Horussöhne. Außerdem fand und katalogisierte Schiaparelli in diesem und im Grab von Seth-her-chepeschef 50 Skarabäen aus Fayence und 49 Holzsärge, die wie folgt zu datieren sind: 22 aus der 22.-23. Dynastie; 14 aus der 24. Dynastie und der ersten Hälfte der 25. Dynastie, 13 aus der 25. und 26. Dynastie
Literaturverweise Ballerini o.J., 12-21; Campbell 1910, 25-61; Schiaparelli 1924, 124-42 und 183-206; Bruyère 1924, 160-161; Bruyère 1924-1925, 102; Pillet 1930, 109-110; Porter und Moss 1964, 750 und 754-755; Kitchen 1972, 186-189; Hassanein 1978, 18-31/116-186/313-351; Grist 1985, 73-81; Nelson und Hassanein 1992

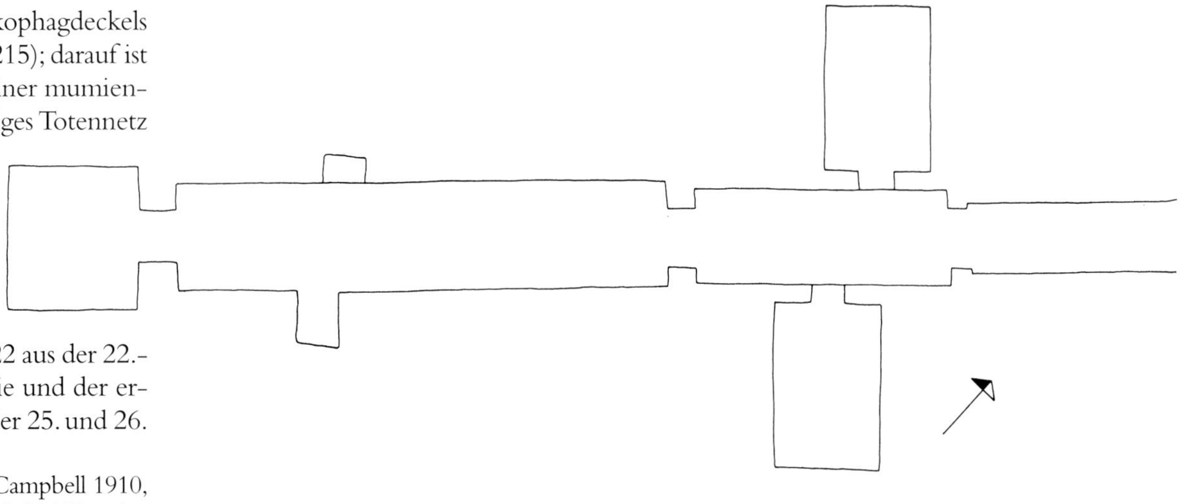

GRAB Nr. 45

Zuordnung Ungeklärt. Das Grab ist unvollendet
Lage Hauptwadi, Südwesthang
Epoche 20. Dynastie - Zeit Ramses' III.
Grundrißtyp Typ III
Literaturverweise Ballerini o.J., 31

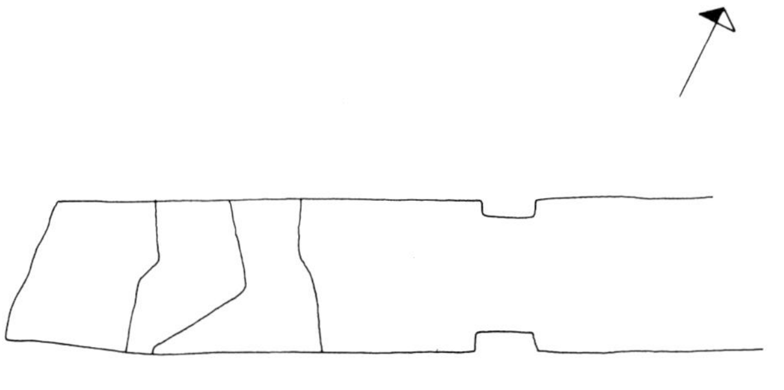

GRAB Nr. 46

Zuordnung Imhotep
Lage Hauptwadi, Südwesthang
Epoche 18. Dynastie
Grundrißtyp Typ A1
Titulatur des Grabinhabers Gouverneur der Stadt, Richter und Wesir
Wichtigste Funde Kanopengefäß (MT Inv. Suppl. 5073, 19001); ovale Plakette (MT Inv. Suppl. 5074); Sargfragment (MT Inv. Suppl. 5067)
Literaturverweise Schiaparelli 1924, 25-34; Porter und Moss 1964, 755; Dolzani 1982, 17

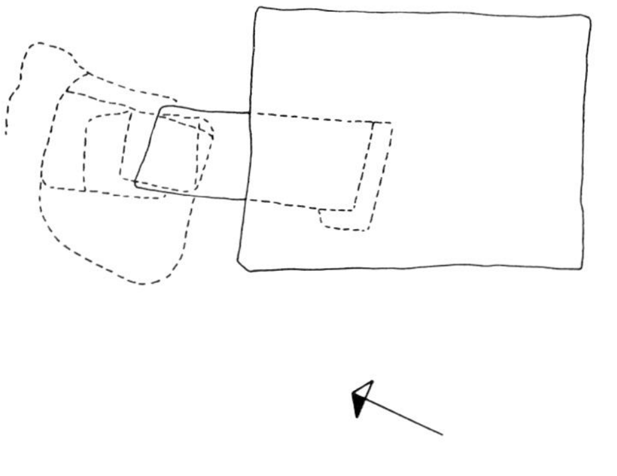

GRAB Nr. 47

Zuordnung Ahmes (Prinzessin)
Lage Hauptwadi, Südhang
Epoche 18. Dynastie
Grundrißtyp Typ I
Titulatur der Grabinhaberin Königstochter; Schwester des Königs
Wichtigste Funde Ledersandalen, Goldring, Fragmente des Sarkophags und des Kastens für die Kanopengefäße (MT Inv. Suppl. 5054-5055); Mumienbinden (MT Inv. Suppl. 5051) mit mehreren Kapiteln aus dem Totenbuch
Literaturverweise Schiaparelli 1924, 13-2; Porter und Moss 1964, 755-756; Ronsecco 1975, 147-152; Gitton 1984, 18-19

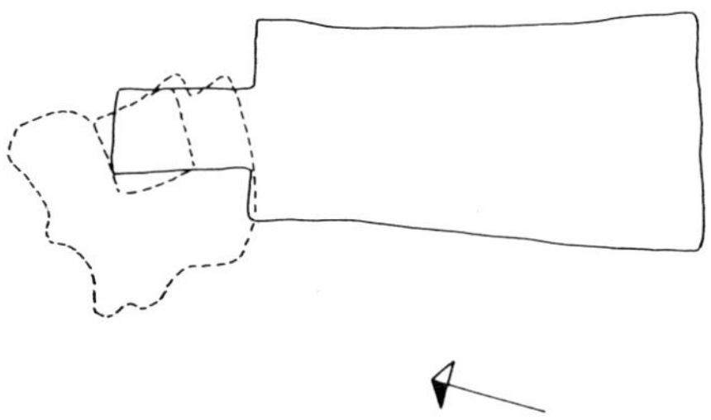

GRAB Nr. 51

Zuordnung Isis
Lage Hauptwadi, Südosthang
Epoche 20. Dynastie
Grundrißtyp Typ III
Titulatur der Grabinhaberin Erbprinzessin; Königsmutter; Große Königliche Mutter; Herrin der beiden Länder; Herrscherin über Ober- und Unterägypten
Frühere Numerierungen Champollion Nr. 4; Lepsius Nr. 10; Wilkinson Nr. 14
Wichtigste Funde Der Sarkophag der Königin ist zwar zerbrochen, aber immer noch an seinem Platz zu besichtigen.
Bemerkungen Gemahlin Ramses' III., Mutter Ramses' VI.
Literaturverweise Wilkinson *Ms.* XVII H.20; Rosellini *Ms.* 284, H 10-13; Champollion 1844, 389-91; Lepsius 1897-1913, 234; Schiaparelli 1924, 156-7; Peet 1930, 33-34 und 39-40; Cerny 1958, 31-37; Porter und Moss 1964, 750 und 756; Monnet 1965, 210-214; Kitchen 1972, 189-192; Hassanein 1978, 95-410; Grist 1985, 77-81

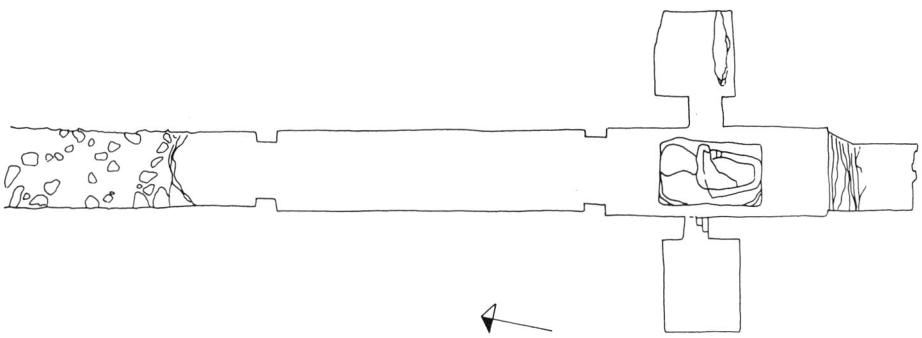

GRAB Nr. 52

Zuordnung Titi
Lage Hauptwadi, Südwesthang
Epoche 20. Dynastie
Grundrißtyp Typ III
Titulatur der Grabinhaberin Erbprinzessin, Königstochter; Schwester des Königs; Gemahlin des Königs; Große Königliche Gemahlin; Mutter des Königs; Große Königsmutter; Herrin der beiden Länder; Herrscherin über Ober- und Unterägypten; Gottesgemahlin; Gottesmutter
Frühere Numerierungen Hay of Linplum Nr. 2; Champollion Nr. 3; Lepsius Nr. 9; Wilkinson Nr. 12
Literaturverweise Hay of Linplum *Ms.* 29821, 152; Wilkinson *Ms.* XVII H.20; Rosellini *Ms.* 284, H 14-21; Champollion 1844, 383-389; Bénédite 1894, 381-412; Lepsius 1897-1913, 229-33; Ballerini o. J., 5-7; Campbell 1909, 85-111; Schiaparelli 1924, 155-6; Porter und Moss 1964, 756-758; Grist 1985, 71-81

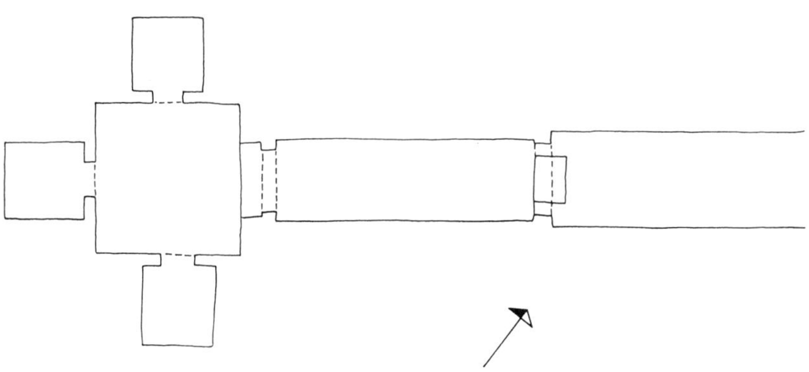

GRAB Nr. 53

Zuordnung Ramses
Lage Hauptwadi, Südwesthang
Epoche 20. Dynastie - Ramses III.
Grundrißtyp Typ III
Titulatur des Grabinhabers Königssohn
Frühere Numerierungen Hay of Linplum Nr. 3; Wilkinson Nr. 11; Lepsius Nr. 8
Wichtigste Funde Reste einer Perücke aus blauer Fayence (Inv. SAE 304-305); Fragmente einer Granitstatue des Prinzen (Inv. SAE 328)
Bemerkungen Ausgegraben durch CEDAE-CNRS 1984 und 1986. Neubelegung in der Römerzeit
Literaturverweise Hay of Linplum *Ms.* 29821, 139-40; Lepsius 1897-1913, 229; Yoyotte 1958, 26-30; Porter und Moss 1964, 750, 759; Kitchen 1972, 186-189; Hassanein 1978, 404-419; Grist 1985, 73-76

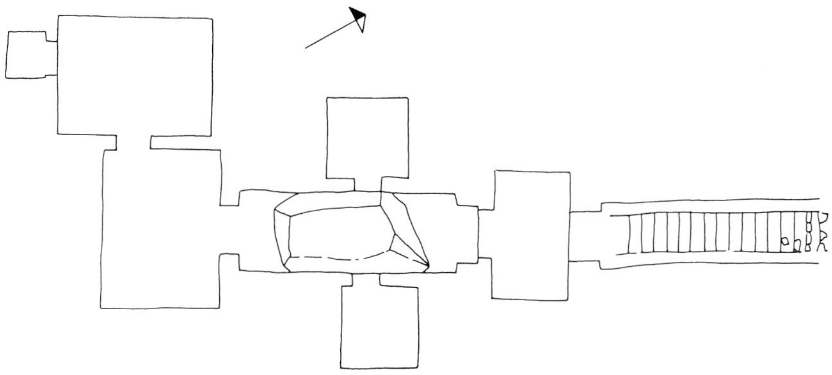

GRAB Nr. 55

Zuordnung Amun-her-chepeschef
Lage Hauptwadi, Südosthang
Epoche 20. Dynastie
Grundrißtyp Typ III
Titulatur des Grabinhabers Königssohn; Erbprinz; Königlicher Schreiber; Befehlshaber der Streitwagen; Befehlshaber der Streitwagen des Palastes von Usermaatra Meriamun; Oberbefehlshaber der Streitwagen; Der beide Länder regiert
Wichtigste Funde Granitsarkophag mit anthropomorphem Deckel an Ort und Stelle
Literaturverweise Campbell 1910, 68-81 und 113-116; Schiaparelli 1924, 143-154; Bruyère 1924, 161-164; Pillet 1930, 110; Porter und Moss 1964, 759-761; Kitchen 1972, 186-189; Hassanein und Nelson 1976; Hassanein 1978, 8-17/68-115/289-312; Grist 1985, 73-81

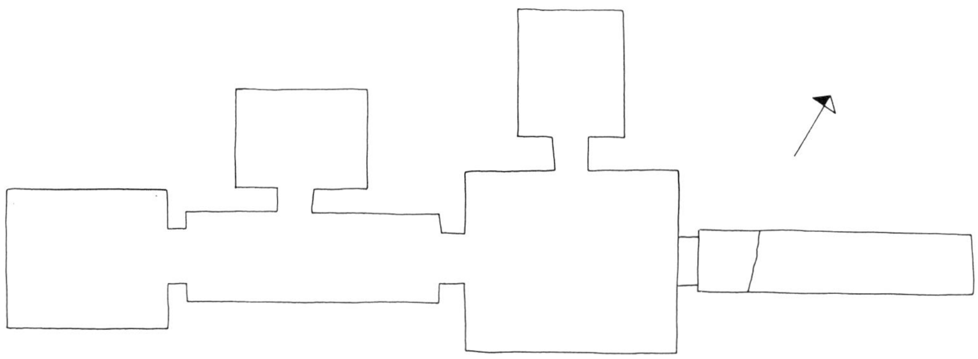

GRAB Nr. 58

Zuordnung ungeklärt
Lage Hauptwadi, Nordhang
Epoche 19. Dynastie
Grundrißtyp Typ II (spezieller Fall)
Wichtigste Funde *Ostrakon* mit dem Bild eines Lautenspielers (Inv. SAE 208)
Literaturverweise Leblanc 1983, 29-53; Leblanc 1985[a], 54-64

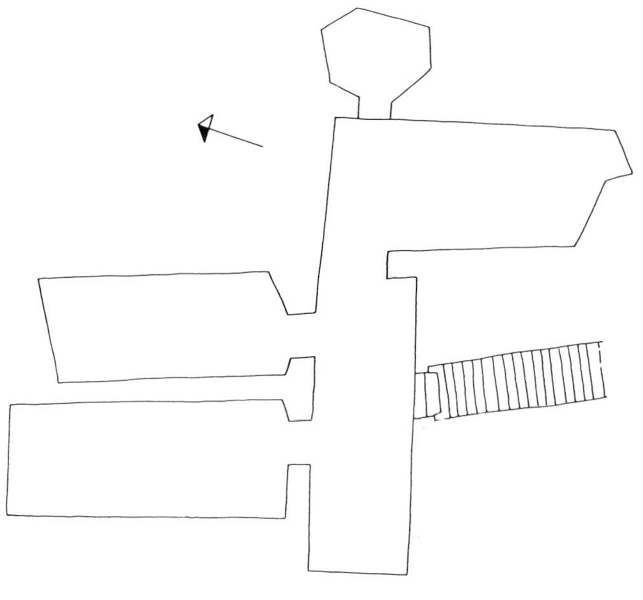

GRAB Nr. 60

Zuordnung Nebet-taui
Lage Hauptwadi, Nordhang
Epoche 19. Dynastie
Grundrißtyp Typ II
Titulatur der Grabinhaberin Königstochter; Gemahlin des Königs; Große Königliche Gemahlin; Herrin der beiden Länder; Herrscherin über Ober- und Unterägypten
Frühere Numerierungen Hay of Linplum 2. Ostgrab; Champollion Nr. 11; Lepsius Nr. 6
Wichtigste Funde Fragment mit der Kartusche der Königin (MT Inv. Suppl. 5440=19143)
Literaturverweise Hay of Linplum *Ms.* 29821, 14; Rosellini *Ms.* 284 H 22; Champollion 1844, 397-399; Lepsius 1897-1913, 228-9; Dolzani 1982, 165; Leblanc 1983, 29-53; Leblanc 1985[a], 51-68

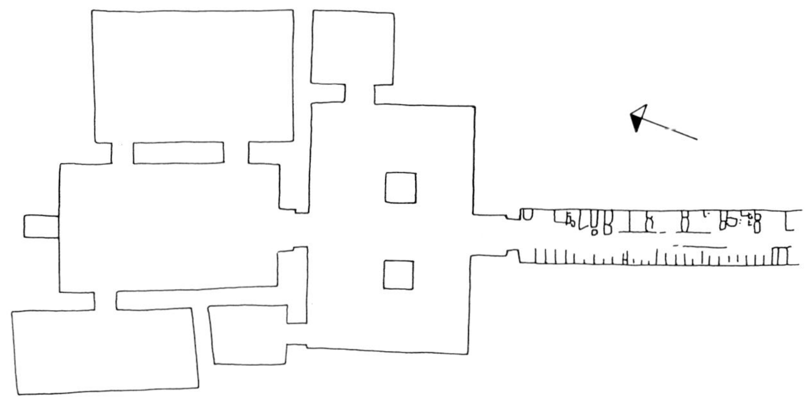

GRAB Nr. 66

Zuordnung Nefertari Meri-en-Mut
Lage Hauptwadi, Nordhang
Epoche 19. Dynastie
Grundrißtyp Typ II
Titulatur der Grabinhaberin Erbprinzessin; Gemahlin des Königs; Große Königliche Gemahlin; Herrin der beiden Länder; Herrscherin über Ober- und Unterägypten; Herrscherin über alle Länder; Gottesgemahlin
Wichtigste Funde Deckel einer Holzschatulle mit der Aufschrift «Der Osiris, die Königliche Gemahlin, Nefertari, die von Mut Geliebte» (MT Inv. 14474); Bruchstücke des Sarkophagdeckels (MT Inv. Suppl. 5153); Deckel eines farbig bemalten Holzkästchens mit Inschrift (MT Inv. 14475); 34 Uschebtis, Holz mit einem Überzug aus schwärzlichem Harz, in den Sprüche aus dem 6. Kapitel des Totenbuchs eingeritzt sind (MT Inv. 13509); Sandalen aus geflochtenem Palmbast (MT Inv. 14471); Knauf einer Truhe mit der Kartusche des Pharaos Eje (MT Inv. 14472); Bruchstücke von Gold- und Silberblech mit dem Namen der Königin (Museum of Fine Arts, Boston Inv. 04.1954.5); *Djed*-Pfeiler mit Inschrift (MT Inv. 14473); drei Fragmente von *Djed*-Pfeilern aus Holz mit gelblicher Patina (MT Inv. 14479); Amphore (MT Inv. 13508)
Literaturverweise Campbell 1909, 3-81; Schiaparelli 1924, 51-104; Pillet 1930, 108; Stoppelaëre 1942, 941-968; Porter und Moss 1964, 760 und 762-765; Thausing-Goedicke 1971; Habachi 1975, 105-112; Harlé 1976, 208-221; Wall Paintings of the Tomb of Nefertari, 1987; Leblanc 1993.

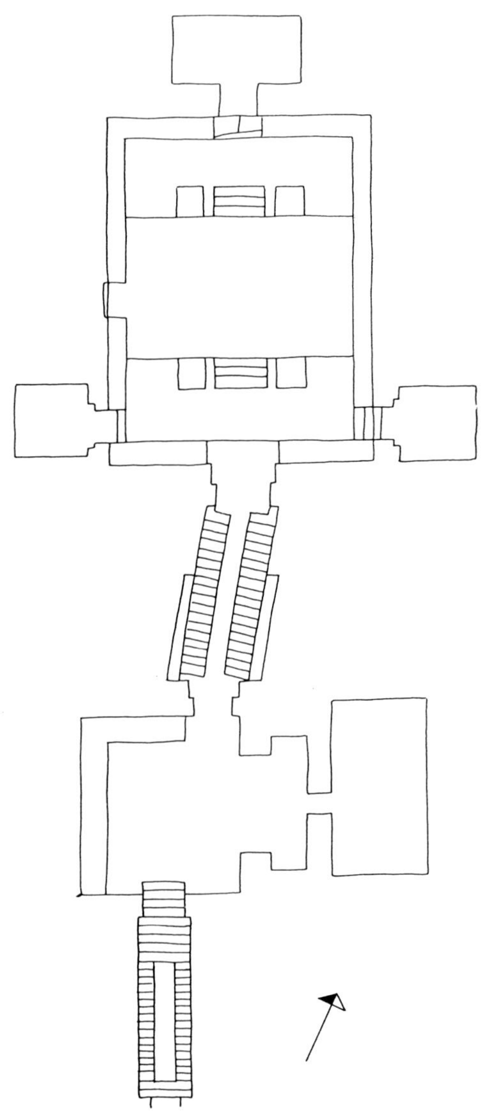

GRAB Nr. 68

Zuordnung Merit-Amun
Lage Hauptwadi, Nordhang
Epoche 19. Dynastie
Grundrißtyp Typ II
Titulatur der Grabinhaberin Königstochter; Gemahlin des Königs; Große Königliche Gemahlin; Herrin der beiden Länder; Herrscherin über Ober- und Unterägypten
Wichtigste Funde Fragmente des Sarkophags der Königin aus rotem Granit
Bemerkungen Brandspuren
Literaturverweise Porter und Moss 1964, 760, 765-766; Habachi 1975, 105-112; Goyon, in Vorbereitung

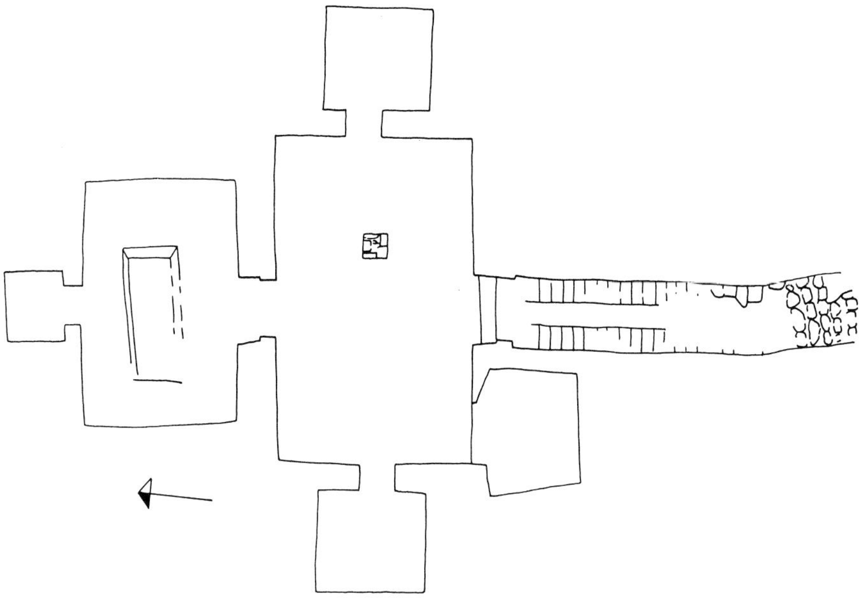

GRAB Nr. 71

Zuordnung Bint-Anat
Lage Hauptwadi, Nordhang
Epoche 19. Dynastie - Ramses II.
Grundrißtyp Typ II
Titulatur der Grabinhaberin Königstochter; Gemahlin des Königs; Große Königliche Gemahlin; Herrin der beiden Länder; Herrscherin über Ober- und Unterägypten
Wichtigste Funde Mehrere *Uschebtis*, mumienförmig, aus Holz mit Bitumenüberzug und Bemalung in Gelb auf schwarzem Grund sowie *Uschebtis*, die die Königin als Lebendige gekleidet darstellen; anthropomorpher Sarkophag aus rotem Granit, heute im Ägyptischen Museum, Kairo (Inv. 47370)
Bemerkungen Durch einen Brand geschwärzte Wände
Literaturverweise Groff 1896, 306-309 und 312-23; Porter und Moss 1964, 766-767; Desroches-Noblecourt und Antelme, in Vorbereitung

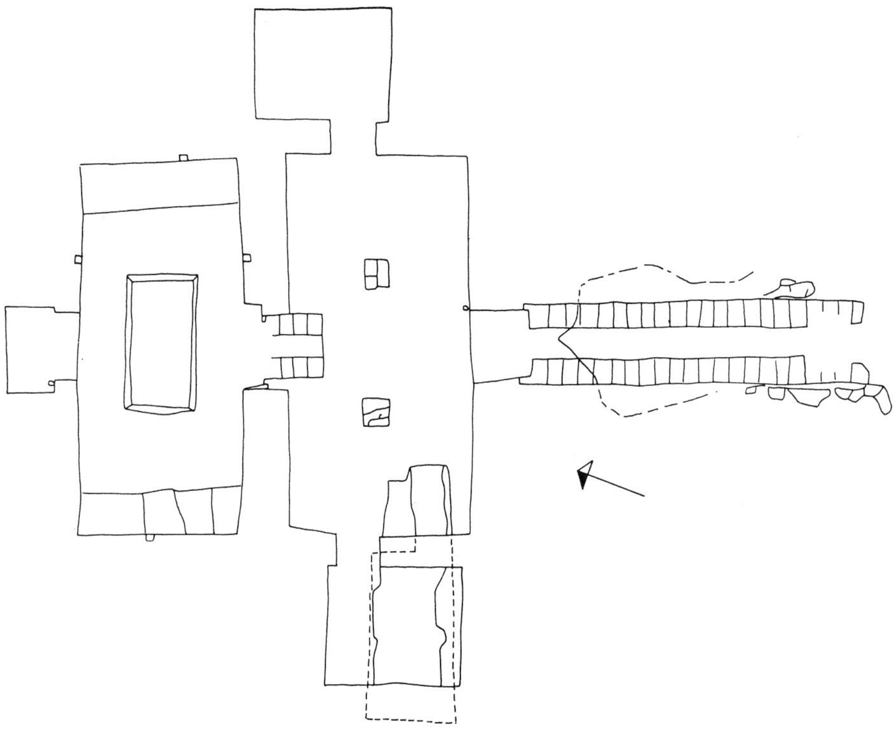

GRAB Nr. 72

Zuordnung Neferhat/Baki
Lage Hauptwadi, Nordhang
Epoche 18. Dynastie
Grundrißtyp Typ A1
Titulatur der Grabinhaber Königstochter (Neferhat) und Königssohn (Baki)
Wichtigste Funde Bruchstücke von Keramikgefäßen (auf einem rekonstruierten Gefäß ist der Name Baki zu erkennen) und zwei Kanopenkrüge, heute im Ägyptischen Museum, Berlin (Inv. 2075 und 2076) mit Inschriften und dem Namen der Prinzessin Neferhat.
Literaturverweise Lepsius 1897-1913, III, 225-277 und 307; Porter und Moss 1964, 769; Leblanc und Abdel Hamid, in Vorbereitung

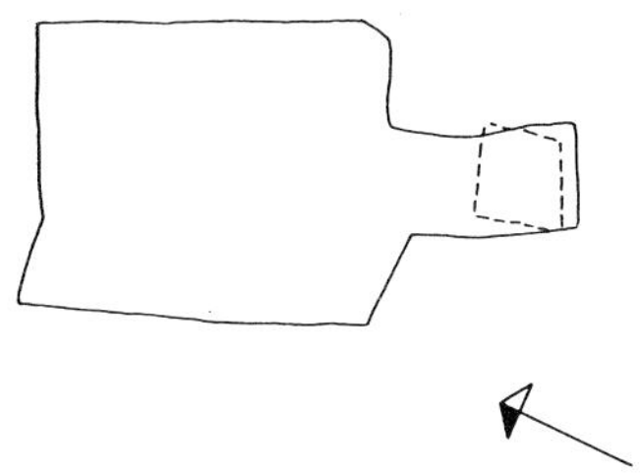

GRAB Nr. 73

Zuordnung Henut-taui
Lage Hauptwadi, Nordhang
Epoche 19. Dynastie
Grundrißtyp Typ I
Titulatur der Grabinhaberin Königstochter; Herrin der beiden Länder
Wichtigste Funde *Uschebtis* aus Holz mit Bitumenüberzug, Ägyptisches Museum, Berlin (Inv. 860); zwei Pseudo-Kanopenkrüge aus Holz (Inv. SAE 240 und 241)aus der Dritten Zwischenzeit
Bemerkungen Tochter Ramses' II. und der Nefertari; das Grab wurde in der Dritten Zwischenzeit neu belegt
Literaturverweise Leblanc 1986, 203-226; Macke und Macke Ribet 1986-1987, I-1, 2-147 und I-2, 334-343

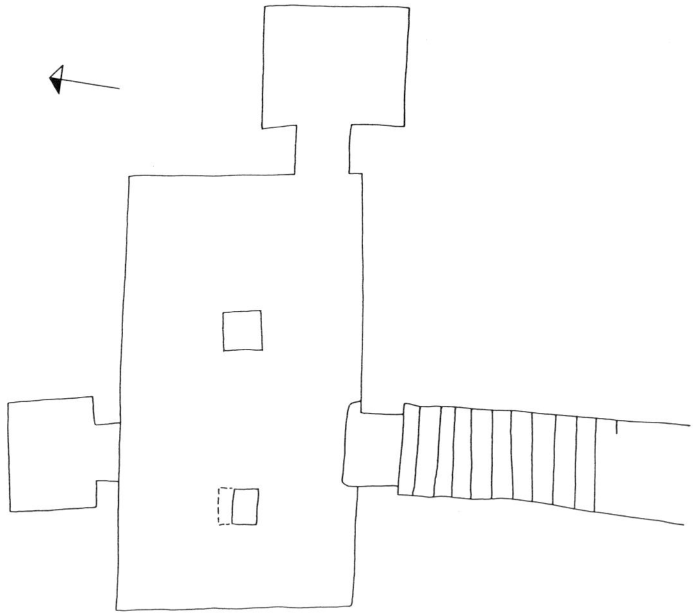

GRAB Nr. 74

Zuordnung Tentopet
Lage Hauptwadi, Nordhang
Epoche 19-20. Dynastie
Grundrißtyp Typ II
Titulatur der Grabinhaberin Königstochter; Gemahlin des Königs; Große Königliche Gemahlin; Königsmutter; Herrin der beiden Länder; Herrscherin über Ober- und Unterägypten
Wichtigste Funde Die Gründungsbeigaben wurden 1985 entdeckt
Bemerkungen In der 19. Dynastie angelegtes und dekoriertes Grab, das jedoch erst in der 20. Dynastie als Grab für die Königin Tentopet, die Gemahlin Ramses' IV, verwendet wurde. Schwärzung der Wände durch Brand
Literaturverweise Cerny 1958, 35; Seele 1960, 201 und 204; Leblanc und Abdel Rahman 1991

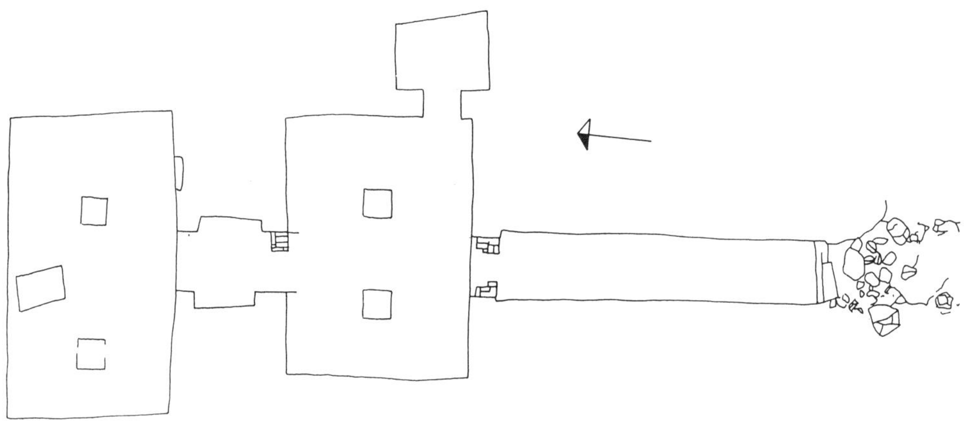

GRAB Nr. 75

Zuordnung Henut-mi-Ra
Lage Hauptwadi, Nordhang
Epoche 19. Dynastie
Grundrißtyp Typ II
Titulatur der Grabinhaberin Königstochter; Gemahlin des Königs; Große Königliche Gemahlin; Herrin der beiden Länder; Herrscherin über Ober- und Unterägypten
Wichtigste Funde Sarkophag aus rotem Granit im Ägyptischen Museum, Kairo (Inv. JE 60137), mit einem Deckel in Form eines Falkenkopfs, vermutlich aus der 22. Dynastie; er wurde von dem Hohenpriester Harsiese usurpiert (Inv. JE 59896)
Bemerkungen Tochter Ramses' II.
Literaturverweise Cerny 1929, 246; Porter und Moss 1964, 760 und 768-769; Sourouzian 1983, 365-371; Leblanc 1988[b]

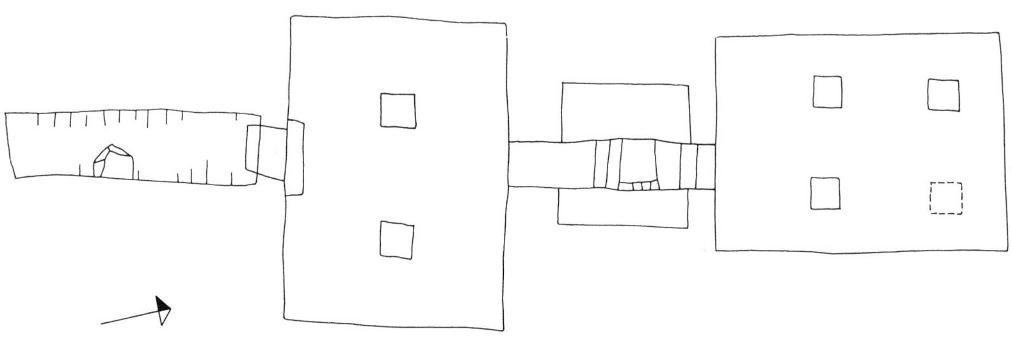

GRAB Nr. 80

Zuordnung (Mut-)Tuja
Lage Hauptwadi, Nordhang
Epoche 19. Dynastie
Grundrißtyp Typ II
Titulatur der Grabinhaberin Königinmutter; Große Königliche Mutter, Herrin der beiden Länder; Herrscherin über Ober und Unterägypten; Gottesmutter
Wichtigste Funde Verschlußdeckel eines Kanopengefäßes mit dem Porträt der Königin, Luxor-Museum (Inv. JE 191); etwa 80 *Uschebti*-Figürchen aus Fayence, die die Königin in Mumiengestalt darstellen und Inschriften aus Kapitel 6 des Totenbuches aufweisen; Fragmente von Keramikgefäßen und Weinkrügen, von denen einer eine Inschrift trägt, aus der eine Weinlese im Jahr 22 hervorgeht. Dadurch ist eine genauere Ermittlung des Todesjahres der Königin möglich
Bemerkungen Mutter Ramses' II.
Literaturverweise Porter und Moss 1964, 760, 769; Aubert 1974, 81; Antelme 1976, 28-31; Schneider 1977, 96-97; Romano 1985, 72

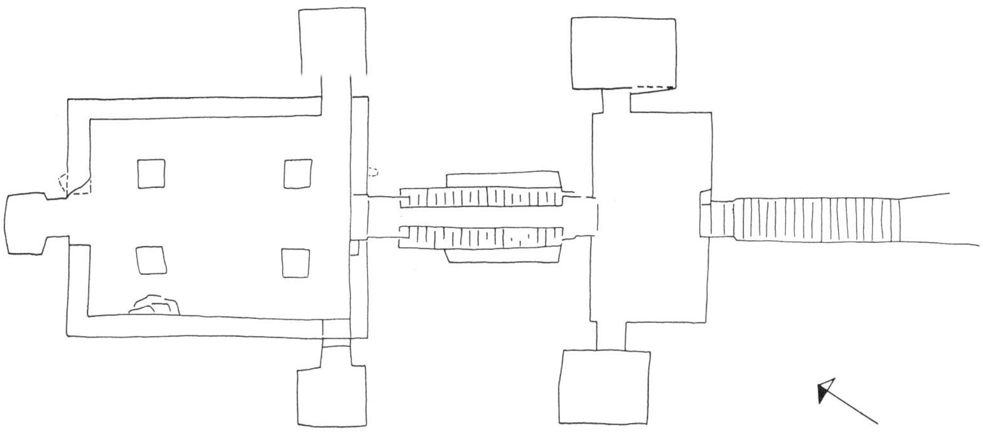

GRAB Nr. 87

Zuordnung ungeklärt
Lage Hauptwadi, Südhang
Epoche 18. Dynastie
Wichtigste Funde Rechteckiger Holzsarg mit den Überresten der Mumie einer jungen Frau; drei Paar Sandalen aus Palmbastgeflecht
Bemerkungen Das Grab liegt in der Nähe von Grab Nr. 34; es war nicht mehr möglich, den ursprünglichen Eingang ausfindig zu machen
Literaturverweise Schiaparelli 1924, 40-41

GRAB Nr. 88

Zuordnung Ahmes (Prinz)
Lage Tal des Prinzen Ahmes, Südhang
Epoche 18. Dynastie
Grundrißtyp Typ A1
Titulatur des Grabinhabers Königssohn
Wichtigste Funde Verstreute Teile eines auf Leinen geschriebenen Totenbuches, im Museum von Turin; zwei Fragmente von Kanopenkrügen mit dem Namen des Prinzen (MT Inv. Suppl. 5127)
Bemerkungen Dieser Prinz, der vermutlich zur Zeit der 18. Dynastie gelebt hat, läßt sich in keine bisher bekannte Linie des Königshauses einreihen
Literaturverweise Ballerini o. J., 32-33; Schiaparelli 1924, 22-24; Caminos 1970, 122; Franco 1988.

Abkürzungen

Abkürzungen von Fachzeitschriften

ASAE	*Annales du Service des Antiquités de l'Egypte*, Kairo
BdE	*Bibliothèque d'Etude*, Institut Français d'Archéologie Orientale, Kairo
BIFAO	*Bulletin de l'Institut Français d'Archéologie Orientale*, Kairo
BSFE	*Bulletin de la Société Française d'Egyptologie*, Paris
CdE	*Chronique d'Egypte*, Brüssel
CEDAE CS	*Centre d'Etude et de Documentation sur l'Ancienne Egypte, Collection Scientifique*, Kairo
CRHA	*Centre de Recherches d'Histoire Ancienne, Annales littéraires de l'Université de Besançon*, Paris
DFIFAO	*Documents de Fouilles de l'Institut Français d'Archéologie Orientale*, Kairo
EPRO	*Etudes préliminaires aux religions orientales dans l'Empire romain*, Leiden
FIFAO	*Fouilles de l'Institut Français d'Archéologie Orientale*, Kairo
FuF	*Forschungen und Fortschritte*, Berlin
JARCE	*Journal of the American Research Center in Egypt*, Cambridge-Boston
JEA	*The Journal of Egyptian Archaeology*, London
JNES	*Journal of Near Eastern Studies*, Chicago
LAPO	*Littératures Anciennes du Proche Orient*, Paris
MIFAO	*Mémoires de l'Institut Français d'Archéologie Orientale*, Kairo
NAWG	*Nachrichten der Akademie der Wissenschaften in Göttingen*, Göttingen
RAPH	*Recherches d'Archéologie, de Philologie et d'Histoire*, Institut Français d'Archéologie Orientale, Kairo
RdE	*Revue d'Egyptologie*, Paris
SAK	*Studien zur altägyptischen Kultur*, Hamburg
Urk.	*Urkunden des ägyptischen Altertums*, I-VIII, Leipzig/Berlin 1904 - 1961
ZÄS	*Zeitschrift für ägyptische Sprache und Altertumskunde*, Berlin

Sonstige Abkürzungen

a.a.O.	am angegebenen Ort
Bd.	Band (Bände)
BM	British Museum
CNRS	Centre National de la Recherche Scientifique
CT	De Buck A., *The Egyptian Coffin Texts,* I-VII, Chicago 1936-1962
EAO	Egyptian Antiquities Organization
DM	Deir el-Medina
IFAO	Institut Français d'Archéologie Orientale
Frg.	Fragment
Hg.	Herausgeber
Inv.	Inventar
JE	Journal d'Entrée
Kat.	Katalog
LD	Lepsius C.R., *Denkmäler aus Aegypten und Aethiopien,* Leipzig-Berlin 1897-1913
LRL	Cerny J., *Late Ramesside Letters,* «Bibliotheca Egyptiaca», 9, 1939
Ms(s).	Manuskript(e)
MT	Museo Egizio di Torino
O.	Ostrakon
Pap.	Papyrus
PM	Porter, B., und Moss, R., *Topographical Bibliography of the Ancient Egyptian Hieroglyphic Texts, Reliefs, and Paintings,* I, *The Theban Necropolis,* Part 2, *Royal Tombs and Small Cemeteries,* Oxford 1964
RAD	Gardiner, A.H., *Ramesside Administrative Documents,* London 1948
r°	recto
SAE	Service des Antiquités de l'Egypte
Suppl.	Supplement
Tb	Totenbuch
v°	verso
Vgl.	vergleiche

Anmerkungen zum Text

Erster Teil

[1]Herodot besuchte Ägypten im 5. Jh. v. Chr.; Diodorus Siculus zwischen 60 und 57 v. Chr. und Strabon um 30 v. Chr., im Gefolge des Praefectus M. Aelius Gallus.

[2]Die „klassische Besichtigungstour" der damaligen Zeit umfaßte das Tal der Könige, das Grab des Osymandias (so nannte man damals Ramses) und die Memnonskolosse. Vgl. Hohlwein N., *Déplacements et tourisme dans l'Egypte romaine,* in CdE, 15, 1940, 253-78.

[3]Als Eozän bezeichnet man den ersten Abschnitt des Tertiärs; es begann vor ca. 45 Millionen Jahren.

[4]Als *Hadj* (Hadschi) bezeichnet man einen Muslim, der die Pilgerfahrt nach Mekka abgeschlossen hat. Der Name *Bab el-hadj Ahmed* bezeichnete ursprünglich die Gegend von Deir Rumi und im Plural, *beban,* die Gräber im Tal der Königinnen. In diesem Fall bezeichnet das arabische Wort *beban,* „Tore", die Eingangstore zu den Gräbern sowie – als pars pro toto – die Gräber selbst.

[5]Wilkinson J.G., *Topography of Thebes and General View of Egypt,* London 1835, 79-81; idem, *The Manners and Customs of the Ancient Egyptians,* I, London 1837, 258-9; idem, *Modern Egypt and Thebes,* II, London 1843, 188-189.

[6]Champollion J.F., *Monuments de l'Egypte et de la Nubie. Notices descriptives,* I, Paris 1844, 381-404.

[7]Gauthier H., *La nécropole de Thèbes et son personnel,* in BIFAO, 13, 1917, 154

[8]Idem, *Dictionnaire des noms géographiques contenus dans les textes hiéroglyphiques,* V, Kairo 1928, 77.

[9]Bruyère B., *Mert-Seger à Deir el-Médineh,* in «Mémoires publiées par les Membres de l'IFAO du Caire», 58, 1930, 51-2.

[10]Peet T.E., *The Great Tomb-Robberies of the Twentieth Egyptian Dynasty,* I , *Text,* Oxford 1930, 10; vgl. auch Erman A. und Grapow H., *Wörterbuch derAegyptischen Sprache,* I, Berlin 1926, 5 und 12.

[11]Steindorff G. und Wolf W., *Die Thebanische Gräberwelt,* Glückstadt-Hamburg 1936, 91; Cerny J., *A Community of Workmen at Thebes in the Ramesside Period,* in BdE, 50, 1973, 88; Otto E., *Die Topographie des Thebanischen Gaues, Untersuchungen zur Geschichte und Altertumskunde Ägyptens,* Berlin 1952, 76; Montet P., *Géographie de l'Egypte ancienne,* II, Paris 1961, 64.

[12]Dieses Deutezeichen taucht elfmal in den insgesamt 22 herangezogenen Werken zum Namen *ta set neferu (t3 st nfrw)* und insbesondere im Papyrus Abbott auf.

[13]Vgl. z. B. Pap. Ambras, 2, 10; Pap. Abbott, 7, 10.

[14]Vgl. Pap. Abbott, 5, 9-9 und 6, 6.

[15]Vgl. Pap. Turin, Kat. 1923, v° 17; O. Oriental Institute Chicago, Nr. 16991, r° 5.

[16]Leblanc Ch., *Ta Set Neferou. Une nécropole de Thèbes-Ouest et son histoire,* I, Kairo 1989, 19.

[17]Dies trifft zu auf Nebiri, betitelt als „Stallmeister", und auf den Wesir Imhotep, den „Vater der (königlichen) Amme der königlichen Kinder des Herrschers über Ober- und Unterägypten Aacheperkare"; diese beiden scheinen mit der Erziehung der jungen Prinzen betraut gewesen zu sein.

[18]Vgl. Pap. Abbott, 4, 1 1-12 und 6,6.

[19]Für eine eingehendere Untersuchung der Bezeichnung *t3 st nfrw (ta set neferu),* vgl. Leblanc Ch., a.a.O., 14-18.

[20]In der Nähe der größeren Talsperre liegen nur die Gräber von Amun-(her)-chepeschef (Nr. 55) und zwei unvollendet gebliebene Gräber (Nr. 54 und 86).

[21]Sie umfaßt die Gräber Nr. 56-80 und Nr. 82, 83, 96.

[22]Dies sind die Gräber Nr. 80, 66, 68, 71, 73, 74, 75.

[23]Zu dieser Gruppe gehören die Gräber Nr. 1-45, Nr. 51, 52, 55 sowie Nr. 81, 84, 87.

[24]Bruyère B., a.a.O., *5-147.*

[25]Auf diese Überreste wies bereits E. Schiaparelli in *Relazione sui lavori della Missione Archeologica Italiana in Egitto (anni 1903-1920),* I, *Esplorazione della „Valle delle Regine" nella necropoli di Tebe,* Turin1924, 43, hin.

[26]Diese Bezeichnung verwendeten erstmals die Ägyptologen Bruyère und Cerny. Vgl. Kurz M., *Graffiti de la Montagne thébaine,* I-1, CEDAE CS, 02, 1969-1970, 35.

[27]Lecuyot G., *Le Deir er-Roumi, monastère copte de la Vallée des Reines,* in «Les Dossiers d'Archéologie» , 136, März 1989, 60-63; vgl. auch idem, *Un sanctuaire romain transformé en monastère: le Deir Roumi,* in *Atti del VI Congresso Internazionale di Egittologia (Torino 1991),* 1993.

[28]Andere größere koptische Bauwerke befinden sich im Tal des Prinzen Ahmes und, im Hauptwadi, in der Nähe des Grabes der Nebet-taui (Nr. 60).

[29]Es handelt sich um das Grab Nr. 95, in dessen Türpfosten der Name Antoninus Pius eingraviert ist.

[30]Lecuyot G., *Un sanctuaire romain. . .,* s. oben.

[31]Es handelt sich um die Grabschächte Nr. 89, 90 und 91. Vgl. Schiaparelli E., a.a.O., 44-7; vgl. auch Ballerini F., *Notizia sommaria degli scavi della Missione Archeologica Italiana in Egitto. Anno 1903,* o.O.o.J., 33-37.

[32]Es handelt sich um die Grabschächte Nr. 92 und 93. Vgl. Kurz *M., Graffiti de la Montagne thébaine,* II-4, CEDAE CS, 10, 1973, Abb. 48/3.

[33]Vgl. Ballerini F., *a.a.O.,* 32-3 und Schiaparelli E., *a.a.O.,*22-4.

[34]Winlock H.E. und Crum W.E., *The Monastery of Epyphanius at Thebes,* I, New York 1926, 4; vgl. auch Schiaparelli E., a.a.O., 24.

[35]Vgl. *Late Ramesside Letters,* in «Bibliotheca Egyptiaca», 9, 1939, *(LRL)* 29, 3-4; O. Gardiner 49, 3-4.

[36]Desroches-Noblecourt Ch., *Le message de la grotte sacrée,* in «Les Dossiers d'Archéologie», 149-150, Mai-Juni 1990, 4-21.

[37]Unterabschnitt des Eozäns, am Anfang des Tertiärs.

[38]Saïd R., *The Geology of Egypt,* Amsterdam-New York 1962, 93-4.

[39]Bezüglich der Chronologie der Dritten Zwischenzeit siehe Kitchen K.A., *The Third Intermediate Period in Egypt,* Warminster 1986[2].

[40]Krüge für die Aufbewahrung der inneren Organe des Verstorbenen.

[41]Figürchen in Menschengestalt, die dem Toten ins Grab gelegt wurden und durch magische Formeln herbeigerufen werden sollten, um für den Verstorbenen im Jenseits Arbeiten zu verrichten (die Bezeichnung *Uschebti* bedeutet übersetzt „Antworter").
Kapitel 6 des Totenbuches beschreibt die Aufgabe der *Uschebtis* und nennt die Zaubersprüche, mit denen sie zu Hilfe geholt werden können.

[42]Vgl. S. 41.

[43]Es handelt sich um die Gräber Nr. 31, 33, 34, 36, 40.

[44]Leblanc Ch. und Abdel Rahman I., *Remarques relatives à la tombe attribuée à la reine Douatentipet,* in RdE, 42, 1991, 143-66.

[45]Das Grab Nr. 74 wurde zwar ursprünglich für eine Prinzessin zur Zeit Ramses' II. errichtet, jedoch erst während der 20. Dynastie als Grabstätte für die Königin Tentopet verwendet.

[46]Vgl. Pap. Turin, Kat. 1923.

[47]Peet T.E., a.a.O., 171-173.

[48]Vgl. Pap. Abbott B.M. 10221, 33-35.

[49]Dieses Grab wurde bis heute nicht gefunden. Was Baketwerenro betrifft, so macht der Papyrus Mayer A eine Bemerkung über die Schändung von Monumenten aus der Regierungszeit Sethos' I. und Ramses' II: Cerny hatte daher angenommen, daß Baketwerenro eine Gemahlin Sethos' I. gewesen wäre. Eine erneute Analyse des fraglichen Papyrus führte dagegen Dodson zur Annahme, daß sie eine Gemahlin Ramses' XI. gewesen wäre. Vgl. Dodson A., *The Takhats and some other royal ladies of the Ramesside period,* in JEA, 73, 1987, 224-229.

[50]Die *Cachette* von Deir el-Bahari ist ein Versteck in einer Felsspalte des thebanischen Gebirges, südwestlich des Tempels von Deir el-Bahari; dort entdeckte der Franzose Gaston Maspero 1881 die Mumien der bedeutendsten Pharaonen, die von Priestern heimlich aus dem Tal der Könige hierher in Sicherheit gebracht worden waren.

[51]Wie beispielsweise Grab Nr. 60 als Kapelle.

[52]Die Ausgrabungen wurden auf Initiative des Centre d'Etude et de Documentation sur l'Ancienne Egypte (CEDAE), einer Einrichtung der Egyptian Antiquities Organization (EAO), in Zusammenarbeit mit dem CNRS, Paris, in Angriff genommen.

[53]Schiaparelli E., a.a.O., 118-126.

[54]Cerny J., a.a.O., 34.

[55]In den Texten als *whjt* bezeichnet; dieses Wort kann als „Siedlung" übersetzt werden. Vgl. Cerny, a.a.O., 92.

[56]Vgl. Pap. Abbott, 5, 4, in Peet T.E., a.a.O., 40.

[57]Vgl. O. DM 112, r° 1-9, v° 1-5.

[58]Die alten Ägypter unterschieden nach dem Wasserzyklus des Nils drei jeweils vier Monate dauernde Jahreszeiten: die *Peret*-Jahreszeit entsprach dem Winter, die *Schemu*-Jahreszeit dem Sommer, und während der *Achet*-Jahreszeit fand die alljährliche Nilüberschwemmung statt.

[59]Leblanc Ch., *Ta Set Neferou...,* a.a.O., III, in Vorbereitung.

[60]Die Bezeichnung *Sedjemu-asch* könnte man exakter mit „der auf den Ruf hört" übersetzen.

[61]Vgl. O. Berlin 11238, 3. Vgl. auch Pap. Turin Kat. 2013, I, 10; Kat. 2071, v° II, 3.6.9 und Kat. 2072, v° II, 10.

[62]Es gab also – mit ganz wenig Ausnahmen – zwei Vorarbeiter. Vgl. O. DM 180 und Pap. Turin Kat. 2013.

[63]Der Wesir war der höchste Würdenträger bei Hofe.

[64]Cerny J., a.a.O., 134-146.

[65]Vgl. O. DM 114, 2; Pap. DM 28; Pap. Bibliothèque Nationale 237, XXX, Frg. 7, 3.

[66]Vgl. O. DM 124, 1; O. BM 50734; Stele BM [35630]; O. Turin 1522 und eine Stele im Tal der Königinnen, beschrieben bei Bruyère B., a.a.O., 14, Abb. 10.

[67]Die Namen von fünf solchen „Vertretern der Mannschaft", die Söhne von Teamchefs waren, sind bekannt; vgl. Cerny J., a.a.O., 125-127.

[68]Vgl. Pap. Turin 49, 1-5 und Pap. Turin Kat. 2044, I, 11.

[69]Vgl. Bruyère B., *Rapport sur les fouilles de Deir el-Médineh,* in FIFAO, VII, 1929, 79.

[70]Die Zahl der „Grabjungen" war ziemlich groß. Ein *Ostrakon* erwähnt, daß bei einer „ linken Mannschaft" eines Grabes, die aus 43 Mann bestand, 50 Grabjungen dazugehörten. Vgl. Cerny J., a.a.O., 117-120.

[71]Vgl. Cerny J., a.a.O., 183-90.

[72]Diese „Aufseher" wurden auch als „Grabaufseher" oder als „Aufseher am Sitz der Wahrheit" bezeichnet.
Vgl. Cerny J., a.a.O., 149-160.

[73]Zu den Aufgaben der Aufseher vgl. O. Turin 5672, 4; O. Leningrad 2973, 2-3; Pap. Turin Kat. 1900, III, 9; O. Nash 2, v° 2; O. Gardiner 63, 2.

[74]Herodot, *Historiae,* II, 94.

[75]Cerny J., a.a.O. ,191-230.

[76]Vgl. *RAD* 36, 10; 37, 6.12 ff.

[77]Vgl. Pap. Turin Kat. 2018.

[78]Vgl. O. Berlin 10663, 3; 14214, 7 und Pap. BM 10053, 1, 7. Zur Rolle der *iriw-ˁ3* vgl. Cerny J., a.a.O., 161-173.

[79]Vgl. *RAD,* 35 und folgende.

[80]Vgl. O. DM 409, 4; O. Berlin 10632, 9.

[81]Vgl. O. Berlin 10663, 3.

[82]Vgl. Pap. Abbott, I, B 15; 4, 5; 5, 11; 6, 22 und Pap. Turin Kat. 2044, v° II, 11.

[83]Vgl. Pap. BM 10068, v° 2, 1 ff.

[84]Zum Leben der Sklavinnen vgl. Cerny J., a.a.O., 175-181.

[85]Vgl. O. Gardiner, 72, 3.

[86]Vgl. O. Oriental Institute Nr. 16991, v° 7-12.

[87]Der „Finger" (gleich 18 mm) war die kleinste Einheit, in der Längen gemessen wurden. Alle weiteren Einheiten waren Vielfache davon, die „königl. Elle" maß 28 Finger.

[88]Vgl. O. Oriental Institute Nr. 16991.

[89]Form der Kursivschrift, in der im alten Ägypten vor allem die *Papyri* und die *Ostraka* abgefaßt wurden.

[90]Vgl. O. Turin Nr. 57047, r° 1-13 und v° 1-7.

[91]Es handelt sich um das kleine Dorf aus der Ramessidenzeit im *Ta set neferu.*

[92]Cuprorivait: Ca Cu $Si_4 O_{10}$.

[93]Kupfer-Wollastonit: $(CaCu)SiO_3$.

[94]Calcit (Kalkspat): $CaCO_3$.

[95]Malachit: $Cu_2CO_3(OH)_2$; Chrysokoll: $CuSiO_3 \cdot nH_2O$.

[96]Rauschgelb (Auripigment): As_2S_3.

[97]Gips ist ein wasserhaltiges Calciumsulfat, $CaSO_4 \cdot 2H_2O$;

der Anhydrit geht durch Wasseraufnahme in Gips über.
[98]Huntit: $Mg_3Ca(CO_3)_4$.
[99]Ocker: Fe_2O_3.
[100]Realgar: AsS.
[101]Vgl. die Gräber Nr. 31, 33, 40, 73, 74, 75.
[102]Vgl. die Gräber Nr. 40, 71, 74.
[103]Vgl. S. 31.

Zweiter Teil

[104]Ballerini F., a.a.O., *S.* 4. Die Königin Titi lebte zur Zeit Ramses' III.
[105]Ballerini F., a.a.O., S. 3.
[106]Ballerini, F., Brief vom 8. Februar 1903.Vgl. Curto S., *Un Egittologo comasco: Francesco Ballerini,* in «Rivista Archeologica dell'Antica Provincia e Diocesi di Como», 135, 1954, S. 43.
[107]F. Ballerini, Brief vom 26. Januar 1903; s. oben, S. 41.
[108]Ballerini F., a.a.O., S. 5.
[109]Die Gräber, die im Tal der Königinnen derzeit besichtigt werden können sind: Chaemwaset (Nr. 44), Amun-(her)-chepeschef (Nr. 55), Titi (Nr. 52), Seth-her-chepeschef (Nr. 43) sowie das Grab der Nefertari (Nr. 66) für eine beschränkte Anzahl von Besuchern pro Tag gegen Voranmeldung bei stark erhöhtem Eintritt (seit Nov. 1995).
[110]Ballerini F., a.a.O., S. 5.
[111]Das Grab wurde besucht und beschrieben von Wilkinson, Champollion, Lepsius und Brugsch.
[112]Ballerini F., a.a.O., S. 7.
[113]Ballerini F., a.a.O., S. 7-8.
[114]Ballerini F., a.a.O., S. 9.
[115]Schiaparelli und Ballerini fanden westlich des Grabes einen Grabschacht (Nr. 37), der mit ersterem in Verbindung stand. Offensichtlich wußte der Architekt, der das Grab Nr. 36 entwarf, nichts von der Existenz dieses gefährlich nahen Grabschachts.Vgl. Ballerini F., a.a.O., S. 10-11.
[116]Ballerini, F., Brief vom 17. Februar 1903.Vgl. Curto S., a.a.O., S. 44-5; vgl. auch Ballerini F., a.a.O., S. 12-22 und Schiaparelli E., a.a.O., 124-142 und 183-206.
[117]Der Fund wird aufbewahrt im Museo Egizio, Turin (Inv. Suppl. 5215).
[118]Ballerini, F., Brief vom 3. März 1903.Vgl. Curto S., a.a.O., S. 47.
[119]Ballerini F., a.a.O., S. 14.
[120]Ballerini F., a.a.O., S. 23.
[121]Schiaparelli E., a.a.O., S. 22-24.
[122]Ballerini F., a.a.O., S. 33.
[123]*ibidem;* die Nachricht davon findet sich auch bei Schiaparelli E., a.a.O., S. 24
[124]Ballerini F., a.a.O., S. 34.
[125]Schiaparelli E., a.a.O., S. 42-46.
[126]Ballerini F., a.a.O., S. 39
[127]Schiaparelli E., a.a.O., S. 35-38.
[128]Museo Egizio, Turin, Inv. Suppl. 5435.
[129]Schiaparelli E., a.a.O., S. 143-154.
[130]Schiaparelli E., a.a.O., S. 117.

Dritter Teil

[131]Andere Schreibweise für *Uschebti.*
[132]Schiaparelli E., a.a.O., S. 34.
[133]Ra nimmt ab der 2. Dynastie an Bedeutung zu. Die Pyramidentexte (vgl. Pyr. § 145 b-c ff.*)* sprechen von Ra-Atum.Vgl. Hornung E., *Der Eine und die Vielen,* Darmstadt 1971, S. 79.
[134]Vgl. *CT,* I, 191g-192a.
[135]Der *Naos* ist ein Schrein im innersten Tempelraum, in dem sich das Bild der Gottheit befand.
[136]Ort im Süden von Theben.Vgl. Silsila-West in *LD* III, 175c, und Barguet P., *Les stèles du Nil au Gebel Silsileh,* in BIFAO, 50, 1952, S. 50.
[137]Vgl. Ranke H., *Die ägyptischen Personennamen,* Hamburg 1935, Bd. I, S. 201, 16 und Bd. II, S. 176; vgl. auch Albright W.F., *Cuneiform material for Egyptian Prosopography 1500-1200 a.C.,* in *JNES,* 5, 1946, S. 17.
[138]Museo Egizio, Turin, Saal III, Inv. Nr. 44472, inv. di scavo (Grabungsinventar) S. 5162.
[139]Schiaparelli weist darauf hin, daß ein vollkommen gleiches Objekt von Davis im Tal der Könige gefunden wurde, zusammen mit anderen Objekten, die den Namen des Pharaos Tutanchamun trugen.Vgl. Davis T., *The Tombs of Harmhabi and Toutânkhamenou,* London 1912, 3, 134 und Abb. 89.
[140]Schiaparelli E.,a.a.O., S. 103-104.
[141]Titel, der auch in einer Inschrift in Abu Simbel auftaucht.Vgl. *LD,* III, 189 b.
[142]Taucht auch in einer Inschrift in Silsila-West auf, vgl. *LD* III, 175 c.
[143]Erscheint auch in einer Inschrift in Abu Simbel, vgl. *LD,* III, 189 b.
[144]Titel, der auch auf zwei Skarabäen belegt ist.Vgl. Petrie W. M. F., *Scarabs and Cylinders with Names,* London 1917, 146-7, Tafel XLII.
[145]Titel, der auch in einer Inschrift in Abu Simbel vorkommt; vgl. *LD,* III, 189 b.
[146]Sander-Hansen C.E., *Das Gottesweib des Amun,* Kopenhagen 1940, S. 13; vgl. auch Redford D. B., *History and Chronology of the Eighteenth Dynasty of Egypt,* Toronto 1967, S. 71.
[147]Gitton M., *L'épouse du dieu Ahmès Néfertary,* in CRHA, 15, 1975, und *idem, Les divines épouses de la 18ème dynastie,* in CRHA, 61, 1984.
[148]Die Schlacht von Kadesch, einem Ort am Orontes in Syrien (in der Nähe des heutigen Tell Nabi Mendi), fand im Jahr 1274 v. Chr. statt.
[149]Vgl. *LD* III, 192 b. *Usermaatra setepenra* ist der Name, den Ramses II. bei seiner Thronbesteigung annahm.
[150]Leblanc Ch., *Architecture et évolution chronologique des tombes de la Vallée des Reines,* in BIFAO, 89, 1989, S. 227-247.
[151]Genauer: Die erste Inschrift spricht von der Ausgabe von Gips (*kd*) an die rechte (*wnmj*) und an die linke Mannschaft (*smhj*). Die zweite Inschrift gibt auch das Datum an, « *den 5. Tag des dritten Monats der* Schemu-*Jahreszeit*». Vgl. Leblanc Ch., *Ta Set Neferou…*, a.a.O., Band II, in Vorbereitung.
[152]Epitheton des Osiris, gleichbedeutend mit „vollkommen".
[153]Mit diesem Namen wird die Totenstadt (Nekropole) am Westufer des Nils bezeichnet.
[154]Adjektiv mit der Bedeutung „die Stille" , mit dem die Unterwelt *Dat,* das Totenreich des Osiris, bezeichnet wird.
[155]In diesem Fall wird „(der) Osiris" zum Attribut des in den Gott eingegangenen Verstorbenen. „Gerechtfertigt" ist ein Epitheton, mit dem generell Verstorbene bezeichnet werden, die das Totengericht des Osiris hinter sich haben.
[156]Für die alten Ägypter setzte sich die Persönlichkeit aus drei Bestandteilen zusammen: Sie hießen *Ba* (Begriff, der unserer Vorstellung von „Seele" sehr nahe kommt), *Ka* in der Bedeutung von „das Doppel", und *Anch* oder Lebenshauch.
[157]Im Text ist das Pronomen in der männlichen Form gebraucht, weil die Verstorbene ja jetzt in Osiris eingegangen ist.
[158]Schu, der Gott der Luft, trennte bei der Schöpfung Geb (die Erde) von Nut (dem Himmel).
[159]Nach der Kosmogonie von Hermopolis war dies das erste Stück Land, das aus Nun, dem Urozean, auftauchte.
[160]Die Götter wurden als Teile des Schöpfergottes, sozusagen als seine „Körperteile" betrachtet.
[161]Dies ist eine abgeänderte Textversion; die gängige Lesart lautet: *«Das Schlachtfeld für die Götter ist nach meinen Befehlen bereitet.»* In einigen anderen Varianten ist das Wort „Schlachtfeld" durch „Schlachtschiff" ersetzt.Vgl. Barguet P., *Le Livre des Morts des anciens Egyptiens,* in LAPO, I, 1967, S. 58.
[162]Min, der Fruchtbarkeitsgott, wird üblicherweise mit zwei hohen Federn auf dem Kopf dargestellt.
[163]„Horus, der Schützer seines Vaters" (ägypt. Horus-Nedjheritef, gr. Harendotes) war die in Abydos verehrte Min-Form.
[164]Lepsius C. R., *Das Todtenbuch der Ägypter, nach dem hieroglyphischen Papyrus in Turin,* Leipzig 1842.
[165]Naville E., *Das aegyptische Todtenbuch,* Berlin 1886.
[166]Budge W., *The Book of the Dead. The Chapters of coming-forth by day,* London 1898.
[167]Meeks D., *Les oiseaux marqueurs du temps,* in «Bulletin du Cercle Lyonnais d'Egyptologie, 4», Lyon 1990, S. 46-48.
[168]Der Wortsinn ist nicht klar; es könnte ein Zusammenhang mit dem Wort *mmaâ* bestehen, das die Bedeutung „Myrrhe" hat.
[169]Einer der für das Jenseits verwendeten Namen. Er bezeichnete ursprünglich die Nekropole von Gizeh.
[170]Nekropole, in der nach der Götterlehre von Herakleopolis das Grab des Osiris lag.Vgl. Mokhtar G., *Ihnasya el Medina. Its Importance and its Role in Pharaonic History,* in BdE 40,1983.
[171]Dieser Satz stellt eine auf den Verstorbenen zugeschnittene Version dar. Die gängigere Lesart davon lautet : *«Ich erreiche das Reich derer, die im Westen leben, und durchschreite das Heilige Tor».*
[172]Oder das Himmelstor: Schu, der Luftgott, schuf die Welt, indem er Nut von Geb emporhob.
[173]Auch in diesem Fall handelt es sich um eine für die Verstorbene abgeänderte Fassung. Die übliche Lesart lautet: *«Anders gesagt: Es ist das Tor der Unterwelt (Dat). Anders gesagt: Es ist das Tor, durch welches mein Vater Atum geht, wenn er am östlichen Himmelshorizont ankommt».* Vgl. Barguet P., *Le Livre des Morts. . .,* a.a.O., S. 59.
[174]Tierhäute, meist an einem Pfosten festgebunden, die ein altes Wiedergeburtsritual versinnbildlichen.
[175]*Nhh (Nechech)* und *dt (Djet)* sind die beiden Formen der „Ewigkeit" bei den Ägyptern; beide Wörter beziehen sich auf den Zeitbegriff, dessen beide Begrenzungen sie darstellen; sie bezeichnen eine Eigenschaft des Seins.Vgl. Hornung E., *Zum ägyptischen Ewigkeitsbegriff,* in FuF, 39, 1965, S. 334-6 und auch idem, *Der Eine …,* a.a.O., S. 167.
[176]Vgl. *Amduat* II, 193, IV. Szene.
[177]Bruyère B., *Rapport sur les fouilles de Deir el-Médineh,* in FIFAO III, 3, 1924-1925, S. 136. Eine analoge Darstellung des Ra-Osiris befindet sich im Grab Nr. 290 von Theben.
[178]Hornung E., *Der Eine . . .,* a.a.O., S. 82 ff.
[179]Die Darstellung nimmt eindeutig Bezug auf die Überschrift des Tb-Kapitels 94.
[180]Aker ist eine Personifizierung der Erde und der Unterwelt, deren Bewacher er ist.Vgl. de Wit C., *Le rôle et le sens du lion dans l'Egypte ancienne,* Leiden 1951, S. 91-106.
[181]Andere Varianten lauten: *«in dem Seth ist».* Vgl. Barguet P., *Le Livre des Morts …,* a.a.O., S. 129. Mit dem Wort „Sumpf" ist ist hier die irdische Welt gemeint, die mit Seth in Verbindung gebracht wird.
[182]Thot war nicht nur der Gott der Wissenschaften und der Schrift, sondern auch der Magie.
[183]Die Namen der „ Sieben Himmelskühe" gibt es in mehreren Varianten.
[184]Das Wort *Kas* scheint hier für „Nahrung" zu stehen.
[185]Buto war ein Ort im Nildelta, an dem die Göttin Wadjet (Uto) verehrt wurde.
[186]Hierakonpolis ist der griechische Name für das antike Nechen, Kultort der geiergestaltigen Göttin Nechbet.
[187]Heilige Stadt des Osiris im Delta, westlich von Damiette.
[188]Der aus Bruchstücken rekonstruierte Sarkophagdeckel befindet sich heute im Ägyptischen Museum von Turin.
[189]Schiaparelli E., a.a.O., S. 94.
[190]Es handelt sich um Textstellen, die für die Königin abgeändert wurden, sich in einigen Einzelheiten von den üblichen Versionen unterscheiden und auf Kapitel 147 des Totenbuches Bezug nehmen.
[191]Dieser Textteil kommt im Tb-Kapitel 144 nicht vor und wird im Tb-Kapitel 147 nochmals aufgenommen.Vgl. Barguet P., *Le Livre des Morts…,* a.a.O., S. 203.
[192]Der Text weicht stark von den gängigen Fassungen ab. Vgl. Barguet P., *Le Livre des Morts…,* a.a.O., S. 199.
[193]Belzoni G.B., *Viaggi in Egitto ed in Nubia,* hrsg. von A. Siliotti, Florenz 1988, Bd. IV, S. 414.
[194]Stoppelaëre A., *Dégradations et restaurations des peintures murales Egyptiennes,* in ASAE, 40, 1942, S. 941-968.

Bibliographie

Albright W. F., *Cuneiform material for Egyptian Prosopography 1500-1200 a.C.*, in JNES, 5, 1946.

Antelme R., *Bouchon de vase-canope*, in *Ramsès le Grand*, (Ausstellungskatalog Galeries Nationales du Grand Palais) Paris 1976.

Aubert J. und Aubert L., *Statuettes égyptiennes*, Paris 1974.

Badawy A., *An History of Egyptian Architecture*, III, *The Empire*, Berkeley-Los Angeles 1968.

Ballerini F., *Notizia sommaria degli scavi della Missione Archeologica Italiana in Egitto. Anno 1903*, o.O. o.J.

Baraize E., *The 1/1000° Survey of Theban Necropolis*, Kairo 1926.

Barguet P., *Les stèles du Nil au Gebel Silsileh*, in BIFAO, 50, 1952.

Barguet P., *Le Livre des Morts des anciens Egyptiens*, in LAPO, I, 1967.

Bataille A., *Quelques graffites grecs de la montagne thébaine*, in BIFAO, 38, 1939.

Bataille A., *Les Memnonia*, in RAPH, 23, 1952.

Belzoni G.B., *Viaggi in Egitto ed in Nubia*, A. Siliotti (Hg.), Florenz, 1988.

Bénédite G., *Le tombeau de la reine Thiti*, Paris 1894.

Bonnet H., *Reallexikon der Ägyptischen Religionsgeschichte*, Berlin 1953.

Botti G. und Peet T.E., *Il giornale della Necropoli di Tebe*, I und II, Turin 1928.

Bruyère B., *Un jeune prince ramesside trouvé à Deir el-Médineh*, in BIFAO, 25, 1924.

Bruyère B., *Rapport sur les fouilles de Deir el-Médineh*, in FIFAO, III, 3, 1924-1925.

Bruyère B., *Rapport sur les fouilles de Deir el-Médineh*, in FIFAO, VII, 1929.

Bruyère B., *Mert-Seger à Deir el-Médineh*, in «Mémoires publiées par les Membres de l'IFAO du Caire», 58, 1930.

Bruyère B., *Neb-nerou et Hery-Maât*, in CdE, 53, 1953.

Budge W., *The Book of the Dead. The Chapters of coming forth by day*, London 1898.

Burton A., *Diodorus Siculus*, I, *A Commentary*, in EPRO, 29, 1972.

Caminos R., *Fragments of the Book of the Dead on linen and papyrus*, in JEA, 56, 1970.

Campbell C., *Two Theban Queens, Nefert-Ari and Ty-ti and their tombs*, London 1909.

Campbell C., *Two Theban Princes, Kha-em-Uast and Amen-khepshef, sons of Rameses III, Menna, A Land-Steward, and their Tombs*, London 1910.

Carter H., *A Tomb prepared for Queen Hatshepsuit and other recent Discoveries at Thebes*, in JEA, 4, 1917.

Carter H. und Carnarvon Herbert G., *A Tomb prepared for Queen Hatshepsuit*, in ASAE, 16, 1916.

Cerny J., *Papyrus Salt 124*, in JEA, 15, 1929.

Cerny J., *Catalogue des ostraca hiératiques non littéraires de Deir el-Médineh*, in DFIFAO, 3, 1935.

Cerny J., *Late Ramesside Letters*, «Bibliotheca Egyptiaca», 9, 1939. *(LRL)*

Cerny J., *Graffiti hiéroglyphiques et hiératiques de la nécropole thébaine*, in DFIFAO, 9, 1956.

Cerny J., *Queen Ese of the Twentieth Dynasty and Her Mother*, in JEA, 44, 1958.

Cerny J., *A Community of Workmen at Thebes in the Ramesside Period*, in BdE, 50, 1973.

Cerny J., Desroches-Noblecourt Ch. u. Kurz M., *Graffiti de la Montagne thébaine*, I-1, CEDAE CS, 02, 1969-1970.

Cerny J., Desroches-Noblecourt Ch., Coque R., Debono F. und Kurz M., *Graffiti de la Montagne thébaine*, I-2, CEDAE CS, 03, 1971.

Cerny J. und Sadek A.A., *Graffiti de la Montagne thébaine*, IV-1, *Transcriptions et indices*, CEDAE CS, 20, 1970.

Champollion J.F., *Lettres écrites d'Egypte et de Nubie en 1828 et 1829*, Paris 1833.

Champollion J.F., *Monuments de l'Egypte et de la Nubie. Notices descriptives*, I, Paris 1844.

Christophe L.A., *La carrière du prince Merenptah et les trois régences ramessides*, in ASAE, 51, 1951.

Coque R., Debono F., Desroches-Noblecourt Ch., Kurz M. und Saïd R., *Graffiti de la Montagne thébaine*, I-3, CEDAE CS, 04, 1972.

Coque R., Debono F., Desroches-Noblecourt Ch., Kurz M. und Saïd R., *Graffiti de la Montagne thébaine*, I-4, CEDAE CS, 05, 1973.

Curto S., *Un Egittologo comasco: Francesco Ballerini*, in «Rivista Archeologica dell'Antica Provincia e Diocesi di Como», 135, 1954.

Daressy G., *Trois points inexplorés de la nécropole thébaine*, in ASAE, 2, 1901.

Davis T., *The Tombs of Harmhabi and Toutankhamenou*, London 1912.

Dawson W.R. und Uphill E.P., *Who was who in Egyptology*, Oxford 1976.

De Buck A., *The Egyptian Coffin Texts*, I-VII, Chicago 1936-1962. *(CT)*

Derchain Ph., *Le tombeau d'Osymandyas et la maison de la vie à Thèbes*, in NAWG, 8, 1965.

Description de l'Egypte ou Recueil des observations et des recherches qui ont été faites en Egypte pendant l'Expédition de l'Armée française, ed. Panckoucke, Paris 1821-1829.

Desroches-Noblecourt Ch., *Musée de site et musée du site. A propos de la Vallée des Reines*, in BdE, 88, 1981.

Desroches-Noblecourt Ch., *Touy mère de Ramsès II, la reine Tanedjmy et les reliques de l'expérience amarnienne*, in «Colloques internationaux du CNRS», 595, II, 1982.

Desroches-Noblecourt Ch., *Le message de la grotte sacrée*, in «Les Dossiers d'Archéologie», 149-150, Mai-Juni 1990.

Desroches-Noblecourt Ch. und Antelme R., *La tombe n. 40 de la Vallée des Reines*, CEDAE CS, in Vorbereitung.

Desroches-Noblecourt Ch. und Antelme R., *La tombe de Bentanta*, CEDAE CS, in Vorbereitung.

Dewachter M., *Monuments en péril dans la Vallée des Reines. La tombe de Nebettaouy*, in «Archéologia», 53, Dez. 1972.

de Wit C., *Le rôle et le sens du lion dans l'Egypte ancienne*, Leiden 1951.

Dodson A., *The Takhats and some other royal ladies of the Ramesside period*, in JEA, 73, 1978.

Dolzani C., *Vasi Canopi N. 19001-19153*, Mailand 1982.

Drenkhahn R., *Bemerkungen zu dem Titel ḫkr.t nswt*, in SAK, 4, 1976.

Erman A. und Grapow H., *Wörterbuch der Ägyptischen Sprache*, I, Berlin 1926.

Fagan B.M., *The rape of the Nile, Tomb Robbers, Tourists, and Archeologists in Egypt*, London 1977.

Faulkner R.O., *Egyptian Military Organization*, in JEA, 39, 1953.

Felix J. und Kurz M., *Graffiti de la Montagne thébaine*, II-1, *Plans de position*, CEDAE CS, 07, 1970.

Franco I., *Fragments de Livres des Morts sur toile*, in BIFAO 88, 1988.

Franco I. und El-Fikri M., *La tombe de Sat-Rê*, in «Les Dossiers d'Archéologie», 149-150, Mai-Juni 1990.

Gail J.B., *Recherches sur les hierons de l'Egypte, les temples grecs et le monument d'Osymandyas*, Paris 1823.

Gardiner A.H., *Ramesside Administrative Documents*, London 1948. *(RAD)*

Gardiner A.H. und Weigall A., *A Topographical Catalogue of the private Tombs of Thebes*, London 1913.

Gauthier H., *La nécropole de Thèbes et son personnel*, in BIFAO, 13, 1917.

Gauthier H., *Dictionnaire des noms géographiques contenus dans les textes hiéroglyphiques*, I-VII, Kairo 1925-1931.

Ghali I.A., *Touristes romains en Egypte et Egyptiens à Rome sous le Haut Empire*, in *Récits d'histoire méditerranéenne*, Kairo o.J.

Gitton M., *L'épouse du dieu Ahmès Néfertary*, in CRHA, 15, 1975.

Gitton M., *Les divines épouses de la 18ème dynastie*, in CRHA, 61, 1984.

Goyon J.C., *Rituels funéraires de l'ancienne Egypte*, in LAPO, 4, Paris 1972.

Goyon J.C., *Le temple d'Hathor-Maât à Deir el-Médineh, enclos sacré garant de l'équilibre cosmique*, in «Les Dossiers d'Archéologie», 136, März 1989.

Goyon, J.C., *La tombe de Merytamon n.68 de la Vallée des Reines* CEDAE CS, in Vorbereitung.

Grist J., *The Identity of the Ramesside Queen Tyti*, in JEA, 71, 1985.

Groff W., *La fille de Pharaon*, Kairo 1896.

Habachi L., *Khata'na-Qantir: Importance*, in ASAE, 52, 1952.

Habachi L., *Lids of the Outer Sarcophagi of Merytamen and Nefertari*, in *Festschrift zum 150Jährigen des Berliner Ägyptischen Museum*, Berlin 1975.

Haeny G., *L'origine des traditions thébaines concernant Memnon*, in BIFAO, 64, 1966.

Hari R., *Horemheb et la reine Moutnedjemet*, Genf 1965.

Harlé D., *La reconstitution de la tombe de Nefertari*, in *Ramsès le Grand* (Ausstellungskatalog Galeries Nationales du Grand Palais), Paris 1976.

Hassanein F., *Etude comparative de quatre tombes de princes, fils de Ramsès III de la Vallée des Reines*, unveröffentlichte Dissertation, Lyon 1978.

Hassanein F., *Le problème historique du prince Seth-Her-Chopchef, fils de Ramses III - A propos de la tombe n° 43 de la Vallée des Reines* (Mitteilung anläßlich des IV. Internationalen Ägyptologen-Kongresses, München 1985), in SAK Beiheft 4, Hamburg 1991.

Hassanein F. und Nelson M., *La tombe du prince Amon-(her)khepshef*, CEDAE CS, 71, 1976.

Hassanein F. und Nelson M., *La tombe du prince Khaemouaset*, CEDAE CS, 72, im Druck.

Hay of Linplum R., *Manuskripte*, British Library, London.

Herodot, *Storie*, Florenz 1967.

Hohlwein N., *Déplacements et tourisme dans l'Egypte romaine*, in CdE, 15, 1940.

Hornung E., *Zum ägyptischen Ewigkeitsbegriff*, in FuF, 39, 1965.

Hornung E., *Der Eine und die Vielen*, Darmstadt 1971.

Hornung E., *Tal der Könige. Die Ruhestätte der Pharaonen*, Zürich 1982.

Jequier G., *Considérations sur les religions égyptiennes*, Neuchâtel 1946.

Kalos M., *La restauration du hameau des artisans*, in «Les Dossiers d'Archéologie», 149-150, Mai-Juni 1990.

Kitchen K.A., *Ramesses VII and the Twentieth Dynasty*, in JEA, 58, 1972.

Kitchen K.A., *Ramsès II, le pharaon triomphant. Sa vie et son époque*, Paris 1985.

Kitchen K.A., *The third Intermediate Period in Egypt*, Warminster 1986[2].

Koenig Y., *Nouveaux documents hiératiques de la Vallée des Reines*, in BIFAO, 88, 1988.

Kurz M., *Graffiti de la Montagne thébaine*, II-4, *Plans de position*, CEDAE CS, 10, 1973.

Leblanc Ch., *Le dégagement de la tombe de Ta-nedjemy. Une contribution à l'histoire de la Vallée des Reines*, in BSFE, 89, 1980[a].

Leblanc Ch., *Le Ramesseum*, IX-1, *Les piliers „osiriaques"*, CEDAE CS, 33, 1980[b].

Leblanc Ch., *Une collaboration franco-égyptienne dans la Vallée des Reines, pour l'enregistrement et la protection des tombeaux brulés*, in BdE, 88, 1981.

Leblanc Ch., *La Vallée des Reines. Dégagement et publication des tombes; recherches sur l'histoire de la nécropole*, in *Recherches sur les temples de Nubie – Histoire de la Montagne Thébaine, du Ramesseum et de la Vallée des Reines*, CEDAE-CNRS, Kairo 1982.

Leblanc Ch., *Les tombes n° 58 (anonyme) et n° 60 (Nebet-taouy) de la Vallée des Reines. Rapport préliminaire*, in ASAE, 69, 1983.

Leblanc Ch., *Les tombes n° 58 (anonyme) et n° 60 (Nebet-taouy) de la Vallée des Reines. Achèvement des dégagements et conclusions*, in ASAE, 70, 1985[a].

Leblanc Ch., *Diodore, le tombeau d'Osymandyas et la statuaire du Ramesseum*, in *Mélanges Gamal Mokhtar*, BdE, 97/2, 1985[b].

Leblanc Ch., *Henout-Taouy et la tombe n° 73 de la Vallée des Reines*, in BIFAO, 86, 1986.

Leblanc Ch., *T3 st nfrw*, in SAK, 2, 1988[a].

Leblanc Ch., *L'identification de la tombe de Henout-mi-rê, fille de Ramsès II et grande épouse royale*, in BIFAO, 88, 1988[b].

Leblanc Ch., *Architecture et évolution chronologique des tombes de la Vallée des Reines*, in BIFAO, 89, 1989.

Leblanc Ch., *Ta Set Neferou. Une nécropole de Thèbes-Ouest et son histoire*, I, Kairo 1989. Bd. II und III in Vorbereitung.

Leblanc Ch., *L'archéologie et l'histoire de la Vallée des Reines*, in «Les Dossiers d'Archéologie», 149-150, Mai-Juni 1990.

Leblanc Ch., *Isis-Nofret grande épouse de Ramsès II. Quelques reflexions sur la reine, sa famille et Nofretari*, in BIFAO 93, 1993, 313-334.

Leblanc Ch. und Abdel Hamid M., *Les puits funéraires des princes Baki et Minemhat dans la Vallée des Reines*, in ASAE, 73, im Druck.

Leblanc Ch. und Abdel Rahman I., *Remarques relatives à la tombe attribuée à la reine Douatentipet*, in RdE, 42, 1991.

Leblanc Ch. und Hassanein F., *La Vallée des Reines – Des tombes royales enfin identifiées*, in «Archéologia», 205, September 1985.

Leblanc Ch. und Hassanein F., *Le Ramesseum, temple de millions d'années à la gloire de Ramses le Grand*, in «Les Dossiers d'Archéologie», 136, März 1989.

Leblanc Ch., Hassanein F., Nelson M., Kalos M., *Le hameau ramesside de t3 st nfrw*, im Druck.

Leblanc Ch. und Siliotti A., *Ta Set Neferou*, in «Archeologia Viva», 17, März 1991.

Lecuyot G., *Le Deir Roumi, monastère copte de la Vallée des Reines*, in «Les Dossiers d'Archéologie», 136, März 1989.

Lecuyot G., *Un sanctuaire romain transformé en monastère: le Deir er-Roumi*, in *Atti del VI Congresso Internazionale di Egittologia (Turin 1994)*.

Lepsius C.R., *Das Todtenbuch der Ägypter, nach dem hieroglyphischen Papyrus in Turin*, Leipzig 1842.

Lepsius C.R., *Denkmäler aus Ägypten und Äthiopien*, Leipzig – Berlin 1897-1913. *(LD)*

Loyrette A.M. und Mohammed Sayed S., *Une tombe de princesse anonyme (n° 36) dans la Vallée des Reines*, in ASAE, 72, Kairo 1993.

Macke A. und Macke-Ribet Ch., *Rapport sur l'étude des restes humains effectuée dans quatre tombes de la Vallée des Reines*, Bd. I, 2 Vol., Bd. II, 2 Vol., Lille 1986-1987.

Macke A. und Macke-Ribet Ch., *Rapport sur l'étude des restes humains effectuée dans cinq tombes de la Vallée des Reines*, 2 Vol., Lille 1988.

Marciniak M., *Dolina królów w przekasach starozytnych* („The Valley of Queens in the Classical Documents"), in «Meander», 36, Warschau 1981.

Mariette A., *Voyage dans la Haute Egypte*, II, Paris 1893.

Maspéro G., *Notes de voyage*, in ASAE, 10, 1910.

Meeks D., *Année Lexicographique, Egypte ancienne*, I-III, Paris 1977-1979.

Meeks D., *Les oiseaux marqueurs du temps*, in «Bulletin du Cercle Lyonnais d'Egyptologie, 4», Lyon, 1990.

Mokhtar G., *Le Ramesseum et sa documentation*, in *Textes et Langages de l'Egypte pharaonique*, in BdE, 64/2, 1972.

Mokhtar G., *Ihnasya el Medina. Its Importance and its Role in Pharaonic History*, in BdE, 40, 1983.

Monnet J., *Remarques sur la famille et les successeurs de Ramsès III*, in BIFAO, 63, 1965.

Montet P., *Géographie de l'Egypte ancienne*, 2 Vol., Paris 1961.

Murnane W.J., *The „King Ramesses" of the Medinet Habu Procession of Princes*, in JARCE, 9, 1971-1972.

Nagel G., *Rapport sur les fouilles de Deir el-Médineh (1928)*, III, *La tombe de la reine Ankhnesneferibrê*, Kairo 1929.

Naville E., *Das ägyptische Todtenbuch*, Berlin 1886.

Nelson M. und Hassanein F., *La tombe du prince Khaemouaset n.° 44 de la Vallée des Reines*, in CEDAE CS (in Vorbereitung).

Nelson M. und Leblanc Ch., *Jarre à vin contemporaine du traité de paix*, in *Ramsès le Grand* (Ausstellungskatalog Galeries Nationales du Grand Palais), Paris 1976.

Newberry P.E., *Topographical Notes on Western Thebes collected in 1830 by Joseph Bonomi*, in ASAE, 7, 1906.

Otto E., *Die Topographie des Thebanischen Gaues, Untersuchungen zur Geschichte und Altertumskunde Ägyptens*, Berlin 1952.

Peet T.E., *The Mayer Papyri A and B*, London 1920.

Peet T.E., *The chronological problems of the Twentieth Dynasty*, in JEA, 14, 1928.

Peet T.E., *The Great Tomb-Robberies of the Twentieth Egyptian Dynasty*, I, *Text*, II, *Plates*, Oxford 1930.

Petrie W. M. F., *Scarabs and Cylinders with Names*, London 1917.

Pillet M., *Thebes, palais et nécropoles*, Paris 1930.

Porter B. und Moss R., *Topographical Bibliography of the Ancient Egyptian Hieroglyphic Texts, Reliefs, and Paintings*, I, *The Theban Necropolis*, Part 2, *Royal Tombs and Small Cemeteries*, Oxford 1964. *(PM)*

Posener G. (in Zusammenarbeit mit S. Sauneron und J. Yoyotte), *Dictionnaire de la civilisation égyptienne*, Paris 1970.

Ranke H., *Die ägyptischen Personennamen*, Hamburg 1935.

Redford D.B., *History and Chronology of the Eighteenth Dynasty of Egypt*, Toronto 1967.

Reinach A.J., *Voyageurs et pèlerins dans l'Egypte gréco-romaine*, in «Bulletin de la Société Archéologique d'Alexandrie», 13, 1910.

Romano J.R., *Catalogue du Musée d'art égyptien ancien de Louqsor*, Kairo 1985.

Ronsecco P., *La tela funebre della principessa Ahmose (Scavi nel Museo di Torino, VI)*, in «Oriens Antiquus», 14, 1975.

Rosellini I., *I Monumenti dell'Egitto e della Nubia disegnati dalla Spedizione scientifico-letteraria Toscana in Egitto*, Pisa 1832-1844.

Rosellini I., *Manoscritti*, Bibliothek der Universität von Pisa.

Sadek A.A., *Graffiti de la Montagne thébaine*, III-4, *Fac-simile*, CEDAE CS, 16, 1972[a].

Sadek A.A., *Graffiti de la Montagne thébaine*, IV-3, *Transcriptions et indices*, CEDAE CS, 22, 1972[b].

Saïd R., *The Geology of Egypt*, Amsterdam-New York 1962.

Sander-Hansen C.E., *Das Gottesweib des Amun*, Kopenhagen 1940.

Schiaparelli E., *Relazione sui lavori della Missione Archeologica Italiana in Egitto (anni 1903-1920)*, I, *Esplorazione della „Valle delle Regine" nella necropoli di Tebe*, Turin 1924.

Schneider H.D., *Shabtis*, II, Leiden 1977.

Seele K.C., *Some remarks on the family of Ramesses III*, in *Ägyptologische Studien. Hermann Grapow zum 70. Geburtstag gewidmet*, Berlin 1955.

Seele K.C., *Ramesses VI and the Medinet Habu Procession of the Princes*, in JNES, 19, 1960.

Sicard Cl., *Œuvres*, I-III, in BdE, 83, 84, 85, 1982.

Siliotti A., *G.B. Belzoni*, in *PADOVA UND L'EGITTO*, Verona 1986.

Siliotti A., *Il risveglio di Nefertari*, in «Archeologia Viva», 18, April 1991.

Siliotti A., *Egitto – Guida archeologica*, in Vorbereitung.

Siliotti A. und Roccati A. (Hg.), *La Magia in Egitto ai tempi dei faraoni* (Bericht des Internationalen Kongresses), Verona 1987.

Sourouzian H., *Henout-mi-Rê, fille de Ramsès II et grande épouse du roi*, in ASAE, 69, 1983.

Spiegelberg W., *Ägyptische und andere Graffiti aus der Thebanischen Nekropolis*, Heidelberg 1921.

Steindorff G. und Wolf W., *Die Thebanische Gräberwelt*, Glückstadt-Hamburg 1936.

Stoppelaëre A., *Dégradations et restaurations des peinture murales Egyptiennes*, in ASAE, 40, 1942.

Tardieu A., *Géographie de Strabon*, Paris 1909.

Thausing G. und Goedicke H., *Nofretari. Eine Dokumentation der Wandgemälde ihres Grabes*, Graz 1971.

Thomas E., *The Royal Necropoleis of Thebes*, Princeton 1966.

Thomas E., *Was Queen Mutnedjemet the owner of Tomb 33 in the Valley of the Queens?*, in JEA, 53, 1967.

Tillett S., *Egypt itself. The career of Robert Hay, Esquire of Linplum and Nunraw, 1799-1863*, London 1984.

Valbelle D., *„Les ouvriers de la Tombe". Deir el-Médineh à l'époque ramesside*, in BdE, 96, 1985.

Wagner G., Leblanc Ch., Lecuyot G. und Loyrette A.M., *Documents grecs découverts dans la Vallée des Reines*, in BIFAO, 90, 1990.

Wall Paintings of the tomb of Nefertari. Scientific Studies for their Conservation. First Progress Report (July 1987) in ASAE (Sondernummer veröffentlicht von der EAO und vom Getty Conservation Institute), 1987.

Wente E.F., *A letter of complaint to the Vizir To*, in JNES, 20, 1961.

Wilkinson J.G., *Topography of Thebes and General View of Egypt*, London 1835.

Wilkinson J.G., *The Manners and Customs of the Ancient Egyptians*, I, London 1837.

Wilkinson J.G., *Modern Egypt and Thebes*, II, London 1843.

Wilkinson J.G., *Manuskripte*, Bodleian Library, Oxford.

Winlock H.E. und Crum W.E., *The Monastery of Epyphanius at Thebes*, I, New York 1926.

Yoyotte J., *The tomb of a Prince Ramesses in the Valley of the Queens (n⁰ 53)*, in JEA, 44, 1958.

Für die Bearbeitung der deutschen Ausgabe zusätzlich verwendete Literatur

Corzo M.A. und Mahasti A., *Art and Eternity: The Nefertari Wall Paintings Conservation Project, 1986-1992*. Santa Monica, Ca.: Getty Conservation Institute, 1993.

Hornung E., *Das Totenbuch der Ägypter*, Zürich/München 1979.

Mc Donald J. K., *House of Eternity. The Tomb of Nefertari*, London 1996.

Schmidt, Heike C., und Willeitner J.: *Nefertari, Gemahlin Ramses' II.*; Mainz, 1994.